광복 80주년 기념
독립운동사 365 일력
엮은이 신상진

지성과감성#

광복 80주년 기념

독립운동사 365 일력

초판 1쇄 발행 2025년 10월 13일

엮은이 신상진
펴낸이 장길수
펴낸곳 지식과감성#
출판등록 제2012-000081호

교정 한장희, 김지원, 이주희
디자인 윤혜성
편집 윤혜성
검수 한장희
마케팅 김윤길

주소 서울시 금천구 벚꽃로298 대륭포스트타워6차 1212호
전화 070-4651-3730~4
팩스 070-4325-7006
이메일 ksbookup@naver.com
홈페이지 www.knsbookup.com

ISBN 979-11-392-2857-1(00910)
값 19,800원

지식과감성#
홈페이지 바로가기

목차

추천사

광복 80주년을 맞아 《독립운동사 365 일력》의 출간을 진심으로 환영합니다.

이 책은 단순한 기록을 넘어, 독립선열들의 희생을 되새기고 추모하는 계기가 될 것입니다. 독립운동의 역사는 피로 쓴 역사입니다. 오늘날 우리가 누리는 자유와 평화, 대한민국의 존재 자체가 바로 그들의 희생과 헌신의 대가임을 잊어서는 안 됩니다.

이 책은 독립운동의 사건과 인물에 대해 일자별로 정리함으로써, 우리에게 주어지는 하루하루의 의미를 다시 한번 생각해 보는 기회가 될 것입니다. 특히 청소년들에게는 민족의 정체성을 확립하고 올바른 역사관을 심어줄 것이라고 확신합니다.

독립운동가들의 피가 스며든 역사를 지키기 위해, 이 일력이 널리 읽히기를 바랍니다. 우리가 하루 한 장의 기록을 함께할 때, 풍찬노숙도 마다치 않은 독립선열들의 희생은 큰 의미로 살아 숨 쉴 것입니다. 이 작은 일력이 우리 모두의 가슴에 독립운동 정신을 되새기는 등불이 되리라고 생각합니다.

광복회 회장 이종찬

엮은이 소개

신상진은 춘천고보 상록회 사건을 주도했고 《새우리말큰사전》과 《한국문화대사전》을 편찬한 독립운동가 신기철 지사의 아들이다.

서강대 정외과를 졸업하고 아주대에서 MBA를 취득했다. (주)쌍용 인사팀과 P&G Korea 영업관리팀장을 거쳐 STX그룹에서 경영지원본부장(상무)으로 근무했다. 30년 이상 종합상사와 에너지, 해운, 조선 업종을 두루 섭렵한 인사/조직 분야 전문가다. 저서로는 《취업의 맥》 시리즈가 있다.

독립유공자와 후손들로 구성된 공법단체인 광복회에서 총무국장으로 근무하면서, 허투루 지나칠 수 있는 하루하루가 독립운동 선열들의 피로 쓴 역사라는 걸 통감하였다. 수많은 독립운동의 사건과 인물들이 우리 역사의 뼈대이자 영혼인데, 그 이름들을 하루하루의 날짜에 누군가는 반드시 담아야 한다고 생각했다. 비록 역사학자도 아니고 전공자도 아니지만, 광복 80주년을 맞아 순국선열과 애국지사들의 유훈을 잊지 않기 위해 독립운동사 365일의 일력을 엮게 되었다. (연락처 : shin6103@naver.com)

일러두기

- 날짜 표기는 그레고리력(태양력)을 기준으로 작성했습니다. 우리나라는 대한제국이 시작되는 1896년부터 양력을 적용했으므로 참고 문헌과 자료에 양력과 음력이 혼재된 사례가 많았습니다. 확인이 가능한 경우 모두 양력으로 전환하여 표기했습니다.

- 독립운동과 관련된 사건은 1895년 을미사변 이후 의병 봉기부터 1945년 광복까지의 국내외 항일투쟁 사건과 동기간에 활동한 독립운동가를 다루었습니다. 하루에 여러 사건이 겹치는 경우 주요한 하나의 사건만 서술하고, 나머지 사건은 간략하게 표기했습니다. 어느 한 사건도 중요하지 않은 것이 없습니다만 지면 사정상 아쉬움을 뒤로했습니다.

- 마지막으로 2025년 3월 현재 정부가 발굴한 독립유공자가 18,258명에 불과하고, 매년 발굴하는 숫자도 2023년부터 급격히 줄어든 것이 안타깝습니다. 이름을 남기지 않은 수많은 독립유공자 발굴에 정부는 더 힘써야 하겠습니다.

참고 사이트

- 국가보훈부 공훈전자사료관   - 독립기념관 한국독립운동인명사전   - 국립대한민국임시정부기념관 아카이브   - 국사편찬위원회 한국사총설DB 등

독립운동사 주요연표

자료: 광복회

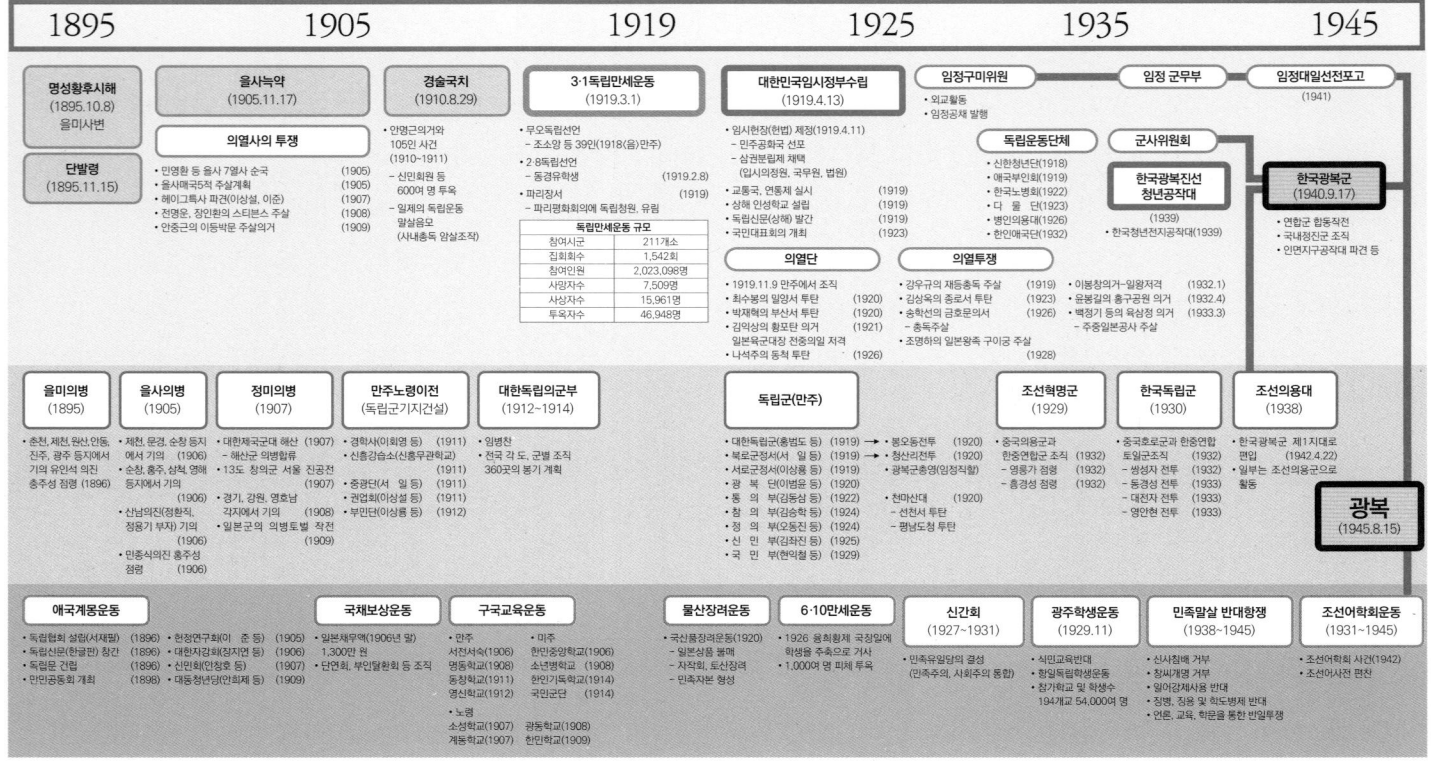

1895	1905	1919	1925	1935	1945

명성황후시해
(1895.10.8)
을미사변

단발령
(1895.11.15)

을사늑약
(1905.11.17)

의열사의 투쟁
- 민영환과 을사 7열사 순국 (1905)
- 을사매국5적 주살계획 (1905)
- 헤이그특사 파견(이상설, 이준) (1907)
- 전명운, 장인환의 스티븐스 주살 (1908)
- 안중근의 이등박문 주살의거 (1909)

경술국치
(1910.8.29)
- 안명근의거와 105인 사건 (1910~1911)
- 신민회원 등 6000여 명 투옥
- 일제의 독립운동 말살음모 (사내총독 암살조직)

3·1독립만세운동
(1919.3.1)
- 무오독립선언
  - 조소앙 등 39인(1918)(을)(만주)
- 2·8독립선언 (1919.2.8)
  - 동경유학생
- 파리장서 (1919)
  - 파리평화회의에 독립청원, 유림

독립만세운동 규모

참여시군	211개소
집회회수	1,542회
참여인원	2,023,098명
사망자수	7,509명
사상자수	15,961명
투옥자수	46,948명

대한민국임시정부수립
(1919.4.13)
- 임시헌장(헌법) 제정(1919.4.11)
  - 민주공화국 선포
  - 삼권분립제 채택
    (입시의정원, 국무원, 법원)
- 교통국, 연통제 실시 (1919)
- 상해 인성학교 설립 (1919)
- 독립신문(상해) 발간 (1919)
- 국민대표회의 개최 (1923)

임정구미위원
- 외교활동
- 임정공채 발행

임정 군무부

임정대일선전포고
(1941)

독립운동단체
- 신한청년단(1918)
- 애국부인회(1919)
- 한국노병회(1922)
- 다 물 단(1923)
- 병인의용대(1926)
- 한인애국단(1932)

군사위원회

한국광복진선청년공작대
(1939)
- 한국청년전지공작대(1939)

한국광복군
(1940.9.17)
- 연합군 합동작전
- 국내정진군 조직
- 인면지구공작대 파견 등

의열단
- 1919.11.9 만주에서 조직
- 최수봉의 일양서 투탄 (1920)
- 박재혁의 부산서 투탄 (1920)
- 김익상의 황모탄 의거
  일본육군대장 전중의일 저격 (1921)
- 나석주의 동척 투탄 (1926)

의열투쟁
- 강우규의 재등총독 주살 (1919)
- 김상옥의 종로서 투탄 (1923)
- 송학선의 금호문의거 (1926)
  - 총독주살
- 조명하의 일본왕족 구이궁 주살 (1928)

- 이봉창의거-일왕저격 (1932.1)
- 윤봉길의 홍구공원 의거 (1932.4)
- 백정기의 육상항 의거 (1933.3)
  - 주중일본공사 주살

을미의병
(1895)
- 춘천, 제천, 원산, 안동, 진주, 광주 등지에서 기의 유인석 의진 충주성 점령 (1896)
- 산남의진(정환직, 정용기 부자) 기의 (1906)
- 민종식의진 홍주성 점령 (1906)

을사의병
(1907)
- 제천, 문경, 순창 등지에 기의 (1906)
- 순창, 홍주, 삼척, 영해 등지에서 기의 (1906)

정미의병
- 대한제국군대 해산 (1907)
  - 해산군 의병합류
- 13도 창의군 서울 진공전 (1907)
- 경기, 강원, 영호남 각지에서 기의 (1908)
- 일본군의 의병토벌 작전 (1909)

만주노령이전
(독립군기지건설)
- 경학사(이회영 등) (1911)
- 신흥강습소(신흥무관학교) (1911)
- 중광단(서 일 등) (1911)
- 권업회(이상설 등) (1911)
- 부민단(이상룡 등) (1912)

대한독립의군부
(1912~1914)
- 임병찬
- 전국 각도, 군별 조직 360곳의 봉기 계획

독립군(만주)
- 대한독립군(홍범도 등) (1919) → **봉오동전투** (1920)
- 북로군정서(서 일 등) (1919) **청산리전투** (1920)
- 서로군정서(이상용 등) (1919)
- 광 복 단(이범윤 등) (1920) - 광복군총영(임정직할)
- 통 의 부(김동삼 등) (1922)
- 참 의 부(김승학 등) (1924) - 천마산대
- 정 의 부(오동진 등) (1924)   - 선천서 투탄
- 신 민 부(김좌진 등) (1925)   - 평남도청 투탄
- 국 민 부(현익철 등) (1929)

조선혁명군
(1929)
- 중국의용군과 한중연합군 조직 (1932)
  - 영릉가 전쟁 (1932)
  - 흥경성 점령 (1933)

한국독립군
(1930)
- 중국호로군과 한중연합 토일공조 (1932)
  - 쌍성보 전투 (1932)
  - 동경성 전투 (1933)
  - 대전자 전투 (1933)
  - 영안현 전투 (1933)

조선의용대
(1938)
- 한국광복군 제1지대로 편입 (1942.4.22)
- 일부는 조선의용군으로 활동

광복
(1945.8.15)

애국계몽운동
- 독립협회 설립(서재필) (1896)
- 독립신문(한글판) 창간 (1896)
- 독립문 건립 (1896)
- 만민공동회 개최 (1898)

국채보상운동
- 헌정연구회(이 준 등) (1905)
- 대한자강회(장지연 등) (1906)
- 신민회(안창호 등) (1907)
- 대동청년당(안희제 등) (1909)

- 일본채무액(1906년 말) 1,300만 원
- 단연회, 부인일화회 등 조직

구국교육운동
· 만주
- 서전서숙(1906)
- 명동학교(1908)
- 동창학교(1911)
- 영신학교(1912)
· 노령
- 소성학교(1907)
- 계동학교(1907)

· 미주
- 한인중앙학교(1906)
- 소년병학교(1908)
- 한인기독학교(1914)
- 국인학교(1914)

- 광동학교(1908)
- 한민학교(1909)

물산장려운동
- 국산품장려운동(1920)
  - 일본상품 배척
  - 자작회, 토산장려
  - 민족자본 형성

6·10만세운동
- 1926 융희황제 국장일에 학생을 주축으로 거사
- 1,000여 명 피체 투옥

신간회
(1927~1931)
- 민족유일당의 결성 (민주주의, 사회주의 동합)

광주학생운동
(1929.11)
- 식민교육반대
- 항일독립학생운동
- 참가학교 학생수 194개교 54,000여 명

민족말살 반대항쟁
(1938~1945)
- 신사참배 거부
- 창씨개명 거부
- 일어강제사용 반대
- 징병, 징용 및 학도병제 반대
- 언론, 교육, 학문을 통한 반일투쟁

조선어학회운동
(1931~1945)
- 조선어학회 사건(1942)
- 조선어사전 편찬

독립유공자 훈격별 연도별 현황

자료: 국가보훈부(2025년 3월)

연도	~2019	2020	2021	2022	2023	2024	2025.3	계	비율
대한민국장	32	0	1	0	0	0	0	33	0.18%
대통령장	90	0	0	0	0	0	0	90	0.49%
독립장	821	1	0	0	0	0	0	822	4.50%
애국장	4,318	66	44	39	14	13	9	4,503	24.66%
애족장	5,755	152	198	139	42	53	31	6,370	34.89%
건국포장	1,315	51	73	67	12	13	9	1,540	8.43%
대통령표창	3,463	315	341	353	203	178	47	4,900	26.84%
계	15,794	585	657	598	271	257	96	18,258	100.00%

독립유공자 운동계열별 현황

자료: 국가보훈부(2025년 3월)

그룹별	~2019	2020	2021	2022	2023	2024	2025.3	계	비율
의병	2,636	26	32	16	7	15	7	2,739	15.00%
3·1운동	5,443	236	242	214	83	123	23	6,364	34.86%
국내항일	3,451	232	220	206	119	72	32	4,332	23.73%
임시정부	1,217	5	17	18	15	3	5	1,280	7.01%
민주노령	2,403	57	99	87	23	16	12	2,697	14.77%
일본미주	561	27	47	54	23	28	17	757	4.15%
기타	82	2	0	3	1	0	0	88	0.48%
계	15,794	585	657	598	271	257	96	18,258	100.00%

1^월

1월 1일 시간마저 빼앗긴 날

1912년 오늘 조선총독부는 한국의 표준시를
일본 기준인 동경 135도로 변경했다.

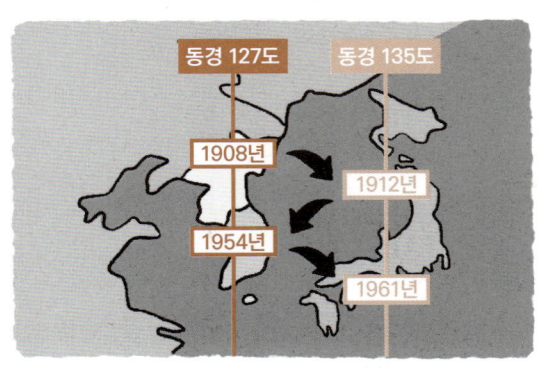

자료: 한국의 표준시 변경 과정(국가기술표준원)

1908년 4월 대한제국에서 처음 시행한 표준시는 당시 국토 중심부를 지나는 동경 127.5도를 기준으로 삼아 국제 표준시보다 8시간 30분 빠른 시간이었다. 총독부는 일본과의 시간을 일치시키기 위해 1912년 1월 1일부로 표준시를 동경 135도로 맞췄다.

이후 1954년 이승만 정부가 일제 잔재를 청산한다는 취지에서 표준시 기준을 원래대로 바꿨지만, 군사정권이 출범하면서 1961년 8월 미군과의 연합훈련 등을 이유로 동경 135도로 다시 변경되었다.

대한민국의 정체성 확립에 시간 또한 예외가 될 수 없다.

• 1907.1.1. 의병장 최익현(1833-1907.대한민국장) 대마도 유배 중 단식 끝에 순국 ➡ 6/4

1월 2일 백마 탄 장군, 김경천

1942년 오늘 김경천 장군이 순국했다.

자료: 김경천(독립기념관)

김경천(1888-1942.대통령장)은 서울 출신으로 일본 육사를 졸업하고 일본군 장교로 복무하던 중, 1919년 동경에서 2·8독립선언이 있자 독립운동에 투신할 것을 결심했다. 지청천과 만주로 망명한 후 신의주에서 대한독립청년단에 가입했고, 신흥무관학교에서 교관으로 활동했다. 블라디보스톡으로 이동한 후 창해청년단의 총사령관으로 활동하면서 1920년 마적 퇴치 활동으로 시베리아 지역에서 명성을 크게 얻었다. 1936년 소련 당국에 체포되어 강제수용소에서 복역하다가 1942년 1월 2일 심장질환으로 순국했다. 1919년부터 1925년까지의 행적을 기록한 그의 일기 《경천아일록》은 독립운동의 중요한 기록으로 평가받고 있다.

"조선의 청년이 노령에 수천수만이 출입하였으나 김 장군같이 위대한 공적을 성취한 사람은 없다. 김 군이 노령에 들어오면서 경천이라 개명하였으므로 노령에서는 김광서라는 본명은 몰라도 김경천 장군이라면 내외국인이 별로 모르는 이가 없다."

- 나경석이 1922년 1월 24일 자《동아일보》에 연재한 '노령견문기' 중에서 -

1월 3일 상해 국민대표회의 개최

1923년 오늘 상해에서 국민대표회의가 개최되었다.

자료: 국민대표회의 보도 기사, 1923.1.10.(조선일보)

1923년 1월 3일 상해의 미국인 예배당에서 첫 회의가 열렸으며 1923년 6월 7일까지 총 74차례의 회의를 개최하였다. 국내외 독립운동 단체 71개, 지역 23개 대표 125명이 참석해 독립운동의 통일적 지도기관과 운동노선을 확립할 목적으로 개최되었다.

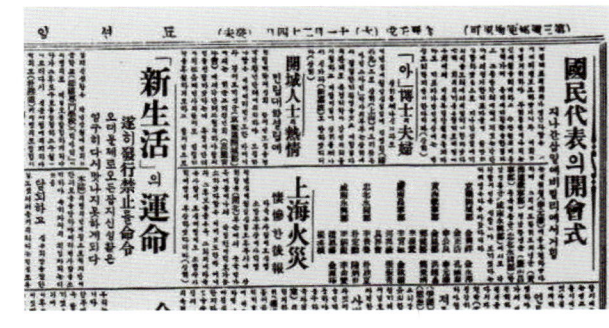

창조파(신채호)와 개조파(안창호), 그리고 현상유지파(김구, 이동녕)의 대립이 있었다. 임시정부의 존속을 주장하는 김구, 조소앙, 이동녕 등이 전부 불참하였기에 회의는 창조파와 개조파 간의 대립으로 이어졌다. 사회주의 계열 정부를 새로 건설하는 것을 반대했던 개조파 요인들이 대거 탈퇴하고 만주로 돌아가면서 회의는 결렬되었다.

회의는 결렬되었지만 74차례씩이나 격론을 벌였던 그들의 목표는 오로지 '독립' 단 하나였다.

1월 4일 간도 15만 원 탈취 사건

1920년 오늘 네 명의 청년이 일제의 무장 현금호송대를 습격하여 15만 원을 탈취했다.

자료: 용정 유적지(독립기념관)

당시 15만 원은 현재 14억 원의 가치로 소총 5,000정과 탄환 50만 발을 구매할 수 있는 거금이었다. 철혈광복단을 조직한 윤준희(1985-1921.독립장), 임국정(1896-1921.독립장), 한상호(1900-1921.독립장), 김강(미상-1920.독립장)은 1920년 1월 4일 간도 용정촌 부근에서 호송대를 습격해 자금을 탈취했다. 그들은 이 자금을 무기 구매나 사관학교 건립에 쓰일 예정이었으나, 이를 중개한 밀정 엄인섭의 밀고로 1월 31일 체포되었다.

윤준희·임국정·한상호 모두 사형을 선고받아 1921년 8월 25일 서울 서대문형무소에서 순국했다. 김강은 도피 생활을 하다가 1920년 11월 13일 일본 경찰에 체포돼 중국 연길현에서 피살돼 순국했다. 형장의 이슬로 사라진 그들의 나이는 불과 36세, 25세, 22세였다.

- 1907.1.4. 진주 의병장 노응규(1861-1907.독립장) 옥중에서 순국
- 1908.1.4. 서울에서 박은식, 이갑, 이동휘, 안창호 등이 애국계몽단체인 서북학회 결성

1월 5일 김지섭 일본 왕궁 투탄 의거

1924년 오늘 김지섭이 도쿄에서 왕궁에 폭탄을 투척했다.

자료: 김지섭의 공판 보도, 1924.4.24.(조선일보)

김지섭(1884-1928.대통령장)은 경북 안동 출신으로, 1920년 중국으로 망명해 1922년 의열단에 입단했다. 관동대지진(1923년 9월) 당시 일제가 무고한 한인을 대량 학살한 것에 분노해 일본에 잠입했다. 원래는 제국의회 개회 시 일제 요인을 처단하려 했으나, 의회가 휴회 중이어서 목표를 일본 왕궁으로 변경했다.

1924년 1월 5일, 폭탄 세 발을 준비한 그는 도쿄 왕궁 앞 이중교 부근에서 경찰의 불심검문을 받고, 폭탄을 던졌으나 오작동으로 인해 모두 불발됐다. 체포된 그는 법정에서 일제의 식민통치와 한인학살을 통박하며 "한국 사람은 최후의 일인, 최후의 일각까지 독립을 위해 항쟁할 것"이라 선언했다. 무기징역을 선고받은 뒤 1928년 2월 20일 옥중에서 순국했다.

• 1968.1.5.《재미한인 50년사》를 저술한 김호(1884-1968.독립장) 서거

1월 6일 2·8독립선언의 주역, 조선청년독립단

1919년 오늘 재일 조선 유학생들이
항일 비밀결사 조선청년독립단을 조직했다.

자료: 2·8독립선언을 주도한 재일 유학생들(독립기념관)

1919년 1월 6일 도쿄의 조선기독교청년회관에서는 열띤 웅변의 목소리가 터져 나왔다. 이날의 행사는 '웅변대회'로 포장됐지만 사실 조선청년독립단을 조직하는 회의였다. 모임은 다음 날 7일에도 이어졌고, 최팔용, 서춘, 백관수, 이종근, 김상덕, 전영택, 김도연, 윤창석, 송계백, 최근우, 이광수, 김철수 등 11명의 대표위원이 독립선언서를 발표하기로 했다. 이날 회의에는 동경의 조선 유학생 700여 명 중 400명 정도가 모였다.

조선청년독립단은 다음 달 2·8독립선언을 주도한다. 이들은 파리 강화회의에 맞춰 국제사회에 조선의 독립 의지를 알리고자 했다. 행사 직후 일제 경찰에 체포되었고, 일부는 상해로 망명해 임시정부에 참여하거나 귀국해 3·1운동을 준비했다. 2·8독립선언은 3·1운동의 도화선이 되었다.

1월 7일 유배지 탈출, 이필상

1909년 오늘 의병장 이필상이 순국했다.

이필상(1887-1909.독립장)은 충북 괴산 출신으로, 1907년 고종 강제 퇴위와 군대해산, 정미7조약에 분노해 항일 비밀결사 동우회에 가입했다. 윤이병(1855-1922.독립장)과 함께 친일 총리대신 이완용의 집에 방화를 단행했으며, 이 일로 10년 유형을 선고받아 전남 진도에 유배되었다.

자료: 이완용의 옥인동 가옥 신축 기사, 1909.12.6.(매일신보)

이필상은 유배 중이던 1908년 11월경 유배지를 탈출하여 해남 지방을 돌아다니면서 주민들에게 항일의식을 고취하였으며, 해남 지방의 의병에 가담하여 항일 무장투쟁을 전개했다. 진도 읍내에 들어온 4, 50명의 의병과 함께 활동하다가 1909년 1월 3일 일본군 수비대의 공격을 받고 도피하던 도중, 1월 4일 일본 순사에 의해 붙잡혔다. 그는 체포되어 호송되던 중 1월 7일 해남군 개초리 부근의 산속에서 어둠을 틈타 탈출을 시도하다가 총에 맞아 순국했다.

1월 8일 일제의 심장에 수류탄을 던진 이봉창

1932년 오늘 이봉창이 일왕에게 폭탄을 투척했다. 자료: 애국단 가입 후 찍은 사진과 이봉창 의사가 쓴 선서문, 1931.12.13.(국립중앙박물관)

이봉창(1901-1932.대통령장)은 서울 용산 출신으로, 일본에서 청년기를 보내며 조선인 차별에 분노했고, 1931년 상해 임시정부로 찾아가 김구를 만나 한인애국단의 1호 단원이 되었다. 1932년 1월 8일 도쿄 경시청 앞 사쿠라다문에서 쇼와 일왕을 향해 수류탄을 투척했으나, 일왕이 탄 마차를 놓쳐 실패했다.

체포된 이봉창은 당당히 자신의 신분을 밝히며 "대한 독립 만세"를 외쳤고, 1932년 9월 30일 사형을 선고받고 열흘만인 10월 10일 이치가야 형무소에서 순국했다. 이봉창 의거는 임시정부의 공식 의거로, 세계에 독립 의지를 알리고 독립운동의 분위기를 살리는 데 결정적 역할을 했다. 그는 사진을 찍을 때 슬퍼하는 김구를 향해 "자신은 영원한 쾌락을 영위하기 위해 가는 것이니 슬퍼하지 말라."라며 위로했다.

1월 9일 재미 한인사회 계몽, 임치정

1933년 오늘 계몽운동가 임치정이 순국했다.

임치정(1880-1932.독립장)은 평남 용강 출신으로, 1903년 하와이로 노동 이민을 떠나 사탕수수 농장에서 일하며 근대적 사고와 민족의식을 키웠고, 1904년 샌프란시스코로 건너가 안창호 등과 함께 공립협회를 조직, 간사로 활동하며 한인 공동체의 의식 개혁과 단결에 힘썼다. 공립협회 기관지 《공립신보》 간행, 자치기관 설립 추진 등 재미 한인사회의 민족운동을 주도했고, 국내외 한인들의 국권 회복 역량 결집을 위해 신민회 결성에도 앞장섰다. 1907년 귀국 후 《대한매일신보》 부총무, 신민회 간부로 활동하며 언론·교육·의열투쟁 등 다양한 방면에서 국권회복운동을 펼쳤다.

1911년 일제가 조작한 105인 사건으로 체포되어 4년간 옥고를 치렀고, 출옥 후에도 진남포 3·1운동을 주도하는 등 평안도 일대 항일운동의 중심에 섰다. 1920년 임시정부 연통제 진남포 참사로 임명되어 비밀연락망을 관리했으며, 이후 민립대학 설립 운동에도 참여했다. 1932년 1월 9일 뇌일혈로 서대문 자택에서 순국했다.

1월 10일 **어등산의 불꽃, 조경환**

1909년 오늘 의병장 조경환이 어등산 전투에서 순국했다. 자료: 어등산 호남의병 전적지 표지석(광주광역시 서구문화원)

조경환(1876-1909.독립장)은 전남 광주 출신으로, 1907년 대한제국군 해산 이후 광주와 함평 등지에서 의병을 일으켜, 김태원 의병부대 좌익장으로 무장투쟁을 시작했다. 이후 함평, 장성, 영광, 광주 등지에서 일본군과 여러 차례 교전하며, 연합의병진의 선봉장으로 활약했다.

1908년 김태원 전사 후 의병장으로 추대되어 부대를 이끌었고, 1908년 11월 전해산, 유완요 등과 연합해 일본군을 공격하는 등 연승을 거두었다. 1908년 12월 중순 장성 월암에서 전해산 의진과 연합하여 항일투쟁을 전개했고, 이때 약 200명의 규모였다. 당시 이들이 보유한 무기는 30년식 일본 총 4정, 권총 6정, 한병총 12정, 천보총 8정, 개조화승총 약 60정 등이었다. 당시 전남 지역의 11개 의진이 '호남동의단'이라는 이름으로 연합전선을 형성할 때, 제4진 의병장으로 활약했다. 1909년 1월 10일 광주 어등산 전투에서 일본군과 싸우다 총탄에 맞아 순국했다.

1월 11일 양주 의병항쟁의 선봉 정용대

1910년 오늘 경기도 양주의 의병장 정용대가
교수형 선고를 받았다.

자료: 이은찬·정용대 연합의병 전투지 안내판, 경기 양주시 향동 소재

정용대(1882-1910.독립장)는 경기도 양주 출신의 대한제국 군대 정교(지금의 상사 계급)
출신이다. 1907년 정미7조약이 체결된 후 의병부대를 조직했다. 스스로 창의좌군장
으로 칭한 후, 수백 명의 의병들을 이끌고 경기도 적성, 양주, 풍덕, 교하, 통진 일대에
서 항일투쟁을 전개했다. 인근에서 활동하던 이은찬 의병부대와도 연합하여 일본군과
교전했다.

1908년 2월 27일에 양주군 석적면에서, 그해 3월 2일에는 양주군 회암면에서 일제
군경과 교전했다. 1909년 6월까지 의병투쟁을 전개하다, 그해 9월 9일 일본군 적성
헌병대에 붙잡혔다. 1910년 1월 11일 경성재판소에서 내란죄로 교형이 확정되어
경성감옥에서 옥고를 겪다가, 1910년 1월 26일 형 집행으로 순국했다.

1월 12일 경성 피스톨, 김상옥 의거

1923년 오늘 조선 최고의 총잡이 김상옥이
종로경찰서를 폭파했다.

자료: 서울 마로니에공원의 김상옥 열사상(현충시설정보서비스)

김상옥(1889-1923.대통령장)은 서울 출신으로, 1919년 4월 혁신단을 조직해 반일 신문 혁신 공보를 발행했고, 이후 상해로 망명해 의열단에 가입했다. 1923년 1월 12일 밤, 김상옥은 독립운동가 탄압의 상징이었던 종로경찰서에 폭탄을 투척해 일경 3명을 포함하여 10여 명에게 부상을 입혔다. 이는 일본 경찰에 큰 충격을 주었고, 이후 군경 수백 명과 시가전을 벌이며 남산, 안장사 등으로 피신했다. 1월 22일 새벽 김상옥은 양손에 권총을 쥐고 혼자서 일제 경찰과 총격전을 벌여 16명의 사상자가 발생했다. 마지막 탄환으로 자결해 순국했다.

서울 한복판에서 단신으로 수백 명의 무장경찰과 3시간이나 총격전을 벌인 예는 일제 35년 동안 전무후무한 일이었다. 임시정부에서는 김상옥 의사의 장렬한 죽음이 알려지자 1923년 2월 17일 상해에서 추도식을 거행하고, 3월 1일 자《독립신문》에 그의 순국 소식을 대대적으로 보도했다.

• 1932.1.12. 법정사 항일운동, 조천만세운동과 함께 제주도 3대 항일운동인 제주해녀 항일운동 봉기

1월 13일 법정의 변론 투쟁, 김병로

1964년 오늘 변론으로 투쟁했던 사법부의 거인 김병로가 서거했다.

김병로(1887-1964.독립장)는 전북 순창 출신으로, 1906년 최익현의 강연에 감화되어 동지들과 함께 일인보좌청을 습격하는 등 의병활동을 시작했고, 이후 일본에서 법학을 공부한 뒤 귀국해 변호사로 개업했다. 3·1운동 이후 김상옥 의거, 6·10 만세운동, 안창호 치안유지법 위반 등 수많은 독립운동 관련 사건을 무료로 변호했다. 1923년에는 형사변호공동연구회를 설립해 독립운동가의 가족 지원 등 사회운동을 주도했으며, 신간회 활동에도 적극 참여했다.

해방 후에는 초대 대법원장을 역임했고, 1955년 사법부에 보낸 이승만 대통령의 메시지를 반박하는 등, 강직한 자세로 사법부의 독립성을 지키고자 노력했다. "모든 사법 종사자에게 굶어 죽는 것은, 영광이며 또 그래야 한다. 그것이 부정을 범하는 것보다 명예롭기 때문이다." 김병로의 대법원장 퇴임사다. 1964년 1월 13일 인현동 자택에서 78세를 일기로 서거했다.

• 1937.1.13. 기독교계 민족대표33인 유여대(1878-1937.대통령장) 신의주에서 순국

1월 14일 광주학생운동에 화답한 함흥상업학교 시위

1930년 오늘 함흥의 학생들이 연대하여 만세시위를 전개했다.

자료: 함흥고보 사건 보도자료(동아일보)

1930년 함흥상업학교 만세시위는 1929년 11월 광주학생운동의 전국적인 확산과정에 영향을 받아 상업학생 궐기를 다짐한 원주연(애족장), 최예진(대통령표창) 등이 회합을 거듭한 뒤 광주학생운동 지원과 총독정치에 대한 반대투쟁을 벌이기로 결의하고 격문을 작성했다. 최예진은 1930년 1월 14일 조회가 끝나자 등단하여 조선학생만세를 선창하고, 학생들이 일제히 호응하여 만세를 부르고 깃발을 휘날리고 준비한 격문을 뿌리며 가두시위를 벌였다. 함흥상업학교뿐 아니라 영생중학, 영생여고보, 영생고보 등 인근 학교 학생들이 연합해 대규모 만세시위를 벌였다. 학생들은 교내 전화선을 절단해 외부와의 연락을 차단하고, "광주 학생 만세"를 외치며 시내로 진출해 격문을 살포하고 시위를 전개했다.

이 과정에서 많은 학생이 검거되는 등 일제의 강경 진압이 뒤따랐다. 이 시위는 함경도와 전국 각지의 학생운동에 불씨가 되었다.

1월 15일 한국광복군 총사령관, 백산 지청천

1957년 오늘 대전자령 전투의 영웅 지청천이 서거했다.

자료: 지청천(독립기념관)

지청천(1888-1957.대통령장)은 서울 출신으로, 대한제국 육군무관학교를 다니다 1910년 한일병합으로 폐교되자 일본 육군사관학교로 옮겨 졸업했다. 1919년 3·1운동을 계기로 만주로 망명하여, 신흥무관학교에서 독립군 양성에 힘썼다. 1920년 청산리전투 이후 대한의용군 부사령관, 대한독립단 여단장 등으로 활동하며 독립군을 이끌었다. 1931년 한국독립군을 조직하고 총사령에 취임하여 중국군과 연합해 대일항전에 나섰으며, 1933년 대전자령 전투에서 큰 승리를 거두었다. 일본군 수송부대를 습격해서 군복 3,000여 벌과 소총 1,500정, 대포와 박격포 13문, 담요 3,000여 장, 군량·군수품 등 마차 200여 대 분량을 노획했다. 반면에 한국독립군의 피해는 별로 없어서 경상자 4~5인이 발생했을 뿐이다.

1940년 9월 17일 임정 산하 정규군인 한국광복군이 창립되면서 총사령관으로 임명되어 광복군을 총지휘했다. 지청천의 아들 지달수와 딸 지복영도 광복군 소속으로 활동했다. 광복 후, 1948년 제헌 국회의원, 2대 국회의원으로 활동했고, 1957년 1월 15일 숙환으로 서거했다.

1월 16일 저항시인, 264

1944년 오늘 이육사가 북경 일본총영사관 감옥에서 순국했다.

자료: 대구 중구의 이육사기념관(대구광역시)

이육사(1904-1944.애국장)는 경북 안동 출신으로, 본명은 이원록이다. 1927년 조선은행 대구지점 폭파사건에 연루되어 투옥되었고, 이후 의열단에 가담했다. 당시 수인번호 264를 따 이육사라는 이름을 썼다. 이후 대구격문사건 등 항일활동으로 다시 체포되어 옥고를 치렀고, 만주와 중국에서 조선혁명군사정치간부학교를 졸업했다. 국내외를 오가며 독립운동에 헌신하다 1943년 모친상을 치르기 위해 귀국한 뒤 체포되어 북경으로 이송, 1944년 1월 16일 일본총영사관 감옥에서 순국했다. 39년의 삶 동안 17번의 옥살이를 했다.

이육사는 시인으로서도 뛰어난 업적을 남겼다. 〈광야〉, 〈청포도〉, 〈절정〉 등 그의 시는 일제강점기 민족의 아픔과 독립의지를 담았으며, 유고 시집 《육사 시집》(1946)으로 세상에 알려졌다.

• 1929.1.16. 이강년의 16세 의병 선봉장이자 의성단장 편강렬(1892-1929.대통령장) 고문 후유증으로 순국

1월 17일 일왕 암살을 기도한 아나키스트, 박열

1974년 오늘 무정부주의자 박열이 평양에서 서거했다.

자료: 아내 가네코 후미코와 취조실에서(마이니치 신문)

박열(1902-1974.대통령장)은 경북 문경 출신으로, 1919년 3·1운동에 적극 참여 후 일본 도쿄로 건너가 흑도회, 흑우회 등 항일사상단체를 조직하며 본격적으로 독립운동에 나섰다. 1923년 일본인 동지이자 아내 가네코 후미코와 함께 일왕 암살을 계획하다 체포되어 '대역사건'으로 기소됐다. 재판 과정에서 박열과 후미코는 천황제의 모순과 일제의 조선인 학살을 강력히 비판했고 사형선고를 받았다. 가네코 후미코는 1926년 옥중에서 의문의 죽음을 맞았고, 박열은 22년 2개월간 옥고를 치른 끝에 1945년 광복 후 석방됐다.

박열은 출옥 후 재일조선인거류민단 초대 단장을 맡아 이봉창·윤봉길·백정기 의사 유해 송환 사업에 앞장섰다. 한국전쟁 때 북한으로 피랍되어 1974년 1월 17일 평양에서 서거했다.

• 1933.1.17. 민족대표 33인 조선예수교장로회 총회장 양전백(1869-1933.대통령장) 순국

1월 18일 파리강화회의, 그리고 한국 독립의 좌절

1919년 오늘 개최한 파리강화회의에서 김규식이 한국의 독립을 호소했다. 자료: 김규식(독립기념관)

1919년 파리강화회의는 제1차 세계대전 종전 후 전후 질서를 정립하기 위해 1월 18일부터 6월 28일까지 프랑스 파리에서 열린 국제회의다. 영국, 프랑스, 미국, 이탈리아, 일본 등 승전국 중심으로 약 30개국이 참여했으며, 미국 대통령 윌슨의 14개 조 원칙, 특히 '민족자결주의'가 핵심 논의 주제였다. 이 회의에서 국제연맹 창립, 패전국 식민지 위임통치 등이 결정됐다.

한국의 독립운동가들은 윌슨의 민족자결주의에 고무되어, 신한청년당이 김규식을 대표로 파견하고 독립청원서를 제출해 한국의 독립을 국제사회에 호소했다. 그러나 일본이 연합국의 일원이었기 때문에 한국 문제는 회의 안건으로 상정조차 되지 못했고, 외교적 독립운동은 큰 좌절을 겪었다. 파리강화회의는 한국 독립운동의 방향과 3·1운동에도 큰 영향을 미쳤다.

"2천만 영혼의 간청에도 성의 있게 답하지 않으며, 정의를 사랑한다고 말하는 프랑스에 경악한다." 김규식은 파리외신기자클럽에서 연설 중 이렇게 호소했다.

1월 19일 밀정 척결의 선봉, 전학수

1924년 오늘 전학수가 밀정 홍국준을 처단했다.

자료: 전학수 판결문, 1929.6.27.(국가기록원)

전학수(1896-1929.독립장)는 평북 자성 출신으로, 3·1운동 이후 1920년 아버지와 함께 만주로 이주했다. 이후 대한독립단에 가입하여 무장투쟁을 전개했다. 1924년 1월 19일 남만주 집안현에서 서용운 등 동지 4명과 함께 밀정 홍국준을 처단하고, 다음 날 20일에는 밀정 유봉수를 사살했다. 1924년 2월 통의부 제1중대장 백광운의 지시로 이화주, 안정길, 양봉제 등 총 4명과 함께 독립운동자금을 모집하기 위해 국내로 이동했다. 평북 강계군 문옥면에서 문흥경찰서 일제 경찰 67명과 교전하여 1명을 사살했다. 4월 25일 집안현에서 밀정 홍석찬을 처단하고, 밀정 김원조를 처단하려 했으나 도주하여 실패했다.

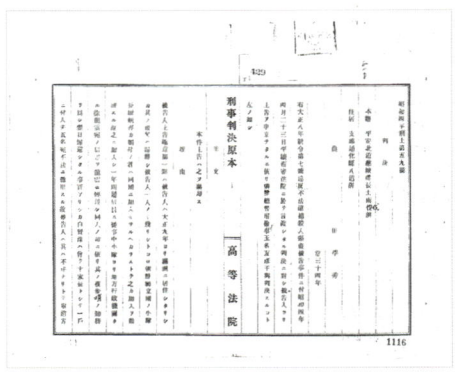

이후 독립운동자금을 모집하다가 1928년 10월 강계군에서 체포되어, 1928년 11월 7일 신의주법원에서 사형을 선고받고, 1929년 7월 27일 평양형무소에서 교수형이 집행되어 순국했다.

1월 20일 임시정부의 목소리, 신언준

1938년 오늘 펜으로 일제에 맞선 신언준이 순국했다.

자료: 신언준(독립기념관)

신언준(1904-1938.독립장)은 평남 평원 출신으로, 오산학교를 졸업한 뒤 1923년 중국으로 망명해 항주영문전수학교, 동오대학에서 법학을 전공했다. 대학 시절 상해 청년동맹회를 조직해 독립운동에 뛰어들었고, 이후 흥사단 간부로 활동하며 안창호를 보좌해 교섭·통역·문서 작성 등 실무를 담당했다. 1927년부터는 인성학교 학감을 맡아 독립운동가 자녀의 민족교육에도 힘썼다.

언론계에서도 활약해 《중앙일보》 논설위원, 《세계신문》 아주부장, 《동아일보》 상해특파원 등으로 임시정부와 독립운동 소식을 국내외에 알렸으며, 만보산사건 등 일제의 이간책을 신속히 보도해 한중 민족 간 오해를 막고 항일 여론을 확산시켰다. 이봉창 의사의 사진을 중국 신문에 배포해 독립운동에 대한 국제적 지지를 받았고, 중국 정부와의 교섭에도 큰 역할을 했다. 1935년 5월 30일 체포돼 조사를 받다가, 병세가 위급해서 풀려났다. 일제 감시 속에 투병하다가 1938년 1월 20일 순국했다.

• 1923.1.20. 평양의 조선물산장려회에 이어 서울에서도 조선물산장려회 발기인대회 개최

1월 21일 3·1운동의 촉발, 고종의 승하

1919년 오늘 고종이 덕수궁에서 승하했다.

자료: 고종 장례 행렬(문화재청)

고종(1852-1919)은 조선 제26대 국왕이자 대한제국 초대 황제로, 1864년 어린 나이에 즉위해 1897년 대한제국을 선포하고 황제에 올랐다. 고종 독살설은 1919년 1월 21일 고종이 덕수궁에서 갑작스럽게 사망한 원인이 일제의 사주로 인한 독살이었다는 주장이다. 고종은 식혜, 한약, 커피 등 음료를 마신 뒤 아침에 심한 경련을 일으키며 사망했고, 시신이 급속히 부패해 팔다리가 부어오르고 이가 모두 빠지며 혀가 닳아 없어졌다는 증언이 있다.

일제는 독립운동 움직임을 우려해 고종을 상징적 위협으로 간주했고, 친일파 윤덕영, 민병석, 이완용 등이 독살에 관여했다는 의혹이 제기됐다. 고종의 갑작스러운 죽음과 시신의 이상 징후는 민중 사이에 독살설을 확산시켰고, 이는 3·1운동의 중요한 촉진제가 되었다. 하지만 공식적으로 독살이 입증된 바는 없으며, 일부 기록과 정황만이 남아 있다. 그는 나라를 빼앗긴 군주다.

• 1922.1.21. 모스크바에서 개최한 극동인민대표회의에 한국대표단 52명 참석

1월 22일 독립군 양성의 선봉, 노백린

1926년 오늘 임시정부의 영원한 장군 노백린이 순국했다.

노백린(1875-1926.대통령장)은 황해도 송화 출신으로, 대한제국 육군무관학교 교장, 임시정부 군무총장을 역임했다. 1910년 한일병합 후 육군무관학교장직을 사퇴하고 조선총독부의 회유를 거부한 뒤 미국 하와이로 망명, 박용만 등과 함께 국민군단을 창설해 독립군을 양성했다. 이후 미국 본토와 만주, 상해를 오가며 임시정부 설립에 참여하며 무장투쟁과 외교활동을 병행했다.

1920년 2월 캘리포니아 윌로우스에 비행학교를 설립하여 비행사 양성 등 군사적 혁신에도 앞장섰고, 신민회, 대한광복회 등 항일단체에서 활동하며 독립운동의 조직화에 힘썼다. 1926년 1월 22일 상해에서 병으로 세상을 떠났으며, 임시정부는 인성학교에서 성대한 장례식을 거행했다.

• 1923.1.22. 종로경찰서에 폭탄을 투척한 김상옥 의사가 일경과 교전 끝에 순국 ➡ 1/12

1월 23일 독립운동의 산실, 대구사범

1941년 오늘 대구사범에서 비밀결사 '연구회'가 조직되었다.

대구사범학교 연구회는 1941년 1월 23일 임병찬의 주도로 결성된 항일 비밀결사로, 일제 패망을 예견하고 독립을 준비하기 위해 조직된 학생운동 단체다. 연구회는 이태길, 강두안 등과 함께 각자 좋아하는 학문 분야를 연구하며 실력을 양성하고, 독립운동에 매진할 것을 결의했다. 운동 방침은 비밀 엄수, 하급생 지도와 동지 획득 등이었으며, 회원들은 독립을 위한 결속과 민족의식 고취에 힘썼다. 유흥수, 문홍의 등이 연구회를 확대 개편해 1941년 2월 15일 다혁당을 결성, 실질적 항일비밀결사로 발전했다.

1941년 7월 회보 《반딧불》이 일본 경찰에 발각되면서 연구회와 다혁당 등 관련자 300여 명 중 35명이 체포되었다. 1943년 12월 최종 판결에서 35명이 징역 5년에서 2년 6월까지 선고받고 옥고를 겪었다. 그중, 장세파와 박제민은 광복을 맞지 못하고 대구형무소에서 순국했다.

• 1918.1.23. 대한광복회 임봉주(1880-1921.독립장)가 악질 도고면장 박용하를 처단

1월 24일 청산리 대첩, 독립군 총사령관 김좌진

1930년 오늘 독립군의 뿌리 백야 김좌진이 순국했다.

자료: 홍성의 김좌진 장군 동상(현충시설정보서비스)

김좌진(1889-1930.대한민국장)은 충남 홍성 출신으로 어린 나이에 집안의 노비를 면천하고 토지를 분배하는 등 신분해방을 실천했다. 1907년 육군무관학교를 졸업하고 대한제국 육군 장교로 임관했다. 직후 1907년 대한제국 군대 해산과 1910년 한일병합 후 대한광복단에 가담해 독립운동 자금을 모으다 체포되어 복역했고, 1917년 만주로 망명해 본격적으로 무장투쟁에 나섰다.

1919년 3·1운동 이후 북로군정서 총사령관이 되어 1,600여 명의 독립군을 양성했고, 1920년 10월 청산리 전투에서 일본군을 대파하며 독립운동사 최대의 승리를 이끌었다. 이후 임시정부 국무위원으로도 임명됐으나 취임하지 않고 독립군 육성에 전념했다. 1930년 1월 24일, 고려공산당 박상실의 흉탄에 맞아 순국했다. 김좌진은 "할 일이 너무도 많은데 죽어야 한다니…"라는 유언을 남겼다.

• 1932.1.24. 한국독립군 참모장 이장녕(1881-1932.독립장)이 일제에 매수된 중국인에게 암살당함

1월 25일 임시정부의 기반 한국독립당 출범

1930년 오늘 삼균주의로 무장한 한국독립당을 창당했다.

자료: 한국독립당 1차 중앙집감위원(독립기념관)

1930년 1월 25일 중국 상해에서 김구, 이시영, 이동녕, 조소앙 등 임시정부 중심의 민족주의 세력 26명이 한국독립당을 결성했다. 이들은 독립운동 세력의 통일을 목표로 창당했으며, 조소앙의 삼균주의(정치·경제·교육의 균등)를 강령으로 채택해 반일 민족운동과 무력투쟁을 추구했다. 한국독립당은 임시정부의 집권당 역할을 하며, 1932년 이봉창, 윤봉길 의거 이후 일제의 탄압이 심해지자 항주 등으로 거점을 옮기며 활동을 계속했다.

1940년 5월 8일, 김구의 한국국민당, 조소앙의 한국독립당, 지청천의 조선혁명당이 통합해 새로운 한국독립당이 출범했으며, 김구가 중앙집행위원장이 되어 임시정부의 대표적 집권당으로 자리매김했다.

• 1936.1.25. 총독부 학무국 안에 사상계를 설치하여 문화 말살 정책 시행

1월 26일 이범진의 구국 외교와 희생

1911년 오늘 주러 공사 이범진이 자결, 순국했다.

이범진(1852-1911.애국장)은 대한제국 초대 주러시아 공사다. 그는 고종의 신임을 받아 아관파천(1896)을 주도하며 친일 정권을 몰아내는 데 결정적 역할을 했으며, 이후 미국, 프랑스, 오스트리아, 러시아 등지에서 외교관으로 활약했다. 1905년 을사늑약 이후 일제가 외교권을 강탈하고 공사관 폐쇄를 요구했으나, 고종의 밀명에 따라 러시아에 남아 비공식 외교와 독립운동을 이어갔다. 이범진은 1907년 헤이그 밀사단을 비밀리에 지원했고, 아들 이위종을 연해주로 보내 자금지원 등 항일의병단과 동의회 등 무장독립운동을 적극 후원했다.

1910년 경술국치로 나라가 망하자, 그는 모든 재산을 독립자금으로 내놓고 고종에게 유서를 남긴 뒤, 1911년 1월 26일 상트페테르부르크 자택에서 자결하여 순국했다. "적을 토벌할 수도, 복수할 수도 없으니 자결 외에 할 수 있는 일이 없다."라는 그의 유언은 국권 상실의 절망과 항일정신을 보여준다.

• 2011.1.26. 광복군 제2지대 제1구대장이자 안중근 의사의 당질인 안춘생(1912-2011.독립장) 서거

1월 27일 대관원회의, 학생 독립운동의 출발점

1919년 오늘 대관원에서
3·1운동의 불씨를 지핀 학생 대표들의 첫 만남이 있었다.

자료: 김원벽(국가보훈부)

1919년 1월 27일 3·1운동 학생 대표들이 종로의 중국음식점 '대관원'에서 독립운동 준비 모임을 가졌다. 이 자리에는 연희전문 김원벽, 보성전문 주익, 강기덕, 경성전수학교 윤자영, 세브란스의전 이용설, 경성공업전문 송종우 등 학생대표 10여 명이 모였다. YMCA 간사인 박희도가 독립운동 계획을 설명했고, 학생들은 해외 독립운동 정세와 파리강화회의 소식을 공유하며 학생 중심의 독립운동 실행을 결의했다. 이후 학생 대표들은 2월 12일과 14일, 민족대표 이갑성의 집에서 추가 회의를 열어 독립선언서 작성과 학생 조직의 필요성을 협의했다.

대관원회의는 학생들이 자발적으로 독립운동을 준비한 첫 계기로, 이후 승동교회와 정동예배당 등에서 학생 간부회의가 이어지며 3월 1일 만세운동의 구체적 실행 방안을 준비했다.

• 1949.1.27. 천도교계 민족대표33인 홍병기(1869~1949.대통령장) 서거

1월 28일 독립군 양성의 기둥, 이봉희

1937년 오늘 신흥학교 교장 이봉희가 순국했다.

자료: 임청각(현충시설정보서비스)

이봉희(1868-1937.독립장)는 경북 안동 임청각 출신으로, 임시정부 국무령 이상룡의 동생이다. 1895년 을미의병에 참여했고, 1905년 이상룡 등과 함께 가야산에 의병기지 건설을 추진했으나 일본군의 기습으로 실패했다. 1911년 만주로 망명해 경학사, 신흥학교 설립과 교장 역임 등 독립군 양성에 헌신했다.

1919년 3·1운동 이후 서로군정서 창설과 광복단, 대한광복회 지원, 서간도 지역 외교활동, 군자금 모집 등 만주 독립운동의 중추 역할을 했다. 1927년부터는 북만주의 흑룡강성으로 옮겨 동포들과 함께 대농장을 구축하는 데 노력했다. 이는 만주로 이주한 동포들의 삶과 독립군들의 생명력을 이어가게 하기 위해서는 무엇보다 중요한 사업이었다. 활동을 계속하다 1937년 1월 28일 순국했다.

1월 29일 국채보상운동의 시작, 광문사

1907년 오늘 민족의 경제주권을 지키기 위해 국채보상운동이 시작됐다. 자료: 대구 국채보상운동 기념관(현충시설정보서비스)

1907년 1월 29일 출판사인 대구의 광문사에서 특별한 회의가 열렸다. 회의의 안건은 광문사를 대동광문회로 개칭하는 문제였다. 김광제, 서상돈 등 광문사 간부들은 일본이 강요한 1,300만 원의 국채가 경제주권을 위협한다는 위기의식을 느끼고, 회의에서 국채보상운동을 제안했다. 서상돈은 "이천만 동포가 담배를 끊고 한 달에 20전씩 모으면 석 달 만에 국채를 갚을 수 있다."라며 모금운동을 촉구했고, 참석자들은 담배를 끊고 자발적으로 기부금을 내는 등 실천에 나섰다. 이 취지문이 신문을 통해 전국에 알려지며 각계각층의 호응을 얻었고, 범국민적 운동으로 확산했다.

1907년 2월 22일 대한자강회원 김성희, 광학서포 사장 김상만, 중앙서림 사장 주한영 등이 국채보상기성회를 조직하는 등 서울에도 여러 단체가 조직되어 의연금 모금 운동을 전개했다. 광문사는 국채보상운동의 발원지로서 민족의식 고취와 경제주권 수호에 큰 역할을 했다.

• 1915.1.29. 을미의병의 지도자 의암 유인석(1842–1915.대통령장) 병사로 순국 ➡ 6/21

1월 30일 덕유산과 지리산의 의병 항전, 김동신

1933년 오늘 삼남의병대장 김동신이 순국했다.

자료: 아들이 작성한 〈창의일기〉(국가보훈부)

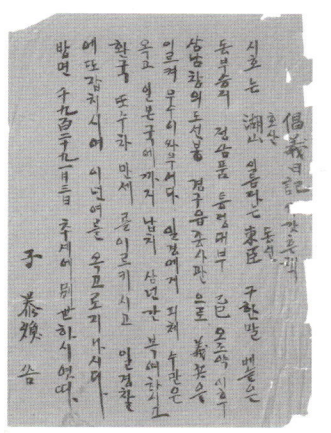

김동신(1871-1933.독립장)은 충남 회덕 출신으로, 을사늑약 체결 후 관직을 버리고 1906년 민종식 의진에 합류했다. 1907년 고종 강제 퇴위와 군대해산 이후 전북 내장산에서 기우만, 고광순 등과 의병을 일으켰다. 이후 덕유산, 지리산 일대를 근거지로 80~600여 명의 의병을 이끌고 남원, 구례, 함양, 안의, 순창, 거창 등지에서 일본군과 여러 차례 전투를 벌였고, 우편취급소, 분파소 습격 등 적극적인 항일투쟁을 전개했다.

이후 충청, 강원, 경기 등지로 활동 무대를 넓혀 삼남의병대장으로 불렸으며, 1908년 거창 매학 전투 등에서 큰 전과를 올렸다. 1908년 6월 6일 일시 귀향했다가 대전의 순사대에 붙잡혔다. 재판 과정에서 교수형을 선고받았으나 종신형으로 감형된 후 1910년 9월에 일제의 사면으로 방면되었다. 1933년 1월 30일 옥중 후유증으로 순국했다.

1월 31일 임시정부 국무총리, 이동휘

1935년 오늘 사회주의 독립운동의 선구자 이동휘가 순국했다.

자료: 강화도 진위대장 시절 이동휘, 앞줄 가운데(독립기념관)

이동휘(1873-1935.대통령장)는 함남 단천 출신으로, 무관학교를 졸업한 뒤 군직에 있던 그는 일본의 침략이 본격화되자 관직을 사임하고 보창학교를 설립해 국민계몽에 힘썼다. 신민회와 서북학회에서도 활약하며 지회와 학교 설립, 기관지 발간 등 민족 계몽운동을 주도했다. 일제의 탄압을 피해 북간도로 이주한 후에는 1914년 이상설과 함께 대한광복군정부를 조직했고, 1918년 한인사회당을 창당해 한인 최초의 사회주의 정당을 이끌었다.

1919년 임시정부 국무총리로 취임해, 독립운동 세력의 통합에 앞장섰으며, 이후 고려공산당 중앙위원장으로 사회주의 독립운동을 주도했다. 이동휘는 군사학교 설립과 무장투쟁단체(적위대) 편성 등 무력항쟁 기반을 마련했고, 국제혁명 운동에도 관여하다 1935년 1월 31일 소련 블라디보스토크에서 62세로 병사 순국했다.

2월

2월 1일 해외 39인의 결의, 대한독립선언

1919년 오늘 만주에서 무장독립투쟁을 결의하고
대한독립선언서를 발표했다.

자료: 무오독립선언서(독립기념관)

무오독립선언, 즉 '대한독립선언서'는 1919년 2월 만주 길림에서 대한독립
의군부 주도로 발표된 독립선언서로, 김교헌, 김규식, 김좌진, 안창호, 이승
만, 박은식 등 해외로 망명한 독립운동 지도자 39명이 연명했다. 이 선언서
는 조소앙이 내용을 작성했으며, 기미독립선언서보다 이전 시기에 작성된
최초의 독립선언서다.

선언서는 "대한민주국으로 자립할 것"을 천명하며, 한국의 주권과 영토는
오직 한민족의 것임을 강조했다. 일본의 불법적 병합과 압제를 고발하고, 동
양 삼국의 원상회복과 민족의 자결권, 평등권 실현을 요구했다. 특히 "육탄혈전으로 독립을 완성하자"라며 무장투쟁
을 독립운동의 방향으로 설정한 점이 특징이다. 대한독립선언서는 발표 1주일 뒤 일본 유학생들이 주도한 2·8 독립
선언과 국내의 3·1운동에 지대한 영향을 주었다.

2월 2일 의병에서 독립군까지, 이명하

1921년 오늘 이명하가 동지 15명과 함께 교전 끝에 전사했다.

자료: 이명하(국가보훈부)

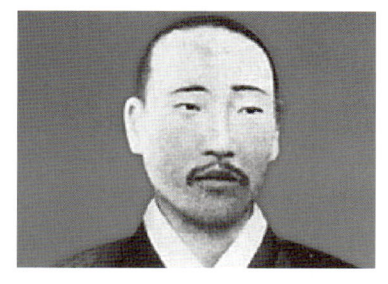

이명하(1878-1921.독립장)는 경기도 광주 출신으로, 유인석의 문하에서 성리학을 수학하며 민족의식을 키웠다. 성균관 진사와 제천군 주사 등 관직에 올랐으나 국권 침탈에 분노해 의병운동에 투신했다. 1896년 유인석 의병장을 도와 모병 책임자로 활약하며 일본군과 무장투쟁을 벌였고, 1907년에는 이강년 의병진에 합류해 13도 창의군 서울진공전에 참가했다. 이후 체포되어 옥고를 치렀으나, 출옥 후 서간도로 망명해 이진룡 의병장과 함께 항일투쟁을 이어갔다.

3·1운동 이후에는 만주 단동으로 옮겨 대한독립단 등 독립군 조직에 참여해 무장투쟁과 친일파 처단, 군자금 모집에 앞장섰다. 1921년 2월 2일 단원들과 안동현 삼도구에서 군수품을 마련하던 중, 일본 경찰 대장 오카무라와 한인 순사 주계주를 처단하고 수 명에게 중상을 입혔다. 의주경찰서와 평북 제8부 경찰대 30여 명의 공격을 받아 동지 15명과 함께 치열한 교전 끝에 순국했다.

2월 3일 호남의병의 혼, 백마장군 기삼연

1908년 오늘 의병장 기삼연이 총살당해 순국했다.

자료: 장성의 기삼연 순국비(현충시설정보서비스)

기삼연(1851-1908.독립장)은 전남 장성 출신으로, 위정척사운동을 주도한 기정진의 문하에서 수학하며 민족의식을 키웠고, 1896년 기우만의 광주 의병봉기 때부터 의병활동에 참여했다. 1907년 군대해산 이후 본격적으로 의병을 일으켜 장성 수연산에서 호남창의회맹소를 조직하고 대장으로 추대되었다. 이후 고창, 영광, 부안, 정읍 등지에서 40여 차례 일본군과 치열한 전투를 벌였으며, 담양 추월산성 전투에서 부상을 당해 순창 산중에 은신했다. 그러다 1908년 2월 3일 체포되어 광주 서천교 아래 백사장에서 일본군에 의해 총살당했다.

백마를 타고 다니며 의병을 모집해 '백마장군'으로 불렸던 기삼연의 순국은 헛되지 않았다. 그의 순국이 자극제가 되어 수하의 김준, 김용구, 전수용, 이석용, 심남일, 박도경 등은 물론, 안규홍, 강무경, 양진여 등 평민 의병장들이 나타나 이후 호남을 의병항쟁의 중심지로 부상시켜 나갔다.

2월 4일 덕유산 호랑이, 의병장 문태수

1913년 오늘 문태수 의병장이 옥중에서 자결, 순국했다.

자료: 함양군의 문태수 기공비(현충시설정보서비스)

문태수(문태서,1880-1913.대통령장)는 경남 함양 출신으로, 1905년 을사늑약 체결 소식에 분노해 지리산에서 의병을 일으켰다. 이후 무주 덕유산을 근거지로 영호남 일대에서 활약했다. 1907년 13도창의군 결성 시 호남창의대장에 임명되어 서울진공작전에 참가했으나, 작전이 좌절되자 다시 지역 항일투쟁을 이끌었다. 무주, 장수, 남원, 영동, 옥천 등지에서 일본군과 치열하게 싸웠으며, 1910년에는 대군을 이끌고 서울 진격을 시도했으나 실패했다.

1911년 80여 명의 의병들과 장수헌병대를 공격하여 10여 명의 일본 헌병을 처단하고 무기를 노획한 후 덕유산 원통사로 이동하던 중, 계남면 일대에서 일제 군경의 추격을 받아 전력을 크게 상실했다. 이후 덕유산을 넘어 함양군 일대로 피신했다. 같은 해 8월 고향으로 갔다가 안의 헌병분견대에 붙잡혀 서울로 이송되었고, 끝까지 기개를 굽히지 않다가 1913년 2월 4일 옥중에서 자결로 순국했다.

2월 5일 나철에서 김좌진까지, 대종교의 항일투쟁

1909년 오늘 민족정신의 부활과 독립운동의 심장,
대종교가 창시되었다.

자료: 전남 보성의 나철기념관(현충시설정보서비스)

대종교는 1909년 2월 5일 나철(1863-1916.독립장)이 동지들과 함께 서울에서 '단군대황조신위'를 모시고 단군교로 창시한 민족종교로, 1910년 1월 15일 대종교로 개칭했다. 나철은 29세 때 문과에 급제하여 훈련원 관리를 지내다가 을사늑약이 체결되자 관직을 사임하고 항일운동을 전개했다.

대종교는 일제강점기 독립운동의 정신적 지주 역할을 했다. 1910년 이후 만주와 북간도, 상해 등지에 교당을 마련해 독립운동 거점을 확보했으며, 임시정부(박은식, 이상룡, 이동녕 등), 북로군정서(서일), 신흥무관학교(이회영) 등 주요 독립운동 조직의 핵심 인물 다수가 대종교인이었다. 봉오동전투, 청산리전투 등 무장투쟁과 국내외 항일운동에 대종교인들이 주도적으로 참여했다. 임시정부 의정원 35인 중 28인, 무오독립선언서 서명자 대부분이 대종교인이었고, 신규식, 김좌진, 홍범도 등 수많은 독립운동가가 대종교의 민족정신을 계승했다.

2월 6일 여성의 각성, 근화여학교 동맹휴학

1931년 오늘 근화여학교 학생들이
동맹휴학을 통해 민족교육을 외쳤다.

자료: 근화여학교 연합시위 보도, 1930.1.15.(동아일보)

1931년 2월 6일 서울 근화여학교(현 덕성여고) 동맹휴학은 일제강점기 여학생의 항일운동 사례다. 이날 근화여학교 학생들은 교장 배척과 식민지 교육에 대한 불만, 조선인 교원 채용 확대, 학생 처우 개선 등 다양한 요구를 내걸고 수업을 거부했다. 이 동맹휴학은 1930년대 전국적으로 확산된 학생운동의 일환으로, 단순한 학내 문제를 넘어 민족운동의 성격을 띠었다. 특히 근화여학교 동맹휴학은 여학생들이 주체적으로 항일의식을 드러내며 민족교육 각성에 기여했다.

일제는 학생 검거 등 강경 대응에 나섰으나, 학생들의 저항 의지는 꺾이지 않았다. 1931년 한 해 동안 전국적으로 동맹휴학이 100건 이상 이어졌으며, 근화여학교 사건은 그중에서도 여성의 민족운동 참여와 항일정신을 상징하는 중요한 사례로 평가된다.

2월 7일 피로 새긴 독립맹세, 단지동맹

1909년 오늘 12명의 청년이 약지를 잘라 피를 먹물 삼아 대한독립을 썼다.

자료: 단지동맹 태극기(독립기념관)

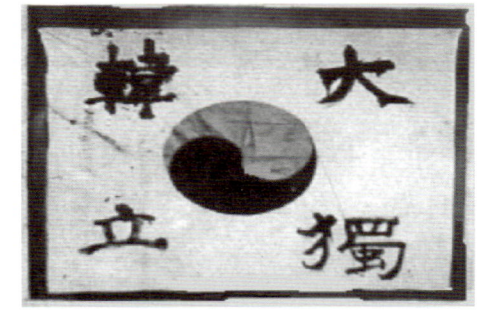

단지동맹은 1909년 2월 7일 연해주 그라스키노 근처에서 안중근, 백규삼, 김기룡, 강순기, 조응순, 황병길, 강창두, 갈화천, 정원주, 박봉석, 유치홍, 김백춘 등 12명으로 결성된 암살결사대로, 단지동맹으로도 불린다. 이들은 왼손 약지 한 마디를 자른 뒤 태극기에 '대한독립'이라 혈서를 쓰며 독립투쟁을 맹세했다.

단지동맹 맹약문에는 "3년 이내에 이토 히로부미, 이완용, 송병준 등을 처단하지 못하면 자살로 국민에게 속죄하겠다"라는 결연한 각오가 담겼다.

이 결사는 국권 상실 위기 속에서 청년 의병들이 목숨을 걸고 독립운동에 헌신할 것을 다짐한 사건이다. 단지동맹의 결의는 1909년 10월 26일 안중근의 이토 히로부미 저격으로 이어졌다.

2월 8일 3·1운동의 불씨, 2·8독립선언

1919년 오늘 조선의 유학생들이 일본 수도에서 대한독립을 외쳤다.

자료: 2·8 독립선언서(독립기념관)

1919년 2월 8일, 일본 도쿄 조선기독교청년회관(YMCA)에서 유학생 600여 명이 모여 '조선청년독립단' 명의로 2·8독립선언서를 발표했다. 선언서는 한민족이 4,300년 역사의 자주독립국임을 강조하고, 일제의 침략과 한일병합의 부당성을 고발하며 조선의 독립을 세계에 선포했다. 이날 학생 대표 11명이 독립선언서에 서명해 각국 대사관, 일본 정부, 언론에 발송했다. 백관수가 독립선언서를 낭독하자, 대회장을 감시하던 일본 경찰이 들이닥쳐 60여 명의 유학생을 체포하였고 강제 해산시켰다. 주모자인 최팔용(독립장), 송계백(독립장), 백관수를 비롯한 학생 8명이 기소됐다.

이후 2월 12일, 28일에도 조선인 유학생들은 도쿄 히비야 공원에서 독립선언서를 낭독하고 거리 행진을 시도했다. 기소된 학생들을 변호한 사람이 바로 일본인 변호사 후세 다쓰지다. 2·8독립선언은 3·1운동의 직접적 도화선이 되었다.

2월 9일 임시정부의 재정 담당, 진희창

1933년 오늘 임시정부의 살림을 담당했던 진희창이 순국했다.

자료: 인구세 영수증(국립한글박물관)

진희창(1874-1933.독립장)은 서울 출신으로, 경술국치를 당하자 1911년 상해로 건너가 영국 전차회사에 취직하여 감독으로 근무하였다. 1919년 4월 10일 개최된 제1회 대한민국 임시의정원 회의에서 현순, 신익희 등과 함께 임시의정원 의원에 선출되었다. 1920년 7월 상해거류민단의 의원으로 선출되었고, 민단장은 여운형, 총무는 선우혁이 선출되었다. 거류민단은 산하에 교민 자녀들을 위한 인성학교와 자치경찰 조직

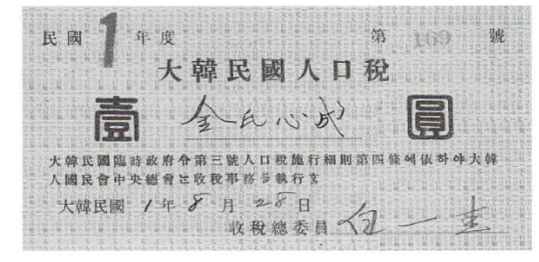

인 의경대를 운영했다. 1926년에는 임시정부 재무원에 임명되어 임정 청사를 마련할 때 자금을 준비했고, 임정의 재무위원으로 활동하던 중 1933년 2월 9일 순국했다.

당시 임정의 자금 수입원은 자발적 헌금인 애국금, 대내외 공채, 20세 이상 인구에 부과하는 인구세, 3가지가 근간이었다. 사진은 김심성에게 발행한 인구세 영수증, 1919년 8월 28일 169번째로 발행했고, 금액은 1원(현재가치 약 5만 원)이다.

2월 10일 우리말 지킴이, 조선어연구회《한글》창간

1927년 오늘 조선어연구회에서 기관지《한글》을 창간했다.

자료: 기관지《한글》의 변천사(조선어연구회)

1927년 2월 10일, 조선어연구회(1931년 조선어학회로 개칭)는 우리 말과 글의 연구와 보급을 목적으로 기관지《한글》을 창간했다. 《한글》은 권덕규, 이병기, 최현배, 정열모, 신명균 등 국어학자들이 동인으로 참여한 최초의 국어연구 전문지로, 한글 맞춤법 통일, 국어 표기법 연구, 한글 보급 운동의 구심점 역할을 했다. 이 잡지는 한글 연구와 민족교육, 국어운동의 대중적 확산에 크게 기여했다.

《한글》의 발간은 일제강점기 우리 말과 글을 지키려는 민족운동의 일환으로, 이후 한글날 제정(1928년, 가갸날에서 한글날로 명칭 변경)과 조선어사전 편찬 운동으로 이어졌다.《한글》은 한글학회(조선어연구회 후신)의 중요한 학술운동 기반이 되었다.

2월 11일 이름을 빼앗긴 날, 창씨개명

1940년 오늘 총독부는 민족 말살과 내선일체를 위해 창씨개명을 단행했다.

자료: 이광수의 창씨개명 권고 논설, 1940.2.20.(매일신보)

1940년 2월 11일, 조선총독부는 '조선민사령' 개정을 근거로 창씨개명을 시행했다. 이는 조선인에게 일본식 성씨와 이름을 강제로 사용하도록 한 대표적 황민화정책으로, 8월 10일까지 모든 조선인이 일본식 씨를 정해 신고하도록 했다. 2월 11일 하루 경성부에서 창씨개명한 사람은 고작 48명이었고, 12일에도 겨우 43명에 불과했다. 12일 신고를 한 주요 인물로는 이광수, 이승우, 이원보, 조병상, 윤갑병, 최지환 등이다. 온갖 압박과 강요로 창씨개명 업무가 종료된 1940년 8월 10일에 집계된 통계로는 전체의 80%인 320만 가구가 창씨개명이 완료되었다고 한다.

창씨개명은 조선인의 혈통과 민족의식을 말살하고, 내선일체와 전시동원체제 강화를 위한 조치였다. 만해 한용운 등은 끝까지 거부 운동을 펼쳤다.

• 1926.2.11. 을사오적, 정미칠적, 경술국치 3관왕 이완용이 67세에 폐렴으로 사망. 팔지 못할 것을 팔아서, 능히 누리지 못할 것을 누린 자다.

2월 12일 뉴욕의 여성 유학생 단체, 근화회

1928년 오늘 김마리아, 황에스터, 우영빈, 윤원길, 김애희 등이
근화회를 조직했다.

자료: 김마리아(독립기념관)

근화회는 1928년 2월 12일 미국 뉴욕에서 김마리아를 비롯한 한인 여성 유학생들이 광복운동을 후원하기 위해 설립한 여성 독립운동 단체다. 경제력이 취약하여 큰 성과는 없었지만 여성 유학생 간의 민족의식을 고취하는 데 기여했다.

김마리아(1891-1944.독립장)는 황해도 장연 출신으로 3·1운동과 대한애국부인회, 근화회에서 활약했다. 일본 유학 중 2·8독립선언에 참여하고, 선언서를 국내에 전해 여성의 독립운동 참여를 촉진했다. 1919년 3·1운동 후 대한애국부인회를 조직, 회장으로 추대돼 임시정부 군자금 조달 등 여성 항일운동을 주도했다. 같은 해 체포돼 혹독한 고문을 받고 병보석으로 출옥, 1921년 상해로 망명해 임시의정원 의원, 대한애국부인회 간부로 활동했다. 1933년 귀국 후 원산 마르타윌슨 신학교에서 신학 강의와 민족의식 고취에 힘썼다. 대한의 독립과 결혼한 김마리아, 그는 고문 후유증으로 1944년 3월 13일 순국했다.

• 1926.2.12. 의병장 이만도의 며느리, 파리장서 이중업의 부인, 유림단 이동흠과 이종흠의 어머니 김락(1863-1929.애국장)이 3·1운동으로 체포 후 고문으로 실명 후 순국

2월 13일 독립운동에 투신한 3부자

1930년 오늘 유찬희가 순국했다.

자료: 유찬희(국가보훈부)

유찬희(1884-1930.독립장)는 황해도 금천 출신으로, 배재학당에서 근대학문을 이수했다. 1909년 서북학회 학사시찰위원으로 교육을 통한 국권수호운동을 전개했다. 1911년 강원도 이천군에서 감리교 신자로서 포교 활동을 하며 청년들의 민족의식을 고취했고, 1913년 북간도로 망명해 간민회 등에 참여하며 한인 교육과 권익 옹호에 힘썼다. 1919년 3·1만세운동 때는 대한독립기성총회와 충열대를 조직, 시위를 주도했다.

이후 대한국민회 재무부장, 총기구입위원으로 활동하며 봉오동전투, 청산리전투 승전에 기여하고, 블라디보스토크 등 연해주에서도 독립운동을 이어갔다. 1930년 귀국해 서울 세브란스병원에서 치료 중 2월 13일 순국했다. 유찬희의 아들이 흥사단에서 활동한 유기석(1905-1980.독립장)과 흑색공포단의 유기문(1910-미상.애족장)이다.

• 1911.2.13. 경북 영천의 의병장 이교영(1873-1911.독립장)이 교수형으로 순국

2월 14일 동양평화를 외친 마지막 법정투쟁

1910년 오늘 대한의군 참모중장 안중근이 사형을 선고받았다.

자료: 여순법정 공판 모습(국가보훈부)

안중근은 1909년 10월 26일 하얼빈에서 이토 히로부미를 처단한 뒤 러시아군에 체포되어, 일본으로 넘겨져 재판을 받았다. 1910년 2월 14일 오전 10시 30분, 여순 관동법원에서 사형선고가 내려졌다. 재판 과정에서 안중근은 자신이 한민족의 독립과 동양 평화를 위해 대한의군 참모중장의 자격으로 이토를 처단했음을 당당히 밝혔다. 그는 이토의 명성황후 시해, 조선 침략, 고종 강제 퇴위 등 15가지 죄를 명확히 제시하며, 자신의 거사가 정치적 의거임을 강조했다.

일본 법원은 안중근의 주장을 받아들이지 않고, 사형을 선고했다. 안중근은 사형선고 후에도 "2천만 동포는 각자 분발하여 학문에 힘쓰고 실업을 진흥하며 자유독립을 회복하라"라는 유언을 남겼으며, 1910년 3월 26일 여순감옥에서 순국했다. 사형선고와 순국 과정은 세계 언론에도 크게 보도되었으며, 안중근의 의거와 법정투쟁은 조국 독립에 대한 의지를 전 세계에 각인시켰다.

2월 15일 좌우합작, 신간회의 출범

1927년 오늘 최대 항일단체 신간회의 창립총회가 개최됐다.

자료: 신간회 창립총회(국가보훈부)

1927년 2월 15일, 서울 종로 YMCA회관에서 민족주의 세력과 사회주의 세력이 연합해 '신간회'를 창립했다. 신간회는 일제강점기 최대 규모의 좌우합작 항일단체로, '민족단일당 민족협동전선'을 표방하며 정치·경제적 각성과 단결을 강령으로 내세웠다. 창립 당시 회장에는 이상재가 선출되었으며, 농민·노동자·청년·여성 등 다양한 계층이 참여해 전국 140여 개 지회, 3~4만 명의 회원을 가진 전국적 조직으로 성장했다.

신간회는 일제의 문화통치와 민족 분열 정책에 맞서 국내외 민족운동을 결집하고, 광주학생운동 등 대중적 항일운동을 지원하며 민족의식을 고취하는 데 큰 역할을 했다. 그러나 일제의 탄압과 내부 이념 갈등으로 1931년 해체되었다. 신간회는 좌우 이념을 초월한 민족협동전선의 상징으로 평가받는다.

• 1941.2.15. 대구사범의 권쾌복, 배학보, 유흥수 등이 항일비밀결사 '다혁당'을 조직

2월 16일 신흥무관학교의 아버지, 이석영

1934년 오늘 노블레스 오블리주의 표상 이석영이 순국했다.

이석영(1855-1934.애국장)은 서울 출신으로, 백사 이항복의 10대손이다. 1910년 조국의 국권이 상실되자, 형 이건영, 동생 이철영·이회영·이시영·이호영과 함께 남양주 가곡리의 토지와 전 재산을 처분해 일가족 60여 명이 만주로 망명했다. 이석영은 서간도 삼원보에 정착해 한인 자치단체 경학사와 독립군 양성을 위한 신흥무관학교 설립에 결정적 재정지원을 했고, 직접 교장을 맡아 3,500여 명의 독립군을 배출했다. 독립운동에 전 재산과 목숨을 바친 노블레스 오블리주의 상징이다.

1932년 상해로 이주해, 80 노구를 이끌고 상해의 빈민가를 전전하며 두부 찌꺼기인 콩비지로 연명하다가 1934년 2월 16일 상해에서 순국했다. 6형제 모두가 독립운동에 헌신한 집안으로, 형제 중 이시영 외에는 누구도 광복을 보지 못했다.

- 1945.2.16. 윤동주(1917-1945.독립장)가 28세의 나이로 후쿠오카 형무소에서 옥중 순국

2월 17일 조선혁명당을 이끈 고이허

1937년 오늘 고이허가 총살형으로 순국했다.

자료: 조선혁명당 강령 및 정책(독립기념관)

고이허(1902-1937.독립장)는 황해도 수안 출신으로, 1922년 배재학당을 졸업하고 학생운동에 참여했다. 이후 만주로 이주하여 항일운동에 투신했다. 김진호 등과 함께 회덕농우회, 정의부 등에서 농민계몽과 민족교육, 항일운동을 전개했다. 1929년 국민부 중앙집행위원, 1932년 조선혁명당 중앙집행위원장 등으로 선출되어 당·정·군 체제의 중추 간부로 활약하며, 조선혁명군 결성과 무장투쟁을 주도했다.

1936년 12월 밀정 정만기·박수림의 공작으로 만주 관전현 보달원에서 일제 경찰에 체포되었다. 1937년 2월 17일 봉천에서 총살형이 집행되어 순국했다. 그는 조선혁명당 계열의 독립운동 인사들에게 구체적 이념과 방침을 세우고, 확고한 사상적 바탕을 제공한 사상가이자 이론가였다.

2월 18일 평북의 무장투쟁, 양승우

1926년 오늘 벽창의용대 양승우 대장이 형 집행으로 순국했다.

자료: 양승우 사형집행 신문 기사

양승우(1891-1926.독립장)는 평남 평양 출신으로, 14세에 광성학교를 졸업하고, 평양 창신중학교에서 공부했다. 1916년 중국 연길로 망명하여 독립운동을 모색했다. 1919년 4월 하얼빈으로 가서 러시아 혁명군 백군 진영에 참가해 4개월 동안 실전 경험을 쌓고 길림성으로 돌아왔다. 1920년 8월 광복군 제6대장으로 선임되었다.

이후 국내로 진입해 벽창의용대를 조직하고, 평안도 일대에서 군자금 모집, 일제 경찰과 친일파 처단 등의 활동을 펼쳤다. 의주 보민회장과 대동주재소를 습격하여 일본 경찰 가네무라를 비롯한 7명을 처단하고, 1920년 9월에는 밀정 유재학을 처단했다. 10월에는 군자금을 모집하는 과정에서 일제 경찰들과 교전 끝에 3명을 사살했다. 이후 1924년 장춘에서 일경에 체포되었고, 1926년 2월 18일 평양형무소에서 형 집행으로 순국했다.

2월 19일 섬김과 통합의 지주, 손정도 목사

1931년 오늘 목회자이자 독립운동가 손정도가 순국했다.

자료: 손정도(국가보훈부)

손정도(1881-1931.독립장)는 평남 강서 출신으로, 숭실학교를 졸업하고 협성신학교에서 신학을 수학했다. 목회 활동에 전념하다가, 1910년대부터 본격적으로 항일운동에 뛰어들었다. 1912년 7월 하얼빈에서 이른바 '가쓰라 다로 암살모의사건'의 주모자라는 혐의로 일본 경찰에 붙잡혔다. 3개월간 조사를 받는 과정에서 고문과 악형을 받았다.

1921년 8월 임시정부의 교통총장에 임명되었고, 1922년 2월에는 대한적십자회 회장에 선임됐다. 이어 같은 해 10월에 김구·여운형 등과 함께 한국노병회를 창설하고 노공부장에 선임되었다. 상해 한인교회를 운영하고 임시정부의 공립학교인 인성학교 교장이 되어 학교 운영을 맡기도 했다. 손정도는 만주와 중국 각지에서 민족교육, 군자금 모금 등 독립운동의 구심점 역할을 했고, 안창호와 함께 흥사단 활동에도 힘썼다. '가쓰라 사건'으로 체포되었을 때 받은 고문의 후유증으로 고통에 시달리다 길림에서 1931년 2월 19일 순국했다.

2월 20일 비행가양성소와 공군의 기원

1920년 오늘 독립투쟁의 날개를 달기 위해 비행학교를 설립했다.

자료: 김종림(국가보훈부)

1920년 2월 20일, 미국 캘리포니아 윌로우스(Willows)에서 미주 한인사회와 대한민국 임시정부가 함께 '대한인비행가양성소'를 설립했다. 이 학교는 항일 독립전쟁에 투입될 한국인 전투 비행사를 양성하기 위한 목적으로, 임시정부 군무총장 노백린과 재미 한인 재력가 김종림 (1886-1973.애족장)이 주도했다. 교육생들은 비행술, 비행기 수리와 관리, 무선 전신학, 영어 등을 배웠다. 김종림은 학교 부지와 비행기 구입 비용, 운영비를 대부분 부담했다.

첫 비행기는 1920년 6월 도착해 실습이 시작됐고, 이후 2대를 더 도입했다. 1921년 4월, 김종림의 농장이 홍수로 망하면서 재정난으로 폐쇄됐으나, 77명의 졸업생을 배출해 독립운동에 필요한 한인 비행가를 양성했다. 이 학교는 대한민국 공군의 기원으로 평가받으며, 미주 한인사회의 자주적 항일운동의 상징으로 남았다.

2월 21일 민족사관의 거목, 단재 신채호

1936년 오늘 신채호가 여순감옥에서 옥중 순국했다.

자료: 대전의 생가와 동상(현충시설정보서비스)

신채호(1880-1936.대통령장)는 충남 대덕 출신으로, 1905년 을사늑약 후 《황성신문》과 《대한매일신보》 주필로서 일제 침략과 친일파를 강력히 비판하며 민족의식 고취에 힘썼다. 1907년 신민회 창립에 참여해 계몽운동을 이끌었고, 국채보상운동에도 적극 동참했다. 1910년 블라디보스토크로 망명 후 권업회, 광복회 등 항일단체에서 활동하며 1919년 대한민국 임시정부 수립에 참여, 임시의정원 전원위원회 위원장 등 요직을 맡았다.

1923년 '조선혁명선언'을 집필해 무장투쟁의 정당성을 천명했고, 무정부주의 운동에도 깊이 관여했다. 《독사신론》,《조선상고사》 등 저술로 민족사관을 확립했으며, "역사는 아(我)와 비아(非我)의 투쟁"이라는 명언을 남겼다. 1936년 2월 21일 여순감옥에서 고문 후유증으로 순국했다.

2월 22일 대한제국도 몰랐던 독도 침탈

1905년 오늘 일본은 시마네현 고시 40호를 통해
독도를 불법 편입했다.

자료: 대한제국 칙령 제41호(국가기록포털)

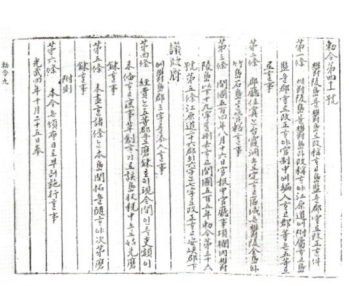

일본 내각은 러일전쟁 중 독도를 '다케시마'로 명명하고 일본 영토로 불법 편입했다. 1905년 1월 28일 일본 내각회의는 독도를 무주지로 간주, 시마네현 소속으로 결정했다. 이어 2월 22일 '시마네현 고시 제40호'로 이를 공식 고시했으나, 이 조치는 대한제국 정부에 알리지 않고 일방적으로 이루어졌다. 일본은 이 사실을 중앙정부 관보에도 싣지 않아 대한제국은 1년이 지나서야 이를 인지했다. 당시 일본은 독도에 해군 감시 망루를 설치하고, 강치 어업 독점권 확보를 노린 것이다. 이 편입은 국제법적 불법 행위로 대한제국의 동의 없이 이루어진 대표적 불법 영토 침탈 행위다.

1900년 이미 공표된 '대한제국 칙령 제41호'는 기존의 울릉도 도감을 울도군 군수로 격상시켰다. 여기에는 "석도(독도)를 울도(울릉도)의 관할하에 둔다"라는 내용을 담고 있어 고종은 독도를 울도군의 부속 섬임을 분명히 했다.

• 1944.2.22. 조선어학회사건으로 투옥된 한징(1886-1944.독립장) 함흥형무소에서 순국

2월 23일 조선 침탈의 신호탄, 한일의정서

1904년 오늘 뇌물을 받은 이지용이 일본 공사와 한일의정서를 체결했다.

자료: 한일의정서(규장각 소장)

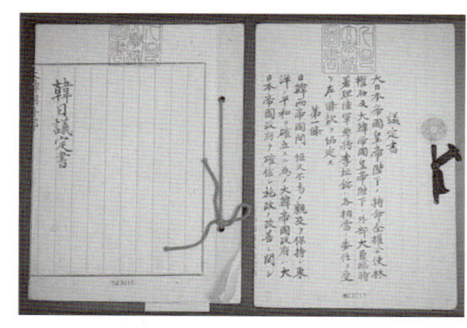

1904년 2월 23일 체결한 한일의정서는 러일전쟁 발발 직후 일본이 대한제국의 중립 선언을 무시하고, 군사적 점령하에 강제로 체결한 조약이다. 일본 공사 하야시 곤스케와 뇌물로 매수한 외부대신 이지용 명의로 6개 조항의 의정서가 체결되었으며, 이는 대한제국을 일본의 군사기지로 삼고 내정과 외교에 광범위하게 개입할 수 있는 근거가 됐다. 의정서 체결로 일본은 한국의 영토를 전략적으로 자유롭게 사용할 수 있게 되어 러일전쟁에 대비하였고, 국가 통치에 있어서 일본의 충고를 받도록 하였다.

일본군은 서울을 점령하고 주요 통신·철도·연안어업권 등 각종 이권을 강탈했으며, 한일의정서는 이후 을사늑약 등 국권피탈의 출발점이 되었다. 이 조약은 대한제국의 주권을 무시한 제국주의 침탈의 상징으로, 국내에서는 격렬한 반대와 저항이 일어났다.

• 1941.2.23. 민족대표 33인 박동완(1885-1941.대통령장) 목사 미국에서 순국

2월 24일 임정 재무부포고 1호, 독립운동 자금의 기초

1920년 오늘 임정 재무부는 포고 제1호를 발표했다.

1920년 2월 24일, 대한민국 임시정부 재무총장 이시영은 재무부포고 제1호를 통해 기존의 애국금 모집제도를 3월 1일부로 폐지하고, 애국금 모집에 사용되던 신표(영수증)도 모두 무효로 한다고 발표했다. 이는 애국금 모집 과정에서 발생한 폐해와 혼란을 바로잡고, 보다 체계적이고 신뢰성 있는 자금 조달 체계를 마련하기 위함이었다.

이후 임시정부는 독립공채 발행, 군자금, 의연금 등 새로운 방식으로 독립운동 자금을 모집했다. 독립공채는 임시정부

가 발행한 채권 형식의 자금 조달 방법으로, 국내외 한인사회를 대상으로 강제 또는 자발적으로 모금되었다. 발행금리는 5%였다. 군자금과 의연금은 각종 군사 활동과 임시정부 운영을 위한 기부금, 후원금의 성격이었다. 이러한 재정정책은 임시정부의 독립전쟁 준비와 조직 운영의 기반이 되었다.

2월 25일 3·1운동에서 남만주 무장투쟁까지, 최석순

1925년 오늘 참의부 참의장 최석순이 일경과 교전 끝에 순국했다. 자료: 참의군을 전멸시켰다는 신문기사(일본신문)

최석순(미상-1925.대통령장)은 평북 삭주 출신으로, 1919년 3·1운동 당시 고향에서 만세운동을 주도한 뒤, 일제의 탄압을 피해 만주로 망명해 대한독립단 지단장으로 활동했다. 1922년 대한통의부 의용군 제2중대장에 임명되어 평북 초산·벽동 등지에서 일본군과 경찰을 상대로 국내 진공 작전을 지휘했다. 1924년에는 임시정부의 육군주만참의부 창설에 참여해 참의장으로 활약하며, 압록강 순시 중인 사이토 총독을 기습 공격하는 등 무장투쟁을 이끌었다.

1925년 2월 25일 고마령에서 군사회의 중, 초산경찰서 미즈노의 지휘로 한국인 순사부장 고피득과 밀정 이죽파 등을 앞세우고 일경 65명이 선생이 주재하던 회의 장소를 기습 공격했다. 습격을 받고 치열한 교전 끝에 20여 명의 동지와 함께 전사했다. 함께 무장투쟁을 전개하다 1921년 순국한 최석준이 그의 동생이다.

• 1942.2.25. 임정 임시의정원 의장을 역임한 송병조(1877-1942.독립장) 순국

2월 26일 해외 최초의 한글 일간지, 해조신문

1908년 오늘 블라디보스토크에서
항일 일간지 해조신문이 창간됐다.

자료: 최재형이 조직한 동의회의 취지서를 게재한 《해조신문》

해조신문은 1908년 2월 26일 블라디보스토크에서 선사를 운영하던 재력가 최봉준(1862-1917.독립장)이 창간한 신문으로, 해외에서 발행된 최초의 한글 일간지다. 신채호, 장지연 등 당대 대표 인물이 논설을 집필하며, "국권 회복과 독립 완성"을 목표로 항일 논설, 국내외 소식, 교민사회 동향을 다뤘다. 해조신문은 신문보급도 러시아 영내뿐만 아니라 경성·원산·인천·평양 등지에 지국을 설치하고 선편으로 원산항을 거쳐 국내 각지로 배포하였다.

일본 통감부가 신문지법을 개정해 해외 신문의 국내 반입을 금지하고, 일제의 갖은 압력으로 1908년 5월 26일 75호를 끝으로 폐간됐다. 짧은 발행 기간에도 불구하고 해조신문은 연해주 한인 언론의 효시이자, 독립운동과 언론사에서 중요한 의미를 지닌다.

• 1970.2.26. 노백린 장군의 아들이자 광복군 노태준(1911-1970.독립장) 서거

2월 27일 신흥무관학교 교장, 윤기섭

1959년 오늘 독립군 양성과 임정의 주역으로 활동했던
윤기섭이 서거했다.

윤기섭(1887-1959.대통령장)은 경기도 파주 출신으로, 1909년 신민회에 가입해 항일운동에 뛰어들었으며, 1911년 만주로 망명해 경학사, 신흥무관학교 설립과 교장으로서 독립군 양성에 힘썼다. 1919년 3·1운동 후 임시정부에 참여해 1923년 임시의정원 의장, 국무원 군무장, 내무장 등을 역임했고, 한국독립당·한국혁명당·민족혁명당 창립과 민족유일당 운동에도 앞장섰다.

1945년 8월 광복 이후에도 생활위원회 위원장으로서 교민들의 귀국을 위한 일들을 처리하였으며 1946년 4월 말에 귀국했다. 귀국 후 민족혁명당 중앙집행위원, 남조선과도입법의원 부의장 등으로 활동했다. 1950년 5월 30일 대한민국 제2대 국회의원으로 당선되었지만 6·25전쟁 당시 임시정부 요인들과 함께 납북되었다. 1959년 2월 27일 향년 73세로 북한에서 서거했다.

• 1933.2.27. 독립군의 어머니 남자현(1872-1933.대통령장) 하얼빈에서 체포

2월 28일 한중연합 첫 승리, 1933년 경박호전투

1933년 오늘 한국독립군과 길림구국군이 경박호에서
일군과 만주군을 전멸시켰다.

자료: 흑룡강성 목단강시 경박호 현재 모습

1932년 말에는 일제의 괴뢰국인 만주국이 수립되어 북만주 지역이 점차 일본과 만주군의 세력권에 편입되자 독립군 활동에 큰 위협을 받게 되고, 한인 동포사회와도 단절되는 등 항일투쟁 조건이 매우 악화됐다. 경박호전투는 1933년 2월 28일 만주 경박호 일대에서 지청천이 이끄는 한국독립군과 길림구국군 시세영 부대가 연합하여, 일본군과 만주군을 기습해 대승을 거둔 전투다.

당시 한국독립군은 중국 항일의용군과 협력, 중한연합토일군을 결성했다. 2월 28일, 일본군 1개 대대가 경박호 방면으로 진격한다는 정보를 입수한 연합군은 호수 주변 산기슭에 매복해, 빙판 위를 행군하던 일본군과 만주군을 기습 공격했다. 이 전투로 일본군과 만주군 1개 대대(400여 명 내외)를 거의 전멸시키고, 소총·경기관총 70여 정과 실탄 6,000여 발 등 많은 군수품을 노획했다.

2월 29일 백전백승 민긍호 의병장

1908년 오늘 의병장 민긍호가
마지막 전투인 치악산 전투에서 순국했다.

자료: 원주 소재 민긍호 의병장 기념상(현충시설정보서비스)

민긍호(1865-1908.대통령장)는 서울 출신으로 1897년 진위대에 입대하여 군인의 길에 들어섰다. 1907년 대한제국 군대의 강제 해산이 감행되자, 이에 분개해 1907년 8월 5일 원주에서 약 300명의 병사와 함께 의병을 일으켰다. 이후 여주, 이천, 양근, 충주, 횡성, 춘천 등지에서 수천 명의 의병을 이끌며 100여 차례 일본군과 전투를 벌였다. 1907년 12월 이인영, 허위, 이강년 등이 중심이 되어 경기도 양주에서 전국 의병의 연합부대로 13도창의군을 결성하자, 여기에 참여하여 관동창의대장으로 추대됐다. 이후 서울 진공작전에 참가해 삼산리, 처현동, 죽전리 등에서 큰 전과를 올렸다. 일본군의 토벌에 맞서 의병을 분산해 유격전을 전개했으나, 1908년 2월 29일 치악산 강림 전투에서 교전 끝에 체포되어 순국했다.

민긍호의 의병봉기는 강원도에서 가장 먼저 일어난 봉기였으며, 원주진위대 봉기는 정규군인 진위대가 의병이 되었기에 신식무기로 무장하여 초기 의병부대의 무장과 전술에 큰 영향을 미쳤다.

3월

3월 1일 독립 함성 세계에 울리다, 3·1운동

1919년 오늘 독립만세 소리가 한반도에 울려 퍼졌다.

자료: 탑골공원(현충시설정보서비스)

3·1운동은 1919년 3월 1일, 서울 태화관에서 민족대표 33인이 독립선언서를 낭독하고, 탑골공원에서 경신학교 졸업생 정재용(애국장)이 독립선언서를 읽은 후 거리로 나가 시민들과 함께한 독립만세운동이다. 학생, 종교인, 상인, 농민 등 각계각층이 참여해 전국적으로 만세시위가 이어졌고, 해외 한인사회와 만주, 연해주, 미주 등지로 확산했다. 비폭력·평화적 시위를 원칙으로 했으나, 일제는 군대와 경찰을 동원해 무자비하게 진압했다. 이 운동은 대한민국 임시정부 수립의 직접적 계기가 되었고, 일제의 무단통치를 문화통치로 바꾸게 했으며, 근대적 사회의식이 퍼져나가는 계기가 되었다.

전국적으로 1,500회 이상의 만세운동이 번져나갔고, 조선총독부의 공식 기록에 따르면 106만 명이 참가하여 진압 과정에서 553명이 사망, 12,000명이 체포되었다고 한다. 총독부 기록인 만큼 실제 피해는 훨씬 클 것이다. 주동자들은 혹독한 고문과 처벌을 받았고, 민가와 교회, 학교가 방화·파괴되는 등 참혹한 피해가 이어졌다.

3월 2일 식민 지배의 서막, 통감부 통치

1906년 오늘 이토 히로부미가 초대 조선통감으로 부임했다.

자료: 남산에 있던 통감부 청사

이토 히로부미가 1906년 3월 2일 초대 조선통감으로 부임했다. 이토는 대한제국의 외교권을 박탈하기 위한 을사늑약(1905.11.17)의 강제 체결을 주도했다. 이에 따라 주한 일본공사관 대신 통감부가 설치되어 조선의 내정을 간섭하는 기구로 자리잡았다. 1907년 헤이그밀사사건을 빌미로 고종 황제를 강제 퇴위시키고, 정미7조약을 체결해 부처의 차관을 일본인으로 임명하는 '차관정치'를 시행했다. 이 과정에서 대한제국 군대도 해산되었다.

통감부는 1910년 한일병합까지 4년 6개월간 일제의 식민 지배 기반을 마련했다. 이토는 1909년 통감을 마치고 일본으로 복귀했으나, 같은 해 안중근 의사의 총격으로 하얼빈에서 척살당했다. 2대 통감은 소네 아라스케(1909-1910), 3대 통감 및 초대 총독 데라우치 마사타케(1910-1916), 2대 총독 하세가와 요시미치(1916-1919), 3대 사이토 마코토(1919-1927), 4대 야마나시 한조(1927-1929), 5대 사이토 마코토(1929-1931), 6대 우가키 가즈시게(1931-1936), 7대 미나미 지로(1936-1942), 8대 고이소 구니아키(1942-1944), 9대 아베 노부유키(1944-1945)로 이어졌다.

3월 3일 이승만의 위임통치 청원과 임정의 갈등

1919년 오늘 이승만이 한국에 대해
국제연맹의 위임통치를 요청했다.

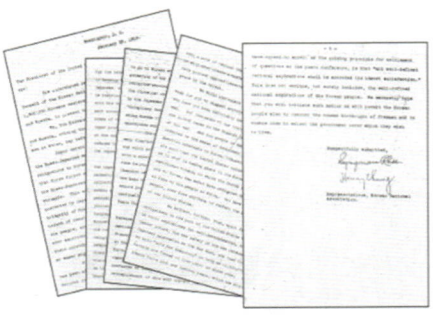

자료: 윌슨에게 보낸 위임통치 청원서(미국공문서보관소)

1919년 3월 3일 이승만은 대한인국민회 대표로서 정한경과 함께 작성한 위임통치청원서를 미국 대통령 윌슨에게 제출했다. 이 청원서는 "장래 조선의 완전한 독립을 보장한다는 조건 아래, 조선을 국제연맹의 위임통치 아래에 두는 조치"를 요청하는 내용이다. 그러나 윌슨 대통령은 이 청원서를 파리강화회의에 제출하지 않았고, 위임통치안은 국제적으로 외면당했다.

이에 대해 신채호 등 무장 항쟁을 주장하던 인사들은 격렬하게 반발했다. 신채호는 1919년 4월 11일 임시정부 임시의정원에서 "이완용은 있는 나라를 팔아먹은 놈이지만, 이승만은 없는 나라까지 팔아먹은 놈"이라며 이승만을 비판했다. 이 위임통치청원서 논란은 임시정부 내 갈등과 분열의 계기가 되었고, 결국 이승만은 1925년 3월 임시정부 대통령직에서 탄핵당했다.

• 1955.3.3. 경북 우편마차습격사건의 주역 우재룡(1884-1955.독립장) 서거

3월 4일 조선의 인구 장악, 민적법 시행

1909년 오늘 조선통감부는 민적법을 공포하여 성과 본을 신고하게 했다.

자료: 당시의 《민적부》

1909년 3월 4일, 통감부는 「민적법」을 공포하고, 같은 해 4월 1일부터 시행했다. 민적법은 호주와 그 친인척을 한 가족 단위로 묶어 개인의 신분 관계를 법적으로 명확히 하고, 전국의 호수를 실질적으로 파악하는 것이 목적이었다. 이 법에 따라 출생, 사망, 호주 변경, 혼인, 이혼, 양자, 파양, 분가, 일가창립, 개명 등 15개 항목의 신분 변동 사항을 기록하도록 했다. 신분제가 공식적으로 철폐된 1894년 갑오개혁 이후에도 여전히 성(姓)과 본(本)이 없던 하층민과 여성, 노비도 모두 성과 본을 신고하도록 했고, 이 과정에서 새로운 성씨가 대량으로 만들어지기도 했다.

일제는 헌병과 경찰을 동원해 강제로 인구조사를 실시했고, 이전까지 호적에 올라가지 못했던 계층까지 포함해 인구를 정확히 파악했다. 이는 일제가 조선을 효과적으로 통치하고, 식민 지배의 기반을 마련하기 위한 도구로 활용했다. 1909년 통감부가 조사한 '민적통계표'에 의하면 당시 대한제국의 인구는 약 1,300만 명이었다.

77

3월 5일 언론의 시대, 조선일보 창간

1920년 오늘 최초의 일간신문《조선일보》가 창간됐다.

자료:《조선일보》3호, 1920.3.9.

《조선일보》는 1920년 3월 5일, 서울에서 '신문명 진보주의'를 표방하며 창간된 대한민국 최초의 일간지다. 초대 사장은 조진태, 부사장은 예종석, 편집국장은 최강이 맡았다. 《조선일보》는 일제강점기 조선총독부가 '문화정치'를 표방하며 허가한 세 개의 민간신문(조선, 동아, 시사) 중 하나다. 일제는 신문 허가를 통해 민심을 파악하고 민족적 저항을 희석하려고 했으나,《조선일보》는 창간 초기부터 영친왕과 일본 왕족의 강제 결혼 비판, 일본 경찰의 탄압 비난 등 항일적 논조를 보였다. 이에 신문은 수시로 압수, 정간 등 고초를 겪었다. 1924년 신석우가 인수한 후 이상재가 사장으로 추대되면서, 신간회 결성, 한글 교재 무상 배포 등 계몽운동에 앞장섰다.

그러나 1933년 광산기업가 출신 방응모가 경영권을 인수하면서 조선일보의 노선이 크게 바뀌었다. 일제와 일본 천황에 대한 충성 맹세, 민족재산 수탈 지원, 신민화 정책 합리화 등 친일 행각을 보였다. 1940년 총독부의 민족말살정책에 따라 강제 폐간 이후, 1945년 11월 복간되어 현재에 이르고 있다.

3월 6일 민족의 상징, 태극기 변천사

1883년 오늘 고종이 태극기를 제정했다.

자료: 국가유산포털, 독립기념관

1883년 3월 6일 고종은 왕명으로 태극 4괘 도안을 국기로 제정·공포했으나, 제작 방법이 구체적으로 명시되지 않아 다양한 형태의 태극기가 등장했다. 이후 일제강점기에는 태극기가 민족의 자주독립을 상징하는 중요한 상징물로 자리 잡았다. 대표적으로 불원복 태극기, 임시정부 임시의정원 태극기, 단지동맹 태극기 등 다양한 태극기가 역사를 대변하고 있다. 광복 이후에도 태극기의 형태가 통일되지 않았으나, 1949년 오늘날의 태극기 규격이 확정되어, 민족의 상징이자 국가의 정체성을 나타내는 공식 국기로 자리매김했다.

좌로부터 1883년 고종이 제정한 태극기, 1905년 고광순 의병장 태극기, 1909년 안중근 단지동맹 태극기, 1923년 임시의정원 태극기, 한국광복군 태극기.

3월 7일 윤동주와 송몽규

1945년 오늘 학생 송몽규가
후쿠오카 옥중에서 순국했다.

송몽규(1917-1945.애국장)는 중국 용정 출신으로, 시인 윤동주의 고종사촌이다. 어린 시절 윤동주와 함께 명동학교와 은진중학교에서 민족교육을 받으며 민족의식에 눈을 떴고, 1935년 3월 중국 남경의 학생훈련소에 들어가 훈련을 받았다. 독립운동계의 반목을 목격한 송몽규는 민족문화를 계승하는 것이 독립의 전제임을 깨닫고, 문학을 통한 계몽운동에 앞장서기로 결심했다. 1938년 4월 연희전문학교 문과에 입학해 문우회 기관지 《문우》의 편집을 맡아, 일제의 조선어 말살 정책에도 불구하고 한글로 시와 글을 발표하며 민족정신을 고취했다. 연희전문을 졸업한 후, 1942년 4월 교토제국대학 사학과에 입학해 역사와 문학을 연구했다.

1943년 7월, 일제는 송몽규를 '재교토 조선인학생민족주의그룹 사건'의 주동 인물로 윤동주와 함께 체포했다. 징역 2년형을 선고받고, 후쿠오카형무소에서 고문과 악조건 속에 1945년 3월 7일 순국했다. 윤동주는 같은 형무소에서 불과 20일 전에 의문사했다.

3월 8일 대구 3·1운동의 시작, 서문시장

1919년 오늘 대구 서문시장에서 천여 명이 독립만세를 외쳤다.

자료: 대구항일운동기념탑(현충시설정보서비스)

1919년 3월 8일 대구 서문시장에서 일어난 만세운동은 대구와 경북 지역 3·1운동의 시작을 알린 대표적 항일시위다. 남성정교회 목사 이만집 (1876-1944.애국장)과 장로 김태련, 권의윤, 김영서 등이 주도했고, 계성학교, 대구고보, 신명여학교의 학생과, 강학봉이 이끄는 노동자 등 다양한 계층이 참여했다. 오후 3시경 서문시장에 천여 명이 모였으며, 김태련이 독립선언서를 낭독하고 이만집이 독립의 당위성을 강조하는 연설을 한 뒤 "대한독립만세"를 외쳤다.

이후 시위대는 서문로, 대구경찰서, 경북도청, 동성로를 거쳐 달성군청까지 행진하며 만세를 외쳤다. 일제는 기관총과 소총으로 무장한 군경을 동원해 시위를 폭력적으로 진압했고, 157명을 체포해 이 중 67명을 재판에 넘겼다. 이후에도 학생과 시민들은 계속 만세운동을 시도했으며, 3월 10일 동문시장에서 두 번째 대규모 시위가 이어졌다. 이 운동은 대구와 경북 지역 만세운동의 확산에 결정적 역할을 했고, 혜성단 등 비밀결사 조직의 출현 배경이 되었다.

3월 9일 임시정부 외교 주역, 박찬익

1949년 오늘 임시정부의 외교통 박찬익이 서거했다.

박찬익(1884-1949.독립장)은 경기도 파주 출신으로, 1907년 비밀결사 신민회에 가입해 계몽운동에 참여했고, 1910년 만주로 망명해 중광단, 간민교육회 등에서 무장투쟁과 계몽운동에 앞장섰다. 1915년에는 신흥무관학교 교사로 활동하며 독립군 양성에도 힘썼다. 1919년 길림에서 대한독립의군부를 조직했고, 무오독립선언서 발표에 대표 39인 중 한 사람으로 이름을 올렸다. 이후 상해로 이동해 1921년 임시정부의 대중국 외교와 자금 조달, 한중 협력의 핵심 인물로 활약했다.

1930년대에는 한국독립당 조직에 참여했고, 김구의 한인애국단 활동에도 가담했다. 윤봉길 의거 이후 임시정부를 가흥으로 안전하게 이동시켰고, 1939년 임시의정원 의원, 1940년 법무부장으로 임명돼 광복군 창설을 지원했다. 1943년 조소앙, 김규식과 함께 중국 측을 상대로 광복군 '9개 준승' 취소를 위한 교섭에 성공해 제약을 풀고, 광복군의 독자적 활동을 가능케 했다. 1948년에 귀국 이후 대종교 간부로 활동하다가 1949년 3월 9일 서거했다.

3월 10일 북만주 독립운동의 거점, 신민부

1925년 오늘 독립운동 세력을 규합하여 군사정부인 신민부를 결성했다.

자료: 영안 신민부 결성지

신민부는 1925년 3월 10일 길림성 영안현에서 결성된 항일 무장 단체이자 자치기관으로, 1921년 자유시 참변으로 분열된 독립운동 세력을 통합했다. 신민부는 삼권분립(행정·입법·사법)을 기초로 한 자치 기구로서, 북만주 한인사회를 관할했다. 중앙집행위원장에 김혁, 민사부에 최호, 군사부에 김좌진, 참모부에 나중소, 외교부에 조성환 등이 선출되어 조직을 이끌었다. 신민부는 공농제를 실시해 한인들의 경제적 안정을 도모했고, 소비조합을 설치해 생활을 지원했다.

또한 50여 개의 학교를 설립해 민족교육을 실시했으며, 기관지《신민보》를 발행해 독립 정신을 고취했다. 군사적으로는 장정들이 평소 농사와 군사훈련을 병행토록 해 독립군 양성에도 힘썼다. 1929년 국민부와 혁신의회 등으로 분화되었으나, 1930년 김좌진이 암살당할 때까지 북만주 독립운동의 중심 역할을 했다.

• 1929.3.10. 조선공산당 책임비서 차금봉(1898-1929.애국장) 서대문형무소에서 순국

3월 11일 제약보국 유한양행, 유일한

1971년 오늘 유능한 경영인이자 독립운동가 유일한이 서거했다. 자료: 유일한과 1933년 자체 생산한 안티푸라민

유일한(1894-1971.독립장)은 평남 평양 출신으로, 1904년 10세에 미국 유학길에 올라 헤이스팅스 고등학교와 미시간대학교를 졸업했다. 그는 1909년 박용만의 한인 소년병학교에서 군사훈련을 받으며 민족의식을 키웠다. 1919년 3·1운동 소식이 전해지자, 필라델피아 한인자유대회에 참가해, 〈한국 국민의 목적과 열망을 석명하는 결

의문〉을 낭독하며 독립 의지를 표명했다. 이후 1922년 미국에서 숙주나물 사업으로 성공했으나, 고국 방문 중 일제 치하의 동포들이 가난과 질병으로 고통받는 모습을 보고 귀국을 결심했다.

1926년 12월 10일 유한양행을 창업했고, 1936년 한국 최초로 유한양행을 주식회사로 변경하고 종업원지주제를 도입했다. 미국을 오가며 독립운동을 계속해, 1942년 미 육군 전략처(OSS) 한국 담당 고문으로 활동하며 냅코 작전 조장을 맡아, 한반도 침투 특수공작을 준비했으나, 일본의 항복으로 실행되지는 못했다. 1971년 3월 11일 76세로 서거했다.

3월 12일 간도 3·1운동, 민족의 결집

1919년 오늘 간도의 모든 한인이 모여 독립만세를 외쳤다.

자료: 용정 3.13반일의사릉(중국 자료)

간도의 독립만세운동은 1919년 3월 12일 서간도 지방의 중심지인 유하현 삼원보와 통화현 금두에서 독립선언축하회를 개최하고, 만세 시위를 벌이면서 시작됐다. 이날 정오, 천주교회의 종소리를 신호로 용정 북쪽 서전대야에 만여 명 정도의 한국인이 모여들어 독립축하회 식장을 채웠다. 독립축하식은 김영학(1871-1944.애족장)의 〈독립선언포고문〉 낭독으로 시작되었고, 축하회를 마친 군중은 '대한독립'이라고 쓴 기를 앞세우고 행진했다.

계획을 사전에 탐지한 일본은 맹부덕이 거느린 중국 군대로 하여금 만세운동을 저지하게 했다. 맹부덕은 선두에 있던 대한독립기를 빼앗고 무차별 사격을 가해, 18명이 현장에서 사망하고 30여 명이 부상한 채 해산했다. 그 후에도 3월 17일 용정, 20일 훈춘, 26일 백초구, 31일 고집지에서 만세운동이 이어졌다. 이러한 저항은 4월 중순까지 크고 작은 만세운동으로 지속됐다.

3월 13일 임시정부의 수호신, 석오 이동녕

1940년 오늘 임정의 기둥 이동녕이 순국했다.

자료: 천안 이동녕 생가(현충시설정보서비스)

이동녕(1869-1940.대통령장)은 충남 천안 출신으로, 1896년 독립협회에 가입했다. 1898년 만민공동회에 참여해 상소운동을 벌여, 이승만 등과 함께 투옥됐다. 1905년 을사늑약 체결 시에는 김구와 함께 결사대를 조직해 연좌시위를 주도하다 두 번째로 투옥됐다. 1906년 북간도로 망명해 이상설과 함께 서전서숙을 설립, 민족교육에 힘썼고, 1910년 한일병합 후 이회영·이시영 형제와 함께 신흥강습소를 세워 독립군 양성에 힘썼다. 1914년 이상설 등과 블라디보스토크에서 대한광복군정부를 조직했으며, 1919년에는 길림에서 무오독립선언서 발표에 참여했다.

1919년 4월 상해에서 임시정부 임시의정원 초대 의장으로 선출되었고, 이후 임시정부 국무령, 주석으로 활약하며 임정의 정신적 지주가 되었다. 임시정부 내부 분열을 수습하고, 국무위원제 도입 등 제도 개혁을 주도했다. 1940년 3월 13일 기강에서 급성폐렴으로 71세에 순국했다.

• 1944.3.13. 대한애국부인회장 김마리아(1892-1944.독립장) 병사 순국

3월 14일 선후배의 연대, 춘천고보 상록회 사건

1937년 오늘 춘천고보 학생들이 항일결사 상록회를 조직했다.

자료: 춘천고 내 상록탑(현충시설정보서비스)

• 1937.3.14. 민족대표 33인 최성모(1874-1937.대통령장) 순국

춘천고보 상록회 사건은 비밀결사 '상록회'가 주도한 항일학생운동이다. 상록회는 1937년 3월 14일 5학년 학생 6명이 조직했다. 이들은 민족의식 고취와 항일투쟁에 헌신할 것을 결의했다. 상록회는 독서회를 조직해 학생들의 민족의식을 고취했다. 또한 춘천농고, 함흥고보, 서울제1고보 등과도 연대해 항일 공동전선을 형성했다. 1938년 가을, 일제 경찰이 상록회의 활동을 탐지해 137명의 재학생과 졸업생을 체포했다. 이 중 36명이 송치되었고, 남궁태, 이찬우, 문세현, 용환각, 백흥기, 조규석, 배근석, 조흥환, 이연호, 신기철, 전홍기, 차주환 등 12명이 치안유지법 위반으로 유죄 판결을 받았다. 이 중 백흥기는 옥중에서 순국했다.

이어 1941년에도 2차 상록회 사건으로 24명이 검거되었다. 특히 3년 형을 받은 이광훈과 고웅주는 혹독한 고문 후유증으로 1943년에 옥중에서 순국했다.

3월 15일 곽산, 정주의 만세운동과 일제의 만행

1919년 오늘 만세운동 중
박지협이 일경의 폭행으로 맞아 죽었다.

자료: 당시 정주읍 모습. 우측 큰 건물이 정주경찰서(정주군지)

박지협(1870-1919.애국장)은 평북 곽산 출신으로, 1919년 3월 6일 곽산에서 일어난 만세시위에 참여했다. 곽산의 만세운동은 천도교와 기독교 인사들이 합심해 준비한 대규모 시위였다. 천도교 곽산교구장 김경함과 천도교 핵심 인사 김진팔이 주도하여, 3월 6일을 거사일로 정하고 태극기와 독립선언서를 제작·배포했다. 당일 읍내에는 천여 명의 군중이 모여 김경함의 연설 후, 만세를 외치며 시가를 행진했다. 박지협은 시위대의 한 사람으로, 선두에서 적극적으로 시위대를 이끌었다. 안의리에 이르렀을 때 주동자로 지목되어 체포된 후 모진 폭행과 고문을 받았고, 3월 15일 구금 중에 순국했다.

박지협은 평범한 농민이었으나, 독립의 염원을 품고 시위에 나섰다가 희생된 인물이다. 박지협은 후손도, 묘지도 확인이 되지 않고 있다. 곽산 만세운동은 3월 3일부터 5월 말까지 만세시위 12회, 참가 인원 5,500여 명, 부상자 9명, 피검자 111명이었다.

3월 16일 세금을 이용한 수탈, 지세령

1914년 오늘 총독부가 토지에 대한 세금, 지세령을 공포했다.

자료: 당시 토지 측량 모습

1914년 3월 16일 조선총독부는 「지세령」을 공포해 4월부터 시행했다. 이 법령은 토지 소유권을 명확히 하고 지주를 납세의무자로 확정함으로써 식민지 재정 수입을 확대하는 데 목적이 있었다. 지세령 초기에는 결부제에 따라 토지의 결수와 결가를 곱해 세액을 산정했으나, 1918년 토지조사사업이 마무리되면서 토지대장에 등록된 지가의 1.3%를 세율로 적용했다. 이 과정에서 미등록 토지가 대거 색출되어 과세지 면적이 크게 늘었고, 세수도 급증했다. 1910년 전국 과세 토지는 약 148만 정보였으나, 1918년에는 약 487만 정보로 증가했으며, 지세 수입 역시 2배 정도 증가했다.

지세는 조선총독부 재정에서 가장 큰 비중을 차지했으며, 전체 조세수입의 25%를 차지했다. 지세령과 토지조사사업은 일본인 토지 소유권을 보장하는 반면, 조선인 농민의 세금 부담을 증가시켰고, 지세 외에도 부가세와 각종 부담금이 추가로 부과되어 농가의 경제적 몰락을 촉진했다. 이로써 많은 농민이 토지를 잃고 소작농으로 전락했다.

3월 17일 흑색공포단의 결기, 육삼정 의거

1933년 오늘 흑색공포단이 일본공사 척살을 시도했다.

자료: 평택 원심창 의사상(현충시설정보서비스)

상해 육삼정 사건은 1933년 3월 17일 중국 상해의 고급 요정 육삼정에서 일어난 의거다. 이 의거는 흑색공포단 소속 원심창, 백정기, 이강훈 등이 주중일본공사 아리요시 아키라를 암살하려다 일본인 밀정의 밀고로 실패한 사건이다. 원심창 등은 일본 공사가 육삼정에서 만찬을 연다는 첩보를 입수하고, 이곳을 습격해 처단하려 했으나, 거사 직전 일본인 밀정의 밀고로 경찰에 체포되었다.

백정기와 원심창은 무기징역, 이강훈은 15년 형을 선고받았다. 백정기는 1934년 6월 5일 옥중에서 순국했다. 육삼정 의거는 윤봉길 의사의 홍구공원 의거, 이봉창 의사의 일왕 폭탄 의거와 함께 일제강점기 해외 3대 독립의거로 꼽힌다. 비록 암살은 이루어지지 않았지만, 중·한 신문이 대서특필하며 일본의 침략과 만주국 설립의 불법성을 세계에 알리고, 항일운동에 새로운 활력을 불어넣었다는 점에서 큰 의미가 있다.

• 1919.3.17. 블라디보스토크에서 문창범, 이동휘 등이 대한국민의회(노령 임시정부) 수립

3월 18일 인재양성과 독립운동, 최중호

1934년 오늘 최중호가 상해에서 순국했다.

자료: 1926년, 인성학교 졸업식(독립기념관)

최중호(1891-1934.독립장)는 황해도 신천 출신으로, 양산학교, 평양 대성학교에서 한학과 신학문을 익혔고, 1911년 데라우치 총독 암살 사건(105인 사건)에 연루되어 옥고를 겪었다. 풀려난 후 경신학교 교사로 재직하며 국권회복운동을 계속하다 일본 관청 습격 등의 죄목으로 13년 징역형을 받았으나 1917년 탈옥에 성공했다. 1919년 상해로 망명, 임시정부 육군무관학교를 졸업한 뒤 군자금 모금과 인재 양성에 힘썼다. 1924년 상해 교민단 산하 인성학교 교사로도 재직했다.

임시정부 재정난을 타개하고자 경제후원회 결성에 적극 참여했고, 어려운 생활 속에서도 임시정부와 한인 동포 지원에 헌신했다. 1932년 윤봉길 의거로 일제의 압박이 심해졌고, 임정이 항주로 피신할 때 김구의 권유에도 불구하고 최중호는 심각한 병세로 합류하지 못했다. 1934년 3월 18일 고문 후유증으로 상해에서 순국했다.

3월 19일 친일 승려를 응징하다, 명고사건

1922년 오늘 청년 스님들이 친일파 승려 강대련을 응징했다.

자료: 당시 기사(동아일보)

暴力化한 佛教紛爭
奇怪한 僧家의 鳴鼓事件

1922년 3월 19일 발생한 명고사건은 친일 승려인 수원 용주사 주지 강대련 축출 운동이다. 이 사건은 강대련의 친일 행동과 한국불교의 일본 흡수 주장에 분노한 '불교유신회' 소속 정맹일, 박문성, 강신창, 김상호 등 젊은 승려들이 중심이 되어, 강대련의 등에 북을 매달고 종로 거리를 행진하며 친일 행위를 공개적으로 규탄한 사건이다. 명고축출은 스님이 큰 죄를 지었을 때 승권을 뺏고 절에서 내쫓는 제도인 산문출송을 의미한다.

이 사건은 이후 불교계의 정화 운동에도 영향을 미쳤다. 하지만 강대련은 도리어 이 사건을 영광으로 여기고 스스로 '명고산인'이라는 별호를 지어 붙였다. 일제에 "나는 이 정도 일로 겁을 먹을 인물이 아니오. 내가 이처럼 철저하게 뼛속까지 친일이라는 사실을 알아주시오!"라며 자기 존재를 증명해 보이는 기회로 여겼다. 강대련은 이회광과 더불어 일제강점기 최고의 친일승으로 꼽힌다.

• 1908.3.19. 윤만파, 권달오(애국장) 의병부대 50여 명이 언양읍성을 습격, 24명 전사 순국

3월 20일 북간도 독립운동의 기둥, 구춘선

1944년 오늘 북간도 한인사회의 중심 구춘선이 순국했다.

자료: 구춘선(국가보훈부)

구춘선(1857-1944.대통령장)은 함북 온성 출신으로, 1886년 하급 군졸로 시작해 서울의 남대문 수문장 등 중앙군으로 활동했다. 1897년 북간도로 이주하여, 1903년 간도관리사 이범윤과 함께 사포대를 조직, 보호소와 병영을 설치해 한인을 보호했다. 이범윤이 노령으로 망명한 뒤에는 용정으로 거점을 옮겼고, 1907년 캐나다 선교사 구예선을 만나 기독교에 입교했다. 이후 용정시교회, 하마탕교회 설립에 기여했다.

1919년 용정에서 조선독립기성총회 회장으로 선출되어 북간도 독립운동의 중심이 되었다. 같은 해 대한국민회 회장으로 선출되어 임시정부와 연계하며 독립운동을 이끌었다. 구춘선은 국민회군을 조직해 무장투쟁에도 앞장섰으며, 홍범도·최진동 등과 연합해 1920년 봉오동·청산리 전투에서 일제에 대승을 거두는 데 공헌했다. 간도참변 이후 1934년 문재린 등과 함께 기독교 세력의 지하조직을 구축하는 등 활동을 계속하다가, 1944년 3월 20일 순국했다.

3월 21일 제주도의 독립 함성, 조천 만세운동

1919년 오늘 제주도에서 만세 소리가 울려 퍼졌다.

자료: 제주해녀항일운동기념탑(현충시설정보서비스)

조천만세운동은 1919년 3월 21일부터 24일까지 제주시 조천읍 미밋동산에서 벌어진 제주 최대의 항일 만세운동이다. 서울 휘문고보 학생이던 김장환이 탑골공원 만세운동에 참여한 뒤, 독립선언서를 품고 고향 조천으로 돌아와 숙부 김시범 등과 함께 준비를 시작했다. 거사일은 조천 유림 김시우의 기일인 3월 21일로 정해졌다. 첫날, 미밋동산에는 동지들과 주민, 인근 마을 서당 학생 등 150여 명이 모였으며, 독립선언서를 낭독하고 태극기를 흔들며 만세를 외쳤다. 이에 주민 500여 명이 추가로 참여하면서 행렬이 확대됐으나, 조천 신촌리에서 일본 경찰과 충돌해 김시범, 김시은, 김장환 등 13인이 체포됐다.

이에 분노한 주민들은 22일부터 24일까지 체포자 석방을 요구하며 계속 만세운동을 벌였고, 마지막 날에는 조천 오일장에서 부녀자들까지 합세해 약 1,500명이 참여하는 대규모 시위로 이어졌다. 조천만세운동은 제주 3대 항일운동(법정사 항일운동, 조천만세운동, 해녀항일운동) 중 하나다.

3월 22일 경북 만세운동의 중심, 예안장터

1919년 오늘 안동에서 15일간 만세운동이 계속됐다.

자료: 안동 월영공원의 3·1운동 기념비(현충시설정보서비스)

안동 만세운동은 1919년 경북 안동 지역의 대표적인 만세운동이다. 이 운동은 이상동(애족장)의 단독시위가 기폭제가 되어 예안장터에서 3월 17일부터 본격적으로 시작됐다. 처음에는 일본 유학생 강대극 등이 3월 12일 예안장날에 만세운동을 계획했으나, 일제의 감시로 실행하지 못했고, 이에 예안면장 신상면(애족장) 등이 다음 장날인 3월 17일로 계획을 바꿔 추진했다. 3월 17일 오후, 수천 명의 인파가 장터에 모여 태극기를 들고 독립만세를 외치며 행진했다.

이 과정에서 일본군 안동수비대가 출동해 25명이 체포되는 등 시위는 진압당했다. 이에 격분한 시위군중은 신상면의 주도로 일본 경찰 3명을 포로로 잡아 시위 대열의 앞에 세우고, 주재소를 포위하여 구금자의 석방을 요구했다. 이후 일본군이 대대적인 검거 작업을 펼쳐 140여 명이 체포되었다. 안동의 만세운동은 3월 13일부터 27일까지 15일간 11개 지역에서 14회에 걸쳐 일어났으며, 특히 안동면·예안면·임동면 등에서 1,500명에서 3,000명에 이르는 대규모 시위가 펼쳐졌다.

3월 23일 호남 천도교의 기둥, 박준승

1927년 오늘 천도교계 민족대표 박준승이 순국했다.

자료: 정읍 박준승 기념관(현충시설정보서비스)

박준승(1865-1927.대통령장)은 전북 임실 출신으로, 어린 시절 서당에서 한학을 수학하고, 1890년 동학에 입교해 동학농민운동에 적극적으로 참여했다. 이후 1906년 천도교 창건 이후 임실 교구를 이끌며 천도교 원로로 활동했다. 1919년 천도교 측 민족대표 15인 가운데 1인으로 선임되어 2월 28일 손병희 집에서 독립선언서에 서명하였다. 3월 1일 독립선언서 발표 이후 일본 경찰에 체포되어 2년간 서대문형무소에서 옥고를 치렀다. 출옥 후 1922년 천도교 중앙종리원 종리사, 감사정, 포덕사 등으로 활동하였다.

1925년 천도교단이 신구 양파로 분화되자 구파의 천도교중앙종리원 종법사로 선임되어 활동했다. 1927년 3월 23일 고향에서 유행성 독감에 걸려 순국했다.

• 1908.3.23. 전명운(1884-1947.대통령장), 장인환(1876-1930.대통령장) 친일 외교관 스티븐스 살해

3월 24일 유림의 외침, 파리장서(巴里長書)

1919년 3월 유림 대표 137명이 서명한 파리장서를
파리강화회의에 제출했다.

자료: 《유림월보》에 게재되었던 〈파리장서〉 원문

유림단의 〈파리장서(巴里長書)〉 제출은 유교 지식인들이 조선의 독립 의지를 알리기 위해 벌인 국제 항일운동이다. 3·1운동에서 독립선언서 서명에 참여하지 못한 영남과 호서 등 전국의 유림은 이를 아쉬워하며, 파리강화회의에 독립청원서를 제출하는 방안을 추진했다. 김창숙이 중심이 되어 곽종석, 김복한 등 영남과 충청 유림 137명이 서명한 〈파리장서〉를 작성했다. 1919년 3월 말, 김창숙은 이 독립청원서를 휴대하고 상해로 향했다. 그는 임시정부 외무총장 김규식에게 파리강화회의에 제출할 것을 부탁했고, 영문·국문 번역본도 각국의 공관, 국내 향교 등에 전달했다.

파리장서는 일제에 의해 발각되어 국내 유림에 대한 대대적인 탄압이 이어졌다. 주요 인물이 체포되어 옥고를 겪었고, 곽종석은 1919년 6월 병보석으로 출옥 후 8월 24일 순국했다. 하용제도 고문 후유증으로 11월에 순국했다. 이 사건은 유림이 국제사회에 조선의 독립을 공식적으로 요구한 최초의 사례다.

3월 25일 을사오적을 향한 칼, 오적암살단

1907년 오늘 자신회(自新會)가 오적 암살을 시도했다.

자료: 전남 보성 나철 기념비(독립기념관)

을사오적 암살을 위한 자신회는 을사늑약에 찬성하고 국권을 일제에 넘긴 이완용, 이근택, 박제순, 이지용, 권중현 등 '을사오적'을 처단하기 위해 1907년 2월 나철, 오기호, 강상원 등이 조직한 비밀결사다. 오적 처단은 1906년부터 1907년까지 여러 조직의 시도가 있었으며, 대표적으로 기산도와 김석항이 이근택을 습격하는 등 직접적인 암살 시도가 이어졌다.

자신회는 1907년 3월 25일 6개 조로 나눠 을사오적과 일진회 간부를 저격하려 했으나, 권중현을 부상시키는 데 그쳤고 대부분 실패했다. 강상원이 체포된 뒤, 나철과 오기호는 스스로 자수하며 동지 석방을 요구했다. 이후 30여 명이 체포되어 5~10년 유배형을 선고받았으나, 1907년 12월 고종의 특별 사면으로 석방됐다. 이후 나철과 오기호는 대종교 창시 등 민족운동의 사상적 기반을 마련했고, 기산도 등은 의병운동으로 항일투쟁에 투신했다.

• 1981.3.25. 기독교계 민족대표 33인 이갑성(1886-1981.대통령장) 서거

3월 26일 고려혁명군 서부사령관, 신우여

1923년 오늘 신우여가 순국했다.

자료: 신우여(독립기념관)

신우여(1882-1923.독립장)는 함북 나선 출신으로, 1910년 가족과 함께 만주로 이주해 독립운동의 길에 들어섰다. 1919년 3월 28일 중국 훈춘에서 만세 시위에 참여해 독립을 역설하는 연설로 민족의식을 고취했으며, 이후 러시아 연해주와 만주 일대에서 본격적인 항일 활동을 이어갔다. 신우여는 문창범, 이동휘 등이 이끄는 의용병 부대에 가담했고, 김규면이 조직한 대한신민단에 참여해 독립운동의 전위 역할을 맡았다.

1921년에는 한족공산당 상무집행위원으로 활동하며, 무장부대인 우리동무군의 사령부장이 되어 러시아 적군과 함께 일본군 및 러시아 백군과 전투를 벌였다. 1922년에는 고려혁명군 연해주 서부사령관으로 임명되어 포그라니치니와 흥개호 등에서 일본군과 맞서 싸웠다. 1922년 10월 시베리아 내전이 끝나고 한인 부대가 무장 해제되자, 그는 국외로 추방되어 이듬해 1923년 3월 26일 병으로 순국했다.

• 1910.3.26. 안중근(1879-1910.대한민국장) 여순감옥에서 형 집행으로 순국 ➡ 10/26

3월 27일 평민 출신 의병장, 김백선

1896년 오늘 제천의병 선봉장 김백선이
의진 내의 신분 갈등으로 순국했다.

자료: 경기도 양평 지평의병기념관(현충시설정보서비스)

김백선(1849-1896.애국장)은 경기도 양평 출신으로, 1894년 동학농민군이 양평에서 봉기하자, 김백선은 맹영재와 함께 포수대를 조직해 농민군을 진압했다. 이 공로로 맹영재는 지평군수가 되었고, 김백선은 절충장군에 임명됐다. 1895년 을미사변이 일어나자, 김백선은 맹영재에게 의병을 일으키자고 제안했으나 거절당했다. 이에 울분을 참지 못하고, 동료 이춘영과 함께 원주 안창에서 의병을 일으켰다. 1896년 유인석이 제천의진을 이끌며 부대 편제를 정할 때 김백선은 선봉장으로 임명되어, 충주

성 전투와 가흥 전투 등에서 맹활약했다. 가흥 전투에서 일본군 수비대를 공격하며 진지를 점령하려 했으나, 본진에서 원군이 오지 않아 패퇴하고 말았다.

이에 김백선은 원군을 보내지 않은 중군장 안승우에게 격렬히 항의하다 의병장 유인석에 의해 1896년 3월 27일 군기 문란의 죄로 처형되었다. 김백선의 처형은 의진 내 신분 갈등을 상징적으로 보여주는 사건이며, 제천의병의 쇠퇴에도 영향을 끼쳤다.

3월 28일 의열단의 총성, 황포탄 의거

1922년 오늘 김익상, 오성륜, 이종암이
일본군 대장 다나카를 저격했다.

자료: 당시 신문보도, 1922.4.7.(매일신보)

황포탄 의거는 1922년 3월 28일 중국 상해 황포탄에서 의열단원 김익상, 오성륜, 이종암이 일본군 대장 다나카 기이치를 암살하려 한 의거다. 다나카가 필리핀에서 귀국하는 도중 상해를 경유한다는 정보를 입수한 의열단은 3단계 계획을 세웠다. 오성륜은 다나카가 하선할 때 저격하고, 실패 시 김익상이 승용차 이동 중 재차 저격하며, 마지막으로 이종암이 폭탄 투척으로 마무리하는 계획이었다. 거사 당일, 오성륜의 첫 총성이 발사되었으나 다나카 앞을 지나던 신혼 여행객 스나이더 부인이 맞아 숨졌다.

이어 김익상이 발사했으나 총알이 다나카의 모자만 관통했고, 이종암의 폭탄은 불발되며 작전은 실패로 돌아갔다. 김익상과 오성륜은 현장에서 체포되어 일본으로 압송됐으며, 김익상은 사형선고 후 무기징역으로 감형되어 21년간 옥고를 치렀다. 오성륜은 탈옥에 성공해 이후 항일투쟁을 지속했다. 미국인 스나이더는 아내를 잃었음에도 그들의 독립운동 정신에 감복해 일본에 관대한 처벌을 요청하기도 했다.

3월 29일 근대를 밝힌 교육자, 월남 이상재

1927년 오늘 큰 어른 월남 이상재가 순국했다.

이상재(1850-1927.대통령장)는 충남 서천 출신으로, 1881년 신사유람단 수행원으로 일본을 시찰한 뒤 근대화의 필요성을 절감했다. 1887년 주미공사 박정양을 따라 미국에 건너가 서양 문물을 접했다. 1896년 서재필, 윤치호 등과 함께 독립협회를 조직해 만민공동회 의장을 맡는 등 개화와 자주독립을 위해 헌신했다. 이후 개혁당 사건으로 옥고를 치르는 등 고초를 겪었다. 1905년 을사늑약 이후 고종의 부탁으로 의정부참찬을 지냈으나, 일제의 강압적 통치에 맞서 관직을 사임했다.

1919년 3·1운동 때는 만세운동을 주도한 혐의로 체포되어 옥고를 치렀다. 출옥 후에 조선교육협회, 조선민립대학 설립기성회 등에서 활동하며 교육과 청년 계몽에 힘썼다. 1924년 조선일보 사장을 맡아 민족 언론의 기치를 높였고, 1927년 신간회 초대 회장으로 추대되어 민족 협동 전선의 중심이 됐다. 이상재는 평생 일제의 회유와 압박에 굴하지 않고, 교육과 언론을 통해 민족의 계몽을 실천했다. 1927년 3월 29일 순국하여 우리나라 최초의 사회장을 치렀다.

3월 30일 밀정 처단, 의열단 이종희

1925년 오늘 의열단 이종희가 밀정 김달하를 척살했다.

자료: 전북 김제 이종희 추모비(현충시설정보서비스)

이종희(1890-1946.독립장)는 전북 김제 출신으로, 1919년 3·1운동 이후 중국으로 망명해 의열단에 가입했다. 김원봉 등과 함께 관공서 파괴, 밀정 척살 등 의열투쟁을 주도했다. 국내외 독립운동가들에게 큰 위협이 되던 밀정 김달하의 제거를 위해 동지 이기환과 함께 1925년 3월 30일 북경에 있는 김달하의 집을 습격하여, 그를 불러 앉혀놓고 미리 작성된 사형선고서를 낭독한 후 포승줄로 교살 응징하였다.

이후 이종희는 조선민족혁명당 중앙집행위원, 조선의용대 총무조장 등으로 활동했다. 그는 의열단, 민족혁명당, 조선의용대, 한국광복군 등에서 군사·행정·조직 업무를 총괄하며 김원봉의 오른팔로 불렸다. 광복 후 1946년 환국 수송선을 타고 4월 29일 부산항에 도착했는데, 바로 하선하지 못하고 검역과 수속을 기다리던 중 지병과 여독으로 선상에서 서거했다.

3월 31일 피로 물든 정주읍, 1919년 정주학살

1919년 오늘 일제는 비무장 시위 군중을 총칼로 학살했다.

자료: 당시 기사(독립신문)

1919년에 일어난 만세운동 중 가장 참혹한 학살사건이다. 1919년 3월 31일, 천도교와 기독교가 연합해 정주읍 장날을 이용해 대규모 시위를 전개했다. 이 시위는 천도교의 최석일, 김진팔, 김경함 등이 중심이 되어 준비했으며, 군중 동원은 김석보가 맡았다. 3월 31일 정주읍 일대에 무려 2만 명이 넘는 군중이 모여 만세를 외치며 행진했다. 일제는 3,500여 명이 모였다고 기록하고 있다. 이 과정에서 최석일은 선두에서 태극기를 들고 군중을 독려하다 일본군 도비타 중위의 칼에 두 팔과 목이 잘려 순국했다.

뒤이어 김사걸이 태극기를 이어받아 앞장섰지만, 헌병이 쇠갈고리로 그의 배를 찌른 뒤 총탄을 발사해 그 자리에서 순국했다. 현장에서 순국한 사람이 92명(일부 기록에는 28명, 외국인 선교사 보고에는 57명 이상), 부상자와 검거자도 수백 명에 달했다. 이후 일제는 천도교구, 오산학교, 용동교회를 방화하고 이승훈, 이명룡, 조형균 등 지도자의 집을 파괴하는 만행을 저질렀다. 정주학살은 3·1운동 중 인명 피해가 가장 컸던 사건이다.

4월

4월 1일 아우내 장터 만세운동

1919년 오늘 아우내 장터에서
유관순의 부모와 김구응 모자가 살해됐다.

자료: 충남 천안 아우내 3·1운동사적지(현충시설정보서비스)

유관순은 1919년 3월 13일 천안으로 귀향하여 진명학교 교사 김구응, 아버지와 숙부, 마을 유지에게 서울의 상황을 전했고, 김구응은 4월 1일 아우내 장터에서 만세운동을 전개하기로 계획했다. 4월 1일 수천 명의 군중이 모여, 김구응이 독립선언서를 낭독하고 태극기를 흔들며 시위를 이끌었다. 이 과정에서 일본 헌병과 경찰이 무차별 사격과 칼을 휘둘러 김구응이 현장에서 순국했고, 아들의 죽음을 보고 달려온 어머니 최정철도 헌병의 칼에 맞아 숨졌다.

유관순의 아버지 유중권이 "왜 사람을 함부로 죽이느냐"고 항의하다가 일본 헌병의 총검에 찔려 순국하고, 이를 보고 달려들던 모친마저도 일본 헌병들에게 사살당했다. 이에 유관순은 유중무와 조인원·조병호 부자, 김용이 등과 함께 군중들을 이끌고, 항의 시위를 계속했다. 이날 시위에서 19명이 순국하고 30여 명이 중상을 입는 등 큰 희생이 있었으며, 유관순 등 많은 이가 체포되어 고초를 겪었다. 유관순은 만세 현장에서 부모를 비롯한 7명의 친인척을 잃었고, 본인도 1920년 9월 28일 옥중에서 순국했다.

4월 2일 안창남, 조선의 하늘을 열다

1930년 오늘 한국인 최초로
조선의 하늘을 난 안창남이 창공에서 순국했다.

안창남(1901-1930.애국장)은 서울 출신으로, 조선인 최초의 비행사다. 그는 1913년 용산에서 열린 비행 행사에서 비행기를 처음 목격한 뒤, 비행사의 꿈을 키웠다. 1919년 휘문고보를 중퇴한 뒤 일본으로 건너가 자동차학교와 비행기제작소에서 공부한 후, 1920년 오쿠리비행학교에 입학해 1921년 졸업과 함께 비행사 면허를 취득했다. 1922년 12월 안창남은 '금강호'를 타고 여의도 비행장에서 한국인 최초로 고국 상공을 비행하며, 5만여 군중의 환호를 받았다.

이후 1924년 중국으로 망명해 여운형의 소개로 산서항공학교 교장으로 활동하며 독립군 비행사 양성에 힘썼다. 1928년에는 신덕영·최양옥 등과 함께 대한독립공명단을 조직해 군자금 모집과 무관학교 설립, 국내 진공 작전을 추진했다. 1930년 4월 2일, 산서항공학교에서 비행 훈련 도중 기체 고장으로 추락하여 29세의 나이로 순국했다.

• 1944.4.2. 임시정부가 중경방송국을 통해 우리말 방송 송출 개시

4월 3일 교육과 언론으로 민족혼을 지킨 문일평

1939년 오늘 식민사관에 맞섰던 문일평이 순국했다.

자료: 문일평(국가보훈부)

문일평(1888-1939.독립장)은 평북 의주 출신으로, 1905년 일본에 유학해 신학문을 받아들였다. 유학 중 태극학회에서 계몽운동에 참여했으며, 1910년 귀국 후 대성학교에서 교사로 활동하며 신민회에 가담해 비밀결사운동에도 참여했다. 이후 다시 와세다대학에서 공부했고, 1912년에는 중국으로 건너가 독립운동단체 동제사에서 활동했다. 1919년 3·1운동이 일어나자, 문일평은 3월 12일 보신각 앞에서 시위를 주도했고 일본 경찰에 체포되어 8개월간 옥고를 치렀다. 출옥 후《동아일보》,《조선일보》등 언론에서 논설위원으로 활동하며 민족정신 고취와 역사 연구에 매진했다.

1927년 신간회와 물산장려회에서 간부로 활동하며 경제자립 운동을 주도했다. 문일평은 신채호, 박은식, 정인보 등과 함께 민족주의 사학의 맥을 유지하며, 식민사관에 맞서 한국사의 정체성을 수호했다. 그는 실증사학, 사회경제사학 등 다양한 방법론을 활용해 민족사학의 폭을 넓혔다. 1939년 4월 3일 급성 감염(단독)으로 순국했다.

4월 4일 연통제에서 조선공산당까지, 이운혁

1937년 오늘 함경도의 사회주의자 이운혁이 순국했다.

자료: 연통제 사건 보도, 1920.8.23.(동아일보)

이운혁(1895-1937.독립장)은 함북 경성 출신으로, 함일실업학교를 졸업한 뒤, 일제의 보통문관시험에 합격해 도청과 경성 군청에서 근무했다. 1919년 12월, 대한민국 임시정부가 국내에 설치한 비밀연락조직 함북연통제 사건으로 체포되어 징역 1년 6월을 선고받았다. 함북연통제는 임시정부의 지령을 국내로 전달하고, 독립운동 자금을 모으는 역할을 하던 조직이었다. 출옥 후 언론계로 진출해《동아일보》와 '신건설' 경성지국을 운영하며 사회운동에 참여했다. 1924년 10월 고려공산동맹에 가입해 함경북도 책임자가 되었다. 1927년 조선공산당에 입당했고, 12월에 정치부원으로 선임됐다.

1930년, 당 재건을 위해 10월 러시아에서 비밀리에 귀국하여 조선공산당 재건을 위해 활동하다가 조규헌, 강창거, 송도호 등 11명이 체포됐다. 1932년 사건의 주모자로 징역 6년을 받고 서대문형무소에서 옥고를 겪었다. 1937년 4월 4일 순국했다.

4월 5일 무궁화로 독립을 꿈꾸다, 남궁억

1939년 오늘 언론, 교육, 종교계에서
독립을 외친 남궁억이 순국했다.

남궁억(1863-1939.독립장)은 서울 출신으로, 1884년 영어학교 동문학을 졸업하고, 1886년 고종의 통역관이 되었으며, 이후 궁내부 별군직 등을 역임했다. 서재필, 유길준, 윤치호, 이승만 등과 함께 개화운동을 펼쳤고, 1896년 독립신문 창간에 참여해 필진으로 활동했다. 한글판과 영문판 두 종류 중 한글판은 주시경이, 영문판은 남궁억이 편집했다. 1898년 황성신문 사장으로 취임, 일본의 침략 야욕을 폭로했고, 1906년 1월 양양군수로 부임하여, 청렴한 지방관리로서의 면모를 보여주었다.

1918년 이후 강원도 홍천 모곡리에서 모곡학교와 교회를 설립해 무료 교육과 무궁화 보급운동을 주도했다. 일제의 탄압으로 학교가 폐쇄되고 무궁화가 불태워지는 등 고초를 겪었으나 끝까지 항일정신을 지켰다. 1933년 항일 비밀결사 십자가당 사건으로 체포되어 1년 6개월간 옥고를 겪고 병보석으로 풀려났으나, 그 후유증으로 1939년 4월 5일 순국했다.

4월 6일 보합단의 군자금 모금, 운니동 사건

1923년 오늘 보합단원 김도원이 형 집행으로 순국했다.

자료: 사건 관련 공판 보도, 1921.11.23.(매일신보)

김도원(1895-1923.독립장)은 평북 선천 출신으로, 1920년 의주군에서 조직한 보합단에 가입하여 일제 앞잡이 처단, 군자금 모집 등의 활동을 전개했다. 서울로 상경한 김도원은 11월 28일 단원 이종영, 조상백, 장석두, 이성규 등과 함께 운니동에 있는 부호 변석연의 집을 찾아가 장남 변덕영을 협박해서 군자금 지원을 약속받았다. 1920년 12월 4일 동지들의 만류에도 불구하고 단신으로 군자금 수령을 위해 재차 찾아갔으나, 잠복하고 있던 종로경찰서 형사 3명과 교전을 벌였다.

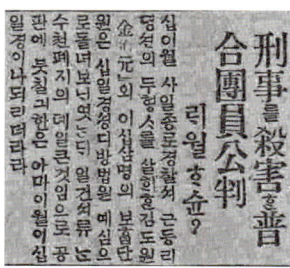

형사 이정선과 곤도 시게도시를 사살하고 현장을 빠져나왔으나 12월 7일 붙잡히고 말았다. 1922년 2월 25일 경성지방법원에서 사형을 선고받고, 이종영은 징역 12년, 이성규·장석두·조상백은 징역 8년을 선고받았다. 김도원은 1923년 4월 6일 형 집행으로 순국했다.

4월 7일 독립신문, 계몽과 저항의 43개월

1896년 오늘 서재필이 최초의 민간신문 《독립신문》을 창간했다.

자료: 《독립신문》 창간호

《독립신문》은 1896년 4월 7일 창간된 대한민국 최초의 민간 한글 신문으로, 국권 수호를 목표로 서재필(1864-1951.대한민국장), 유길준 등이 창간했다. 정부의 부정부패와 외세 침략에 비판적인 논조를 보이며 근대 언론의 상징이 됐다. 필진으로는 유길준, 이상재, 이승만, 주시경 등이 참여했다. 창간호 논설에서 "무슨 당에도 상관없고 상하귀천을 달리 대접하지 않고 조선만을 위하여 공평히 인민에게 말할 터"라며 언론의 공정성을 강조했다.

한글과 영문으로 동시 발행되었고, 1899년 12월 4일 폐간까지 약 43개월간 발행되었으며, 한글판 776호, 영문판 442호를 간행했다. 외세 침략을 비판하며, 독립협회와 연계해 참정권 확대와 개혁을 주장했다. 1919년 8월 21일 상해 임시정부에서 박은식, 안창호 등이 임시정부 기관지로 《독립신문》을 다시 발간하여 임시정부의 활동 소식을 전달했다.

• 1920.4.7. 페치카 최재형(1861-1920.독립장) 일제에 체포되어 총살 순국

4월 8일 하얼빈 총영사관 의거

1924년 오늘 세 청년이 15시간의 교전 끝에 순국했다.

자료: 당시 사건 보도, 1924.4.15.(동아일보)

하얼빈 주재 일본 총영사관 의거는 1924년 4월 8일 하얼빈에서 유기동(1891-1924. 독립장), 김만수(1892-1924.독립장), 최병호(1903-1924.독립장) 세 청년이 주도한 의열투쟁이다. 하얼빈 총영사관은 일제가 만주의 한인 독립운동가들을 감시, 탄압하는 핵심 기관이었다. 특히 순사부장 쿠니요시와 형사부장 마쓰시마가 한인들을 가혹하게 처벌한다는 소문이 돌자, 세 청년은 이들을 처단하기로 계획했다. 이들은 서로군정서와 참의부 소속으로, 무장투쟁 경험이 있었다.

거사 전 은신처가 노출되어 4월 7일 자정, 쿠니요시가 이끄는 일경 10여 명이 여관을 포위했다. 김만수가 즉시 쿠니요시를 사살했고, 이후 밤새 일본 경찰과 중국군 200여 명을 상대로 교전했다. 4월 8일 오후까지 계속된 전투에서 "일본인 앞에 항복하느니 죽음을 택하겠다"라며 항복을 거부했다. 일제는 수류탄 10여 발과 500여 발의 총탄을 퍼부어 여관을 파괴했고, 그들은 현장에서 순국했다.

• 1906.4.8. 채광묵(독립장)과 아들 채규대(애국장) 홍주성 의병전투에서 전사 순국

113

4월 9일 상해 아나키스트, 엄순봉

1938년 오늘 엄순봉이
서대문형무소에서 형 집행으로 순국했다.

엄순봉(1906-1938.독립장)은 경북 영양 출신으로, 만주와 상해에서 항일투쟁과 친일파 처단 활동을 전개한 대표적 아나키스트다. 1924년 만주에서 신민부에 가입, 김좌진 등과 함께 무장 독립운동에 참여했다. 1929년에 재만 조선인무정부주의자연맹에 가입했고, 1931년 상해로 이동해 흑색공포단에서 친일파와 밀정 처단에 주도적으로 참여했다.

1932년 12월 백정기의 집에서 원심창의 주선으로 남화한인 청년연맹에 가입했고, 1933년 3월 일본공사 아리요시를 처단하고자 했던 '육삼정의거'에 가담했다. 1933년 5월 오면직, 안경근과 함께 밀정 이종홍을 처단했다. 1935년 3월 25일에는 친일 조선인거류민회 이용로 부회장을 처단한 후 체포됐다. 1936년 2월 18일 경성지방법원에서 사형을 선고받고, 1938년 4월 9일 형 집행으로 순국했다.

• 1918.4.9. 조선국민회 회장 장일환(1886-1918.독립장) 고문으로 옥중에서 순국

4월 10일 제국에서 민국으로

1919년 오늘 대한민국 임시정부 수립을 위한
임시의정원이 창설됐다.

자료: 6회 임시의정원 회의, 1919.9.17.(독립기념관)

1919년 4월 10일 중국, 연해주, 미국, 국내에 산재한 각각의 임시정부 대표들이
상해에 모여 통합된 임시정부 수립을 협의했다. 조소앙이 모임의 명칭을 임시의
정원으로 칭하자고 하였고, 의장단은 의장에 이동녕, 부의장에 손정도, 서기에 이
광수와 백남칠을 선출했고, 도별 대표와 비례대표로 구성된 29명의 의원이 선출
되어 임시의정원이 창설되었다. 이는 대한민국 임시정부를 수립하기 위해 입법
기관을 먼저 세운 것으로, 다음 날인 4월 11일, 첫 회의에서 국호를 '대한민국'으
로 정하고, 「대한민국 임시헌장」(헌법) 10개 조항을 제정했다.

임시의정원은 임시정부의 입법기관으로서 헌법제정과 개정, 법률안의결, 예산·결산 등 국정 전반을 관장했다. 임시의
정원은 국가의 권력을 군주에서 국민으로 옮겼으며, 국호와 공화국의 의미를 명확히 하여, 한국이 '제국'에서 '민국'으
로 전환하는 계기가 되었다.

4월 11일 **민주공화국의 탄생**

1919년 오늘 민주공화국 대한민국 임시정부가 수립됐다.

자료: 임정 신년 축하회, 1920.1.1.(독립기념관)

1919년 4월 11일 상해에서 대한민국 임시정부가 수립됐다. 주권재민과 3권분립의 원칙을 헌법에 명시하며, 이후 광복까지 27년간 독립운동의 구심점이 되었다. 행정수반 국무총리에 이승만을 추대하고, 내무총장 안창호, 외무총장 김규식, 군무총장 이동휘, 재무총장 최재형, 법무총장 이시영, 교통총장 문창범 등 6부의 총장을 임명한 뒤, 임시정부 수립을 선포했다.

현재 헌법 전문에는 "유구한 역사와 전통에 빛 나는 우리 대한국민은 3·1운동으로 건립된 대한민국 임시정부의 법통과 불의에 항거한 4·19 민주 이념을 계승하고"라고 하여 대한민국이 임시정부의 법통을 계승한다고 명시했다. 또한 1948년 8월 15일 정부 수립 축하식에서 이승만 대통령이 임시정부의 법통을 계승함을 천명했고, 연호를 민국 30년으로 기산했다는 점에서, 오늘의 대한민국은 상해 임시정부를 계승한 것이 당연하다.

4월 12일 일제 만행을 고발한 스코필드

1970년 오늘 푸른 눈의 독립운동가 석호필이 서거했다.

자료: 제암리 3·1운동 기념관의 스코필드 동상(화성시)

프랭크 윌리엄 스코필드(1889-1970.독립장)는 장로교 선교사이자 수의학자로, 한국 이름은 석호필(石虎弼)이다. 그는 1916년 선교사로 한국에 와 세브란스의전에서 세균학 강의를 맡았다. 1919년 3·1운동 당시 현장에서 목격한 일본의 만행을 세계에 알리기 위해 촬영한 사진과 보고서를 배포했고, 한국 독립운동의 정당성을 국제사회에 알렸다. 1919년 5월, 서대문형무소 여자감방을 직접 방문해 수감자(유관순, 노순경 등)의 상태를 확인하고, 일본 총독과 정무총감을 찾아가 고문 등 비인도적 만행의 중지를 촉구했다. 일제의 감시와 압박으로 강의가 종료되어 1920년 4월 한국을 떠났으나, 이후에도 한국 지원 활동을 이어갔다.

1958년 대한민국 정부가 광복 13주년 경축식에 스코필드를 국빈으로 초청했고, 이후 그는 서울대 수의과대학에서 병리학을 담당하며 연구에 매진했다. 1970년 4월 12일 국립의료원에서 서거한 뒤 현충원에 안장되었다. "1919년 당시의 젊은이와 노인들에게 진 커다란 빚을 잊지 마시오." 이는 스코필드가 서거 전 남긴 말이다.

4월 13일 독립군 통합의 꿈, 일송 김동삼

1937년 오늘 김동삼이 경성감옥에서 순국했다.

자료: 안동 김동삼 어록비(현충시설정보서비스)

김동삼(1878-1937.대통령장)은 경북 안동 출신으로, 1907년 류인식 등과 함께 협동학교를 설립해 민족계몽을 주도하는 한편, 비밀결사인 신민회와 대동청년단에 가입해 활동했다. 1910년 경술국치 이후 이상룡, 김대락 등과 함께 대규모 인원이 만주로 망명했다. 1911년 경학사를 설립해 독립운동 기반을 마련했고, 1914년 백서농장을 개척해 독립군 비밀 훈련장으로 활용했다. 1919년 2월 길림에서 민족대표 39명 이름으로 발표한 〈무오독립선언서〉에 서명했고, 4월 10일 상해에서 열린 초대 임시의정원회의에 참석했다.

1922년 남만주 독립군 단체를 통합해 대한통의부 총장으로 취임하여, 자유시 참변 이후 흩어진 독립군의 통합운동을 이끌었다. 1924년 정의부 참모장으로 활동하며 민족유일당 운동을 전개했다. 1931년 하얼빈에서 일본 경찰에 체포되어 10년 형을 선고받고, 경성감옥에서 옥고를 치르던 중 1937년 4월 13일 순국했다. 만해 한용운이 시신을 수습해 자신이 머물던 성북동 심우장에서 장례를 치렀다.

4월 14일 언론 계몽과 독립의 외침

1931년 오늘 허빈이 옥중 후유증으로 순국했다.

자료:《신민보》창간 보도, 1925.4.7.(동아일보)

허빈(1891-1931.독립장)은 황해도 송악 출신으로, 양재학교 등의 교원을 지냈다. 누이 허응숙(애족장)도 1919년 만세운동에 참여하고 임시정부를 지원한 독립운동가다. 1921년 6월 동아일보사 안악지국의 기자로서 활동하다, 8월 의용단을 조직했던 사실이 발각되어 일제 경찰에게 붙잡혔다. 6개월의 옥고를 겪고 1922년 풀려난 후 친일파 숙청공작을 전개하다 다시 붙잡혔다. 출옥 후 중국 만주로 망명하여 1924년에 북간도에 동계중학을 설립, 교장으로 취임하여 청소년들에게 항일의식을 고취했다. 1925년부터 김좌진 등과 함께 신민부를 결성하고, 4월부터는 최창익과 함께 한글판 기관지《신민보》를 간행했다.

1926년 4월 김일성, 강경애 등이《신민보》에 투고한 사설이 '적색' 경향을 띠었다는 이유로, 1927년 3월 김병희 등 동지 9명과 함께 일제 경찰에 체포됐다. 1927년 10월 4일 평양법원에서 징역 3년을 받고 옥고를 겪었다. 1929년 2월 28일 가출옥 후, 옥고 후유증으로 1931년 4월 14일 순국했다.

4월 15일 제암리 학살 사건

1919년 오늘 제암리에서 일본군 중위가 민간인 23명을 집단 학살했다.

자료: 제암리 순국유적지(화성시)

제암리 학살 사건은 1919년 4월 15일, 경기도 화성 제암리에서 일어난 일본군의 민간인 집단 학살 사건이다. 1919년 3월 31일 발안 장날, 제암리 주민을 포함한 1,000여 명이 독립만세 시위에 참여했다. 시위대는 인근 일본인 소학교에 불을 질렀고 일본군 수비대는 주재소로 다가서는 군중들에게 칼을 휘둘러 이정근과 그의 동생 등 3명이 칼에 맞아 사망했다. 또한 시위대 다수가 수비대에 체포돼, 고문을 받고 풀려났다.

일본군은 시위에 대한 보복으로 4월 15일, 아리타 도시오 중위가 이끄는 군경이 제암리 교회에 주민 20~30여 명을 강제로 모이게 한 뒤, 출입문을 잠그고 총격과 방화로 학살했다. 교회당 안팎에서 23명이 사망했고, 민가 30여 호가 불탔다. 이 사건을 취재한 선교사 스코필드가 수촌리 사건과 제암리 사건을 외신에 알림으로써 세계에 알려졌다. 그러나 아리타 중위 등 책임자는 군법회의에서 무죄 판결을 받았다.

4월 16일 붓과 혼으로 싸운 오세창

1953년 오늘 민족대표 33인 오세창이 서거했다.

오세창(1864-1953.대통령장)은 서울 출신으로, 청년 시절부터 개화운동에 관여했으며, 1894년 농상공부 참서관 등 관직을 역임했다. 1902년 개화당 사건으로 일본에 망명했고, 이후 손병희의 권유로 천도교에 입교했다. 귀국 후《만세보》,《대한민보》사장을 맡으며 언론 활동을 펼쳤고, 3·1운동에서 민족대표 33인으로서 독립선언서에 서명했다. 3월 1일 태화관에서 독립선언식을 거행한 뒤 일본 경찰에 체포되어 징역 3년 형을 선고받아 서대문형무소에서 옥고를 치른 후, 1921년 11월, 2년 8개월 만에 가석방됐다.

광복 후 천도교의 정치세력화를 위해 신한민족당을 결성하고 부총재에 오르기도 했다. 1946년에는 반탁운동에 적극 참여했고, 김구, 이승만과 함께 비상국민회의와 대한독립촉성국민회에서 활동했다. 1946년 8월 15일 광복 1주년 기념식에서 민족 대표로서 일본에 빼앗겼던 대한제국 황제의 옥새를 되돌려 받았다. 오세창은 서화협회 창립 발기인으로 근대 미술계에도 공헌했다. 1953년 4월 16일 피난지 대구에서 서거했다.

4월 17일 임시정부의 초석, 성재 이시영

1953년 오늘 초대 부통령 이시영이 서거했다.

이시영(1869-1953.대한민국장)은 서울 출신으로, 과거에 급제하여 부승지 등 고위 관직을 역임했다. 한일병합 이후 6형제 일가족 60여 명과 함께 만주로 망명, 독립운동에 투신했다. 이시영은 신흥강습소, 경학사 등에서 활동하며 독립운동의 기반을 다졌고, 임시정부에서는 법무총장, 재무총장 등 주요 요직을 맡았다. 그의 형제는 가산 전체를 처분해 독립운동 자금으로 지원했고, 임정의 재정과 법률 체계 구축에 크게 공헌했다. 광복 후 1945년 11월 임시정부 요인 제1진으로 환국했다. 6형제 중 혼자만 광복된 조국 땅을 밟았다.

1948년 7월 20일 제헌국회에서 압도적 표를 얻어 부통령에 당선됐으나, 1951년 국민방위군 사건 등 사회 부패를 한탄하며 사임했다. 이시영은 1953년 4월 17일 84세를 일기로 서거했다.

• 1930.4.17. 6·10만세운동의 기획자 권오설(1897-1930.독립장) 서대문형무소에서 옥중 순국

4월 18일 송금 차량 탈취 사건

1929년 오늘 공명단원 3명이 일제의 송금 차량을 탈취했다.

자료: 최양옥(국가보훈부)

1929년 4월 18일, 대한독립공명단원 최양옥(1893-1983.독립장), 김정련(1895-1968.독립장), 이선구(1901-미상.애국장) 등이 경기도 마석 마치고개에서 춘천발 서울행 우편 송금 차량을 습격해 자금을 탈취한 사건으로, 일제 경찰에 큰 충격을 안겼다. 이 사건은 독립군 비행사 양성을 원했던 안창남(1901-1930.애국장)의 꿈을 지원하기 위한 자금 확보가 목적으로, 우편 차량에 실린 현금을 노렸다.

그러나 차량에 보관된 현금이 많지 않아 큰돈을 확보하지는 못했고, 이후 천마산으로 도피했다가 서울로 잠입한 뒤 체포됐다. 1929년 12월 경성법원에서 최양옥은 징역 10년, 김정련은 8년, 이선구는 5년을 선고받아 서대문형무소에서 옥고를 치렀다. 그중 이선구는 옥중에서 순국했다. 최양옥은 이미 대동단 사건으로 7년간 옥고를 치른 바 있어, 총 17년간의 수감 생활을 감내하며 항일투쟁을 이어갔다.

4월 19일 언론투쟁에서 무장투쟁까지, 양기탁

1938년 오늘 임시정부 국무령 양기탁이 순국했다.

자료: 양기탁 수형기록표(독립기념관)

양기탁(1871-1938.대통령장)은 평남 평양 출신으로, 1896년 독립협회에 가입해 계몽운동에 앞장섰고, 1898년에는 만민공동회 활동으로 체포되었다. 출옥 후 미국에 건너가 3년간 있으면서 견문을 넓힌 후 33세에 귀국했다. 1904년 영국인 베델과 함께 《대한매일신보》를 창간해 계몽운동을 이끌었다. 이 신문은 일제의 침략 실상을 고발하고 의병운동을 지원해 국권회복운동의 대변지 역할을 했다. 1907년 안창호와 신민회를 조직해 비밀결사 활동을 전개했고, 국채보상운동에도 주도적으로 참여했다. 1911년 일제가 날조한 '105인 사건'에 연루되어 징역형을 선고받고

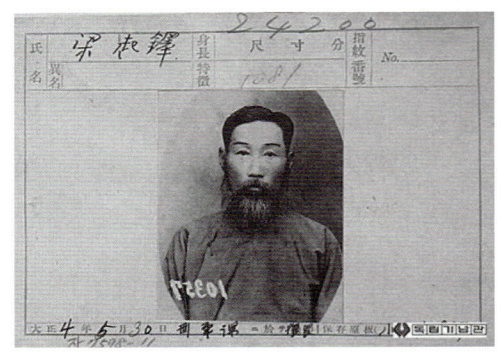

4년간 옥고를 치렀다. 1916년 만주로 탈출해 독립운동에 투신, 무장 독립단체의 조직과 통합에 앞장섰다. 1933년 진강에서 임시정부 국무령(주석)에 선임되어 2년간 임시정부를 이끌었으며, 이후 민족혁명당 창당 등 대일전선 통일에도 힘썼다. 1938년 4월 19일, 망명 생활과 과로로 병을 얻어 중국 강소성에서 67세를 일기로 순국했다.

4월 20일 상주 의병장 조운식

1910년 오늘 의병장 조운식이 형 집행으로 순국했다.

자료: 조운식 판결문(국가기록원)

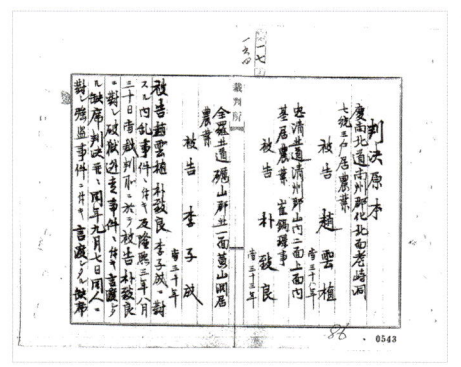

조운식(1873-1910.애국장)은 경북 상주 출신으로, 1909년 충북 청주 출신의 의병장 한봉수에게 연락하여 거병을 알렸다. 이에 한봉수와 박한성이 양총 4백 95정, 탄약 1천 발, 화승총 5정 등을 소지한 약 500명의 의병부대를 거느리고 합류했다. 창의대장으로 추대되어 이듬해까지 충북 보은, 청산, 상주 등지에서 의병 활동을 전개했다. 1909년 경북 상주군 화북면에서 친일 밀정 정화춘, 김경모를 처단하고, 충남 태전역을 습격하려 하였으나 인원이 부족하여 목적을 달성하지 못했다.

1909년 11월 러시아에서 의병 활동을 벌이고 있던 이범진으로부터 '국내의 모든 의병이 러시아로 모여, 3월을 기해 일시에 항거하자'는 제의를 받고 한봉서, 박황성, 이인만, 김용태 등 부장 4명 및 부하 350여 명을 무장시켜 이범진의 소재지에 파견하였다. 그러다 박치량, 이자성과 함께 충북 영동경찰서에 체포됐다. 1910년 2월 14일 공주재판소에서 내란죄로 교수형을 선고받고, 4월 20일 경성감옥에서 형 집행으로 순국했다.

4월 21일 신사참배 거부, 주기철 목사

1944년 오늘 주기철 목사가 옥중에서 순국했다.

자료: 경남 진해 소재 주기철 목사 기념관(현충시설정보서비스)

주기철(1897-1944.독립장)은 경남 진해 출신으로, 1916년 오산학교를 졸업하고 연희전문에 입학했으나, 시력 문제로 중퇴했다. 1922년 평양 장로회 신학교에서 신학을 공부했고, 1925년 졸업 후 부산 초량교회, 마산 문창교회, 평양 산정현교회 등에서 담임목사로 봉사했다. 주기철은 1919년 3·1운동에 '웅천 20인 지도부'의 일원으로 참여해 체포되었고, 이후 목회자로서 민족교육과 신앙의 자유를 지키기 위해 힘썼다.

1930년대 들어 일제의 신사참배 강요가 본격화되자, 주기철은 신사참배는 일본의 국조신을 섬기는 우상숭배라고 비판하면서 순교를 각오하고 저항할 것이라고 주장했다. 1938년부터 1944년까지 네 차례 구속되어 약 7년간 옥고와 고문을 겪었다. 특히 네 번째 투옥 중에는 평양노회에서 목사직 파면과 교회 폐쇄라는 엄청난 압박을 받았으나, 신앙적 신념을 굽히지 않았다. 주기철은 1944년 4월 21일, 평양형무소에서 병고와 고문으로 인해 육신이 극도로 쇠약해진 상태에서 순국했다.

4월 22일 주권의 증표, 임시정부 여권

1920년 오늘 김정극이 임시정부 외무부로부터 여권을 받았다.

자료: 김정극의 여권(독립기념관)

임시정부는 해외의 한국인과 독립운동가에게 여권을 발급하여, 주권과 정통성을 지켰다. 임시정부 외무부에서 여권을 발급했으며, 1920년 4월 22일 김정극이 미국 유학을 위해 받은 여권(제14호)이 실물로 남아 있다. 이 여권은 '대한민국 외무총장대리 차장 정인과' 명의로 발행되었으며, 영어, 프랑스어, 러시아어 번역문이 첨부되었다. 여권에는 김정극의 사진과 인적 사항 등이 기재되어 있어, 임시정부가 한국인의 신분을 공식적으로 증명하고 보호하려는 의지가 담겨 있다.

임시정부 여권은 독립운동가의 해외 활동, 유학, 외교 활동 등 다양한 목적에 활용되었다. 이는 임시정부가 주권 국가의 정부로서 국제사회에 존재감을 드러내고, 국민의 권리를 지키기 위한 노력이었음을 보여준다. 물론 일제도 필요에 따라 조선인에게 연간 60~70건의 여권을 발행했다.

• 1925.4.22. 일제에 대한 저항을 탄압하기 위해 치안유지법 제정(시행은 5월 12일)

4월 23일 군인에서 독립운동가로, 김혁

1939년 오늘 성동군관학교 교장 김혁이 순국했다.

자료: 김혁(독립기념관)

김혁(1875-1939.독립장)은 경기도 용인 출신으로, 대한제국 육군무관학교를 졸업하고 육군 정위로 복무했다. 1907년 군대해산 후 항일투쟁에 투신했으며, 1919년 3·1운동에 참여한 뒤 만주로 망명했다. 그는 김호 등과 함께 흥업단을 조직해 부단장으로 활동하며, 만주에서 독립군을 양성했다. 1920년 홍범도, 지청천 등과 함께 의용군을 조직했고, 북로군정서에서 무장투쟁을 이어갔다. 1922년 만주에서 통의부 군사부감으로 선출되었고, 1924년에는 대한독립군정서 참모로 활동했다.

1925년 김좌진과 함께 신민부를 조직해 중앙집행위원장에 선임되어, 북만주 지역 독립운동의 핵심 지도자로 자리매김했다. 김혁은 신민부 성동사관학교 교장으로서 독립군 양성에도 힘썼으나, 1927년 신민부 총회 도중 일제 경찰에 체포되어 9년간 옥고를 치렀다. 1936년 가출옥 후 1939년 4월 23일 순국했다.

• 1919.4.23. 한성 임시정부 수립

4월 24일 신사참배를 강요당한 초등학생 대표

1941년 오늘 국민학교 학생 대표들이 강제로 신사참배에 동원했다.

자료: 경성 조선신궁

1941년 4월 24일 조선 내 각 국민학교에서 선발된 학생 대표들이 신사에 동원되어 일왕 숭배와 일본 신도 의식에 참여하도록 강요받았다. 이는 일제가 조선인을 '황국신민'으로 동화시키기 위해, 일왕 숭배와 신도 의식을 교육에 도입한 대표적 사례다. 일제는 이미 1930년대부터 학교와 교회, 사회 각 계층에 신사참배를 강요했으며, 1935년 이후에는 기독교계 사립학교까지 신사참배를 거부할 경우, 폐교 조치를 하는 등 강압 수위를 높였다.

신사참배를 거부한 인사와 학교는 극심한 탄압을 받았다. 대표적으로 주기철 목사, 이기선 목사, 한상동 목사 등은 신사참배 거부를 이유로 반복적으로 체포·구금·고문을 당했으며, 기독교계 학교에서는 신사참배를 거부하다 여러 학교가 폐교당했다. 순천 매산학교, 전주 신흥학교, 기전여학교 등은 스스로 폐교하거나, 강제로 폐교되었다. 신사참배 거부로 인한 장기 투옥과 고문으로 인해 숨진 순교자만도 수십 명에 이르며, 이들은 신앙적 신념과 민족 자긍심을 지키기 위해 희생했다.

4월 25일 마지막 황제의 죽음

1926년 오늘 순종이 승하했다.

순종(1874-1926)은 대한제국의 마지막 황제로, 1907년 고종의 강제 퇴위 이후 즉위해
1910년 한일병합 조약에 이르기까지 짧은 기간 동안 재위했다. 그는 한일병합 조약에 직
접 서명하지는 않았으나 대한제국은 사실상 멸망했고, 순종은 '이왕(李王)'으로 격하되어
창덕궁에서 실권 없는 삶을 살았다. 그의 삶은 무력감과 망국의 한이 깃든 시기였다. 순종
은 1926년 4월 25일, 52세의 나이로 창덕궁에서 승하했다. 공식적인 사인은 명확히 전
해지지 않으나, 만성적인 건강 악화와 심리적 장애가 원인으로 지적된다.

장례는 고종의 국장에 비해 간소하게 치러졌다. 조선 왕조의 전통적 국장은 보통 5개월이
걸렸지만, 순종의 국장은 47일 만에 마쳤다. 이는 일제가 황실을 왕가로 격하시킨 결과였
다. 순종의 죽음은 조선인들에게 큰 충격을 주었고, 장례식이 열린 1926년 6월 10일을 전후해 '6·10만세운동'이 일어
나며 일제에 대한 저항의 불씨가 일어났다.

• 1943.4.25. 소설가 현진건(19002-1943.대통령장), 시인 이상화(1901-1943.애족장) 순국

4월 26일 자식의 독립운동이 삶의 전부, 곽낙원

1939년 오늘 임시정부의 대모 곽낙원이 순국했다.

자료: 1924년 며느리 묘지에서 김구, 곽낙원, 손자 김인, 김신(동아일보)

곽낙원(1859-1939.애국장)은 황해도 장연군 출신으로, 백범 김구의 어머니이자 일제강점기 임시정부를 물심양면으로 지원한 여성 독립운동가다. 1896년 아들 김구가 치하포 사건으로 투옥되자 2년간 옥바라지를 했고, 1911년 안명근 사건(105인 사건)으로 김구가 재수감되자 구명운동을 펼쳤다. 1922년 상해 임시정부로 건너가 김구의 경무국장 활동을 지원했고, 1924년 며느리 최준례가 병사하자 1925년 손자를 데리고 귀국해 생계를 이어갔다.

1932년 이봉창, 윤봉길 의사의 의거가 결행된 후, 일경의 감시가 훨씬 심해지자 1934년 두 손자와 함께 다시 중국으로 피신했다. 중앙군관학교 낙양분교에서 청년 독립군 20여 명을 돌보며 생사고락을 함께했다. 가난 속에서도 자신의 생일축하금으로 권총 2정을 구매해 전달하는 등 독립운동을 지원했다. 1939년 4월 26일, 중경에서 인후염과 폐병 합병증으로 81세를 일기로 순국했다.

4월 27일 기록되지 못한 의병들

1908년 오늘 진천에서 무명의 의병들이 일본 헌병들과 교전했다.

자료: 청주 한봉수 의병장 동상(현충시설정보서비스)

1908년 4월 27일, 충북 진천군 상계리(현 진천읍 일대)에서 15명의 의병이 일본 진천 헌병분견소 헌병들과 치열한 교전을 벌였다. 이들은 열악한 무기와 장비에도 불구하고, 매복 공격 등 유격전을 펼치며 일제에 타격을 입혔다. 당시 진천 지역 의병 활동은 일제의 집중적인 탄압과 보복에도 불구하고 꾸준히 이어졌다. 이 전투는 일제 강점 전후 진천 지역에서 전개된 항일 의병운동의 대표적 사례로, 독립을 위해 맞선 농민과 유생들의 무장 저항이었다. 진천 지역은 임진왜란과 병자호란 때도 의병장들이 활약한 지역이다.

을미사변(1895) 이후 의병운동이 전국적으로 확산하면서, 진천 역시 그 중심지 중 하나가 되었다. 특히 1905년 을사늑약 이후 진천과 인근 지역에서는 수백 명 규모의 의병 부대가 결성되어 군수품 징수, 일제 관리와 일본인 상점 공격, 일본군과의 교전 등 다양한 항일 활동을 전개했다.

4월 28일 총독 처단 거사, 송학선

1926년 오늘 송학선이 조선총독을 처단하려 했다

자료: 당시 사건보도, 1926.5.2.(동아일보)

송학선(1897-1927.독립장)은 서울 출신으로, 13세 때 가세가 기울어 보통학교를 중퇴했다. 어려운 생활로 여러 일을 하다가 1916년 일본인 농기구점에 취직했으나, 1922년 각기병에 걸리면서 해고됐다. 친구들과 진고개에 갔다가 고서점에서 우연히 안중근 사진을 보게 되었고, 그때부터 안중근을 흠모하며 그와 같은 사람이 되어야겠다는 뜻을 품었다. 1926년 4월 순종이 승하하자 창덕궁 금호문 앞에서 조선총독 사이토 마코토의 처단을 계획했다.

그는 양식칼로 무장하고, 4월 28일 조문하러 온 일본인 고관의 자동차를 사이토 일행으로 오인하고 습격해, 국수회 부회장 다카야마를 살해했고, 경성부협의회 사토에게 중상을 입혔다. 휘문고보 인근에서 일경과 대치하다 체포되었다. 1927년 1월 사형이 확정됐고, 5월 19일 서대문형무소에서 형이 집행되어 순국했다. 그의 의거는 실패했으나, 순종 장례와 맞물려 학생과 대중의 민족의식을 자극했고 6·10만세운동의 불씨가 되었다.

• 1921.4.28. 대한광복회 장두환(1894-1921.독립장) 옥중 순국

4월 29일 독립의 투탄, 윤봉길 의거

1932년 오늘 매헌 윤봉길이 일제의 수괴들을 처단했다.

1932년 4월 29일 중국 상해 홍구공원에서 일왕의 생일(천장절)이자, 상해 사변에서 일본군의 승리를 축하하는 기념식이 열렸다. 윤봉길은 김구가 이끄는 한인애국단에 가입한 뒤, 축하식에 참석한 주요 인물들에게 폭탄을 투척했다. 이 의거로 시라카와 일본군 사령관과 가와바타 거류민단장이 즉사했고, 노무라 해군 중장이 실명, 우에다 육군 중장 등이 중상을 입었다. 이 사건은 임시정부의 위상을 크게 높였으며, 침체 상태였던 임시정부가 다시 독립운동의 구심점이 되는 계기가 되었다.

의거 직후 윤봉길은 현장에서 체포되어 사형을 선고받았고, 1932년 12월 19일 일본 가나자와 형무소에서 총살형으로 순국했다. 그의 유해는 일제에 의해 비밀리에 매장됐으나, 광복 후 1946년 조국으로 돌아와 효창공원에 안장됐다. 장개석은 '중국군 30만 명이 해내지 못한 일을 한국 청년이 해냈다'며 극찬했다. 윤봉길 의거는 임시정부에 대한 국제적 지원이 확대되는 계기가 되었다.

4월 30일 노동자의 독립운동, 서원준

1935년 오늘 평양 총격 사건의 주역 서원준이 순국했다.

자료: 서원준 공판 보도, 1935.2.7.(동아일보)

서원준(1908-1935.독립장)은 평남 중화 출신으로, 어린 시절 부친과 함께 포목 행상을 했고, 1920년 평양으로 이주해 야학에서 공부했다. 이후 평양의 지물점과 양말 공장 등에서 일하며 노동운동에 관심을 가져, 1926년 평양노동청년회 책임위원으로 활약했다. 1927년 조선공산당 평양지부 청년회 사건으로 체포되어 8개월 형을 선고받고 평양형무소에서 옥고를 치렀다.

1930년 만주로 건너가 국민부에 가입해 무장 항일투쟁에 뛰어들었다. 1931년 조선혁명군 국내 특파원으로 잠입해, 평북 벽동 일대에서 군자금을 모금하며 압록강 유역에서 일본 경찰과 여러 차례 교전했다. 1933년 조선은행 평양 지점과 금융조합 기습을 준비하던 중, 일경과 총격전을 벌여 일본 순사부장을 사살했다. 이 사건은 '평양 총격 사건'으로 불리며 국내 언론에 대서특필되었다. 1933년 6월 16일, 사형을 선고받고, 1935년 4월 30일 평양형무소에서 형이 집행되어 27세의 나이로 순국했다.

5월

5월 1일 미래 세대의 선각자 방정환

1922년 오늘 소파 방정환이 어린이날을 제정했다.

자료: 방정환(국가보훈부)

방정환(1899-1931.애국장)은 서울 출신의 아동운동가로, 1922년 5월 1일 천도교소년회 창립 1주년을 맞아 우리나라 최초의 '어린이날'을 제정했다. 1923년에는 아동잡지《어린이》를 창간하고, 색동회를 조직해 어린이 문화운동과 민족교육을 이끌었다. 어린이날 첫 행사는 1923년 5월 1일 서울 천도교당에서 대대적으로 진행되었다.

선생은 어린이를 민족의 미래이자 독립의 희망으로 여기며 어린이 권리 신장과 교육환경 개선에 힘썼다. 일제의 탄압과 과로로 1931년 7월 23일, 신장염과 고혈압으로 32세의 젊은 나이에 순국했다. 순국 당시 그는 병상에서도 밝은 모습을 보였으며, "어린이를 두고 떠난다"라는 유언을 남겼다. 천도교 3대 교주 손병희의 사위이기도 하다.

• 1918.5.1. 평산 의병장 이진룡(1879-1918.독립장) 사형 순국

5월 2일 최고령 민족대표 이종훈

1930년 오늘 이종훈이 순국했다.

자료: 민족대표 이종훈(독립기념관)

이종훈(1856-1930.대통령장)은 경기도 광주 출신으로, 1894년 동학농민운동에 참여했으며, 1919년 3·1운동 당시 민족대표 33인 중 63세의 최고령으로 독립선언서에 서명하고 2년간 옥고를 치렀다. 출옥 후 만주로 망명해 1922년 천도교인 중심의 고려혁명위원회 고문으로 활동하며 항일운동을 이어갔다. 손병희 선생의 천도교 창건 시 중추적인 역할을 하였으며 이후 고려혁명당의 고문으로 활동했다. 1930년 5월 2일 74세로 순국했다.

선생의 맏아들 이관영(손병희의 맏사위이자 소파 방정환의 큰 동서)은 일본 유학 중 경술국치 소식에 의분하여 귀국, 이완용의 집에 불을 지르고 피신한 후 의병대장이 되어 일본군과 항전하다 용문산에서 25세 나이로 순국하였다. 선생의 손자 이태운 역시 보성전문 재학 시 3·1운동에 가담하였다.

• 1924.5.2. 일제가 민립(사립)대학 설립 움직임에 대응하여 경성제국대학(현 서울대학교) 설립

138

5월 3일 무장 독립투쟁의 요람 신흥무관학교

1919년 오늘 신흥무관학교를 설립했다.

자료: 무관학교 학생들의 영농모습(독립기념관)

신흥무관학교는 1911년 신민회가 만주 삼원포에 설립한 독립군 양성 학교 신흥강습소가 전신이다. 이동녕, 이회영, 장유순 등 독립운동가들이 주도해 설립했으며, 국내 청년들에게 항일정신을 고취하고 독립군 간부를 양성하는 데 목적을 두었다. 1919년 5월 3일 유하현 고산자로 이전하며 신흥무관학교로 명칭을 바꾸고 본격적인 무관 양성기관으로 자리매김했다. 졸업생이 3,500명 정도 되었다고 하며 신팔균, 이범석, 지청천 등이 이곳에서 교관을 맡았다. 의열단 김원봉도 신흥무관학교 출신이다.

학교는 일제의 탄압과 재정난으로 1920년 7월 폐교되었으나, 졸업생들은 봉오동, 청산리 전투 등 무장독립운동의 핵심 세력으로 활약했다. 신흥무관학교는 대한민국 국군의 뿌리이자 독립운동의 요람이다.

5월 4일 3·1운동에 이은 무장 항일투쟁

1919년 오늘 만주에서 대한독립청년단이 결성되었다.

1919년 5월 4일 설립한 대한독립청년단은 3·1운동에 참여한 청년들이 중국 만주에서 조직한 무장투쟁 단체다. 초기에는 안병찬(1879-1929.독립장)을 총재로 추대하고 함석은이 단장, 박영우 등이 간부로 활동했으며, 주로 평북 출신 청년들이 참여했다. 상해 임시정부를 지원하며 군자금을 모집했고, 《반도청년보》를 발행하여 임시정부의 정책을 홍보했다. 그러나 1919년 9월 경찰에 발각되어 간부들이 체포되면서 활동이 일시 중단됐고, 이후 안병찬 등이 만주에서 대한청년단연합회를 결성해 발전적으로 해체됐다.

대한청년단연합회는 1920년 민국독립단과 연합해 광복군사령부로 발전하였다. 대한독립청년단은 국내외 청년 독립운동을 결집하고 임시정부와 연계해 항일 무장투쟁의 기반을 마련한 조직이다.

자료: 안병찬 체포 기사, 1923.6.23.(매일신보)

5월 5일 독립과 광복일념 신익희

1956년 오늘 해공 신익희가 서거했다.

자료: 신익희(독립기념관)

신익희(1894-1956.대한민국장)는 경기도 광주 출신으로, 임시정부에서 내무총장, 외무총장, 법무총장 등 주요 직책을 역임했다. 1917년 일본 와세다대학 정경학부를 졸업하고 귀국해 보성전문학교 교수로 재직하다가, 3·1운동 직후 상해 임시정부로 망명하여 임시헌법 기초와 임시의정원 활동에 참여했다. 임시정부 내에서 군조직의 한중 합작을 추진했고, 광복 이후 1945년 12월 1일, 홍진, 조소앙 등과 함께 2차 환국 때 귀국했다. 모스크바 삼상회의에서 신탁통치안이 결의되자 임시정부 내무부장으로 김구 주석을 도와 반탁운동을 선도했다.

1946년에는 국민대학을 설립하고, 《자유신문》을 발행했다. 1956년 민주당 후보로 대통령에 출마하여 이승만 독재정권을 타도하고자 노력하다가 유세 중 5월 5일 호남선 열차 안에서 뇌출혈로 서거했다.

• 1905.5.5. 이용익 보성전문학교(현 고려대학교) 설립

141

5월 6일 임시정부, 고난의 대장정

1932년 5월 임시정부가 상해를 떠나 대장정을 시작한다.

대한민국 임시정부는 1919년 4월 11일 중국 상해에서 수립되었으며, 26년간 중국 각지를 옮겨 다니며 독립운동을 전개했다. 1932년 윤봉길 의거 이후 일제의 강력한 탄압과 상해 침략으로 더 이상 상해에 머물 수 없게 됐다.

1932년 5월 상해를 떠나 항주, 진강(1935), 장사(1937), 광주(1938), 유주(1938), 기강(1939) 등으로 이동하여 1940년 9월 중경에 정착하기까지 8년이 넘도록 고난의 대장정을 거쳤다.

100여 명의 인원을 이끌고 공습을 피해 이동하면서 임시정부는 전시체제를 준비했다. 그 결과 중경에서 한국광복군 결성과 건국강령을 선포하고 좌우합작 정부를 이끌어냈다.

• 1931.5.6. 임시정부 의정원 초대의원 오의선(1889~1931.독립장) 옥중에서 순국

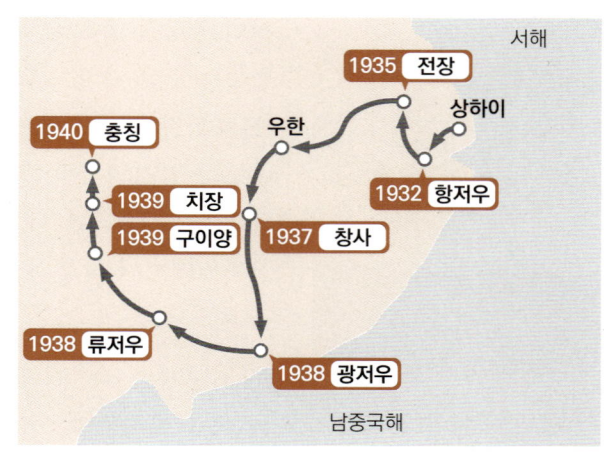

5월 7일 일제의 책동, 남목청 사건

1938년 오늘 일제가 독립운동가 핵심부 암살을 사주했다.

중국 장사 남목청에서 발생한 비극적인 사건이다. 한국국민당의 김구가 지청천의 조선혁명당, 조소앙의 한국독립당과 조선혁명당 당사 남목청에서 통합을 논의하던 중 일어난 암살 사건이다. 1938년 5월 7일 조선혁명당원 이운환이 일제의 사주를 받고, 김구, 현익철, 유동열, 지청천 등 독립운동가들에게 권총을 난사해 현익철이 현장에서 사망하고 김구 등은 중상을 입었다. 김구는 가슴에 총탄을 맞아 병원으로 옮겨져 긴급 수술을 받았다. 당시 의사들은 소생 가능성이 없다고 판단했으나 기적적으로 회복했다.

이 사건은 일제가 밀정을 이용해 독립운동 내부의 분열을 조장하고, 김구를 제거하려 한 대표적 암살 공작이다. 독립운동 진영은 큰 충격을 받았으며, 임시정부 세력 간 갈등과 분열이 심화되는 계기가 되었다.

5월 8일 민족주의 세력의 한국독립당 통합

1940년 오늘 민족주의 우익 3당이
한국독립당으로 통합했다.

자료: 한국독립당 창당 직후 중앙집행위원회 기념사진(독립기념관)

민족주의 세력인 김구의 한국국민당, 조소앙의 재건 한국독립당, 지청천의 조선혁명당 등 3당이 드디어 통합하여 새로운 한국독립당을 창당했다. 이 통합은 1939년부터 추진된 민족진영 3당 통합 운동의 결실로, 1940년 5월 8일 3당 해체 선언과 함께 공식적으로 신당 창당을 알렸다. 한국독립당은 임시정부의 집권당 역할을 맡아 독립운동 전반을 주도했으며, 김구가 중앙집행위원장으로서 '김구 체제'를 이끌었다.

통합 이후 1940년 9월 17일 광복군이 정식 발족했다. 신설 광복군은 총사령부와 3개 지대로 편성됐다. 이후 1942년 김성숙과 김원봉의 좌익 계열도 임시정부에 합류하면서 좌우 통합도 완성되었다.

5월 9일 인재가 전부다, 남강 이승훈

1930년 오늘 남강 이승훈이 순국했다.

자료: 이승훈(독립기념관)

이승훈(1864-1930.대한민국장)은 평북 정주 출신으로 빈곤한 환경에서 성장해 상인과 공장 경영자로 성공한 후, 민족교육과 독립운동에 헌신했다. 1907년 오산학교를 설립해 인재 양성에 힘썼고, 안창호와 함께 신민회를 조직하여 독립운동을 전개했다. 1911년 105인 사건으로 체포되어 징역 6년 형을 선고받아 옥고를 치렀으며, 3·1운동 당시 기독교 대표로 참여해 독립선언서에 서명했다. 1922년 출옥 후 민립대학설립운동과 《동아일보》 사장을 역임하는 등 언론 활동에도 앞장섰다.

1930년 5월 9일 협심증으로 오산학교에서 순국했으며, 유언으로 자신의 유골을 학생들의 학습에 활용하도록 했으나 일제의 방해로 실행되지 못했다. 조만식 선생은 "그는 조선에 태어나고 조선을 위하여 울고 웃고, 조선을 위하여 죽었다"라고 남강을 평했다.

5월 10일 마지막 선비, 심산 김창숙

1962년 오늘 심산 김창숙이 서거했다.

자료: 김창숙(독립기념관)

김창숙(1879-1962.대한민국장)은 경북 성주 출신으로, 1905년 을사늑약 체결 시 이완용 등 을사오적의 처형을 요구하는 상소를 올렸다. 1919년 3·1운동 이후 전국 유림을 규합하여 '파리장서'를 작성해 파리강화회의에 제출함으로써 조선의 독립을 세계에 호소했다. 이는 제1차 유림단 사건으로 이어졌다.

이후 만주에서 독립운동기지를 건설하고, 임시정부 의정원 부의장으로 활동하며 나석주 의거 지원 등 의열투쟁에 앞장섰다. 1927년 상해에서 체포돼, 대전형무소에서 14년간 복역하며 두 다리가 마비되는 고초를 겪었다.

광복 후 성균관대학교를 설립하고 초대 총장을 역임했으며, 이승만 대통령의 부정과 독재에 항거하다가 1957년 유도회, 성균관, 대학 총장 등 일체의 공직에서 추방당했다. 집 한 칸도 없이 여관을 전전하다가 1962년 5월 10일 서울 중앙의료원에서 서거했다.

• 1938.5.10. 일제는 인적, 물적자원 수탈을 위해 「국가총동원법」 조선 적용 공포

5월 11일 청산리전투의 주역, 이범석

1972년 오늘 철기 이범석 장군이 서거했다.

자료: 이범석(독립기념관)

철기 이범석(1900-1972.대통령장)은 서울 출신으로, 1915년 여운형과 함께 중국으로 망명해 신흥무관학교 교관, 북로군정서 연성대장, 고려혁명군 기병대장 등으로 활동하며 무장 독립 운동을 이끌었다. 1920년 청산리 전투에서 제2제대 지휘관으로 활약했고, 이후 1940년 9월 17일 한국광복군 총사령부 출범과 함께 참모장으로 임명됐다. 광복 후에는 조선민족청년단 을 결성하여 청년운동을 전개하였고, 대한민국 정부 수립 후 초대 국무총리 겸 국방부장관 으로 국군 창설에 기여했다. 1972년 5월 11일 심근경색으로 서거했다.

"조국! 너무나 흔하게 쓰이는 말이고, 또 생각 없이 불리며 일컬어지는 단어다. 그러나 조국 이라는 이 두 글자처럼 온 인류, 각 민족에게 제각기 강력한 작용과 위대한 영향을 끼친 것은 다시 없으리라 본다. 아니 그렇게 믿는다."

— 이범석 장군의 회고록《우둥불》중에서 —

- 1920.5.11. 서한종(1867-1920.애국장) 1919년 함안 만세운동으로 체포된 후 수감 중 옥사
- 1921.5.11. 박재혁(1895-1921.독립장) 1920년 부산경찰서 폭파사건으로 사형선고 후 옥사 ➡ 9/14

5월 12일 한국노병회 주역, 김인전

1923년 오늘 김인전이 순국했다.

자료: 김인전(독립기념관)

김인전(1876-1923.독립장)은 충남 서천 출신으로, 한학에 능통한 목사다. 그는 전주 서문밖교회 목사로 재직하며 기전여자학교, 신흥학교 등에서 민족의식을 고취하고, 1919년 3·1운동 시 전주 만세운동을 주도적으로 이끌었다. 이후 상해로 망명, 제4대 의정원 의장 등을 역임하며 독립운동의 재정과 입법, 군사 양성 사업을 총괄했다. 그는 1922년 김구, 손정도 등과 함께 군인과 노동자를 통합한 '한국노병회'를 조직하여 무장 독립운동을 추진하였고, 1923년 5월 12일 과로와 건강 악화로 상해에서 48세의 나이로 순국했다.

"자신의 이해에 따라 처신하지 말고 나라를 회복하는 데 무엇을 할 것인가를 깨달아야 한다. 우리는 이제 눈을 떠야 한다. 최후의 승리를 위해 항일정신으로 무장하자."   - 상해 한인교회에서 행한 김인전의 강론 -

• 1935.5.12. 신간회 김영활(1909-1935.애국장) 옥고 후유증으로 순국

5월 13일 흥사단 도산 안창호

1913년 오늘 안창호가 샌프란시스코에서 민족운동단체 흥사단을 조직했다. 자료: 안창호(국사편찬위원회)

안창호(1878-1938.대한민국장)는 평남 강서 출신으로, 일제강점기 신민회 결성, 대성학교 설립, 흥사단 창립 등 민족의 자각과 계몽운동에 힘썼다. 1913년 5월 13일 조직된 흥사단은 공립협회와 신민회에 뿌리를 두고 있으며, 흥사단원들은 105인 사건, 3·1운동, 동우회 사건 등에 연루되어 옥고를 치렀다. 1909년에 창간한 《신한민보》도 국민계몽에 일익을 담당했다. 안창호는 임시정부 국무총리 대리로 활동하며 자금모금, 군사조직 통합 등 독립운동을 주도했다. 1932년 윤봉길 의거에 연루되어 2년 6개월간 옥고를 치렀고, 1937년 동우회 사건으로 다시 수감됐다. 심한 고문으로 병보석 후 1938년 3월 10일 순국했다.

사진은 45세, 55세, 60세 때의 모습이다. 결코 같은 사람의 얼굴로 보이지 않는다. 네 차례에 걸친 수감생활의 모진 고통을 사진 속 표정이 보여주고 있다.

• 1945.5.13. 한성수(1920-1945.독립장)가 학병 강제징집 후 탈출, 광복군으로 상해에서 활동 중 일제에 체포되어 사형을 선고받고 참수

5월 14일 일본군 육군대장 척살, 청년 조명하

1928년 오늘 조명하가 대만에서 일왕 히로히토의 장인 목에 비수를 꽂았다. 자료: 조명하(독립기념관)

조명하(1905-1928.독립장)는 황해도 송화 출신으로, 1928년 5월 14일, 대만 타이중에서 독을 바른 단검으로 일본 육군대장 구니노미야를 습격한 후 현장에서 체포됐다. 7월 18일 타이완 법원에서 '황족위해죄와 불경사건'으로 사형을 선고받고, 같은 해 10월 10일 타이페이형무소에서 총살형을 당했다. 사형이 집행되기 전에 조명하는 "나는 그저 내 조국의 독립을 보지 못하고 죽는 것이 한스러울 뿐이다. 차라리 내 남은 독립운동을 저세상에 가서라도 계속하리라"라는 유언을 남겼다. 순국한 지 3개월 뒤인 1929년 1월 27일 일본 육군 대장 구니노미야는 단검의 독약이 온몸에 퍼져 사망했다.

무력 독립운동은 대체로 조직적이고 배후가 있었으나, 조명하 의거는 단독거사로 밝혀졌다. 그의 의거는 이후 1932년의 이봉창, 윤봉길 의사의 의거에 영향을 주었다. 1978년 5월 타이페이시 한교학교(韓僑學校)에 조의사의 동상이 세워졌다.

• 1974.5.14. 임정 국무위원으로 독립운동가 망명의 길잡이 역할을 했고, 좌우합작의 주역인 장건상(1882-1974.대통령장) 서거

5월 15일 김원봉의 조선의용대, 광복군 편입

1942년 오늘 조선의용대가 중경 임시정부 광복군으로 편입되었다.

자료: 조선의용대 성립기념(독립기념관)

1938년 10월 김원봉이 창설한 조선의용대는 중국에서 무장투쟁을 전개하며 독립운동의 중요한 세력으로 성장했다. 하지만 1941년 조선의용대 주력이 공산계열의 중국 팔로군 지역인 화북으로 이동하면서, 남은 세력은 임시정부와 협력의 필요성이 커졌다. 이 과정에서 중국 국민정부와 임시정부 모두 조선의용대의 광복군 편입을 요구하였다.

임시정부는 부사령직을 신설해 김원봉을 부사령관으로 선임하고(총사령관 지청천), 이어 1942년 5월 15일 중국 군사위원회가 공식적으로 '조선의용대를 광복군 제1지대로 개편하고 김원봉을 부사령관에 임명한다'는 명령을 내렸다. 당시 광복군은 중국으로부터의 지원을 받기 위해 중국군사위원회의 통제를 받는 상황이었다.

조선의용대의 편입을 통해 좌우 계열의 무장 세력이 모두 광복군으로 통합되었고, 광복군의 전투력과 조직이 크게 강화되었다.

5월 16일 밀정 처단, 특무대 오면직

1938년 오늘 오면직이 사형집행으로 순국했다.

오면직(1894-1938.독립장)은 황해도 안악 출신으로, 3·1운동 참여, 1920년 진남포경찰서 투탄 등 무장투쟁을 계속했고, 《조선일보》와 《동아일보》의 안악지구 기자로도 활동했다. 1921년 상해로 망명하여, 1930년대에는 한국독립군 특무대(특무대장 김구) 소속으로 밀정 연충렬, 이규서, 이종홍을 처단했다. 이후 군자금 모집, 일본영사관 습격 등 의열투쟁을 계속했다.

1936년에는 맹혈단을 조직해, 상해 일본영사관의 아리요시 아키라 공사를 살해하기 위해 일본영사관 폭파를 시도하다 체포되었다. 체포된 뒤 국내로 압송당해 1937년 4월 해주법원에서 사형을 선고받았고, 1938년 5월 16일 평양형무소에서 사형이 집행되어 순국했다.

• 1931.5.16. 좌우합작 독립운동단체인 신간회(1927년 설립)가 주요 인사 44명 체포로 자체 해산

5월 17일 온 가족이 독립운동가, 김순애

1976년 오늘 김순애가 서거했다.

자료: 김규식과 김순애(독립기념관)

김순애(1889-1976.독립장)는 황해도 장연 출신으로, 1912년 중국으로 망명했다. 1919년 김규식과 남경에서 조촐히 결혼식을 치른 후, 상해에서 대한애국부인회 회장으로 활동하며 임시정부의 태극기 보급, 간호원 양성 등 독립운동을 지원했다. 또한 상해 한인여자청년동맹, 의용단 창립 등 여성 독립운동을 선도했다. 광복 후 남편 김규식의 활동을 도왔으나, 김규식은 1950년 한국전쟁 중 피랍되었다. 1946년부터 1962년까지 모교인 정신여중·고에서 여성 교육에 공헌하다가 1976년 5월 17일 서거했다.

남편 김규식 외에 대한애국부인회를 이끌었던 조카 김마리아, 구국계몽단체 서우학회의 둘째 오빠 김윤오, 한국 최초의 의사가 되어 만주와 내몽고에서 독립운동자금을 제공했던 셋째 오빠 김필순 모두 애국지사다. 한국 YWCA의 창설자인 여동생 김필례와 언니 김구례의 남편 서병호 또한 신한청년당과 임시정부에서 선생과 함께 활동한 독립운동가다.

• 1948.5.17. 천도교 민족대표 33인 임예환(1864-1948.대통령장) 서거

5월 18일 만주의 맹장, 이진무

1934년 오늘 이진무, 홍학순이 사형집행으로 순국했다.

자료: 당시 공판 기사

이진무(1900-1934.독립장)는 평북 정주 출신으로, 1919년 3·1운동 직후 만주로 망명해 광복군총영, 정의부, 국민부 등에서 항일무장투쟁을 전개했다. 그는 국내에 잠입해 군자금 모집과 밀정 처단, 경찰서 습격 등 활발한 국내진공작전을 펼쳤으며, '일목장군(애꾸눈 장수)'으로 불렸다. 1931년 2월에는 홍학순, 안국형, 박인홍, 황세일, 최영걸, 전광도, 조국원 등과 함께 재만조선인혁명군을 조직하였다. 이후 일제 경찰과 교전하며 일경과 밀정들을 처단했다. 또한 평북에서 금광과 부호를 습격하여 군자금을 모집했다. 1932년 1월 10일 밀정 김삼산의 밀고로 단원들과 함께 체포되었다.

1933년 6월 신의주법원에서 동지 홍학순과 함께 사형을 선고받고 단원들은 무기와 유기형을 받았다. 판결 후 "구태여 우리가 한 일을 변명할 필요도 없고, 또 그만한 것은 각오한 것이니 항소할 필요가 없다"라고 하였다. 이듬해인 1934년 5월 18일 홍학순(1904-1934.독립장)과 함께 평양형무소에서 형 집행으로 순국했다.

5월 19일 압록강에서 사이토 총독 저격

1924년 오늘 독립군 장창헌, 김창균, 이춘화가 총독 사이토를 저격했다.

자료: 당시 신문 보도

독립군 참의장 채찬(미상-1924.독립장)은 조선총독 사이토 마코토가 1924년 6월 제국회의(일본 국회) 개최를 앞두고 식민지 통치체제의 안정을 대내외에 과시하기 위해 압록강을 따라 국경을 순시한다는 정보를 입수했다. 그는 장창헌(1884-1924.애국장)에게 총독사살 명령을 내렸고, 장창헌, 김창균(1899-미상.애국장), 이춘화(1896-1924.애국장) 등이 5월 19일 매복해 순시선을 향해 일제히 사격했다. 호위선 경비병들과 치열한 교전이 벌어졌고, 그 와중에 사이토 일행을 태운 선박이 도주하면서 총독 암살은 실패했다.

거사는 실패했으나 일본 국회에서도 조선 통치 성과보고를 하지 못하는 등, 큰 충격을 주었다. 이 사건은 《독립신문》 등 언론에 대서특필되어 항일의식을 고취했다. 채찬은 충북 충주 출신으로, 신흥무관학교를 수료하고 일제의 앞잡이 기관인 일민단, 보민회, 강립단 등을 습격하며 독립운동의 장애물을 제거했다.

• 1927.5.19. 사이토 총독 처단 미수사건(금호문 사건)으로 송학선(1897-1927.독립장) 사형 순국

5월 20일 을사의병 최대항전, 홍주성 전투

1906년 오늘 의병장 민종식이 거병하여 홍주성을 점령했다.

자료: 충남 홍성 홍주의병기념탑(홍성군)

1906년 홍주성 의병전투는 1905년 을사늑약 이후 일제에 저항한 대규모 항일 무장투쟁이다. 전 이조참판 민종식(1861-1917.독립장)을 총수로 추대한 의병 600여 명이 예산에서 봉기해, 일본군과 치열한 전투 끝에 홍주성을 점령했다. 일제는 서울의 부대를 투입하여 공격했고, 의병 부대는 시가전을 벌이는 등 끝까지 항전했으나 사상자 속출로 결국 퇴각했다. 이 전투에서 의병 300명 이상이 전사하고, 145명이 체포되어 처벌을 받았다. 홍주성 전투는 의병 운동사에서 가장 큰 희생을 낸 전투 중 하나로, 전국적인 의병항쟁 확산의 계기가 되었다.

전투 후 의병들은 정산, 부여, 당진 등지로 흩어져 항쟁을 계속했으며, 대표적 의병장으로 홍순대(1888-1962.애족장), 안병찬(1854-1929.애국장), 박창로(1846-1918.애국장) 등이 있다. 김좌진, 김종진, 한용운이 홍성 출신이고, 윤봉길(예산), 신채호(청주), 유관순(천안), 이상설(진천) 등 충청은 충절과 기개의 고장이다.

5월 21일 광주학생운동에 이은 무등회

1943년 오늘 광주서중에서
무등회의 주도로 동맹휴학에 돌입했다.

자료: 광주제일고 내 학생운동기념탑(현충시설정보서비스)

1943년 5월 21일, 광주서중학교의 항일 학생단체인 무등회가 중심이 되어 동맹휴학을 벌였다. 1938년 조직된 비밀결사 '서중독서회'가 모태인 무등회는 1942년 조직되었다. 친일행위를 한 학생을 구타한 사건이 일제에 밀고되어 주요 학생들이 구속된 것을 계기로 학병지원, 창씨개명, 일본어사용, 징병제도 반대 등을 내걸고 5월 21일부터 동맹휴학에 돌입했다. 이 투쟁은 6월까지 이어졌으며, 약 350명의 학생이 검거되고 80여 명이 검찰에 송치되었다.

1944년 9월 광주법원은 남정준, 기영도, 신균우, 기원흥, 배종국, 박화진, 조병대, 박하주, 이민수, 오복열 등에게 징역을 선고했다. 기환도, 강한수, 윤봉현 등은 잔혹한 고문으로 인해 옥중에서 순국했다. 무등회사건은 '제2 광주학생운동'으로 불리며, 광주 학생들의 조직적 항일투쟁의 대표적 사례다.

• 1945.5.21. 일제는 '전시교육령'을 공포하여 학생을 정규교육보다는 군사훈련과 강제근로에 동원

5월 22일 농민 수탈과 지방금융조합령

1914년 오늘 총독부는 '지방금융조합령'을 공포했다.

자료: 전북 김제 금융조합(국가유산포털)

1914년 5월 22일 일제가 공포한 지방금융조합령의 의도는 금융기관을 설립함으로써, 식민지 경제를 안정적으로 지배하려는 데 있었다. 금융조합은 일본인 관리가 조합 운영을 장악하고 자금 지원은 주로 중농 이상의 부유층에게 집중되었으며, 빈농에게는 고리대금 형태로 착취가 이루어졌다.

결과적으로 금융조합은 일본 자본과 식민지 관료들의 이익을 대변하는 조직으로 활용됐다. 1918년 개정되어 금융조합연합회가 도 단위로 설립되어 조직망이 전국적으로 확장됐으며, 1945년까지 900여 개의 단위조합과 3만여 개의 하부 조직을 통해 식민지 금융 지배를 공고히 했다. 즉, 지방금융조합령은 농민의 경제적 자립을 돕는다는 명분과 달리, 일제가 조선 농촌을 수탈하고 통제하는 핵심 수단으로 활용한 정책이었다.

• 1930.5.22. 친일 외교고문 스티븐슨을 사살한 장인환(1876-1930.대통령장) 순국

5월 23일 황제가 임명한 순무대장

1916년 오늘 의병장 임병찬이 거문도 유배지에서 65세의 나이로 순국했다. 자료: 임병찬(독립기념관)

임병찬(1851-1916.독립장)은 전북 옥구 출신으로, 1905년 을사늑약 체결 직후 스승 최익현과 함께 태인 무성서원에서 의병을 일으켜 항일투쟁을 시작했다. 태인과 정읍, 순창 등지에서 일본군과 싸우다 최익현과 함께 붙잡혀 쓰시마섬에 유배됐다가 1907년에 풀려났다.

1912년 고종의 밀명을 받아 대한독립의군부를 조직하고 전라도 순무대장으로 활동하며 전국적인 의병항쟁을 준비했다.

대한독립의군부의 총사령으로서 일제의 내각총리대신과 총독에게 국권반환요구서를 보내 한일병합의 부당성을 천명했다.

1914년 독립의군부의 전국적인 거병 계획이 일제에 발각되어 지도부가 체포되어 거문도로 유배되었다. 유배 중 단식투쟁을 벌였고 건강 악화로 1916년 5월 23일 거문도에서 순국했다. 임병찬은 왕정복고를 주장한 대표적 독립운동가다.

5월 24일 광복 하루 전 순국, 유상근

1932년 오늘 유상근이 체포되어 13년간 옥고를 치르고 8월 14일 순국했다. 자료: 유상근(독립기념관)

유상근(1911-1945.독립장)은 강원도 통천 출신으로, 1932년 김구의 지시로 한인애국단에 가입했다. 그는 중국 대련에서 최흥식과 함께 1932년 5월 26일에 도착하는 국제연맹 릿튼 조사단 방문을 계기로 일본 관동군사령관 혼조 시게루 등을 폭살하려 했으나, 거사 이틀 전 최흥식이 김구에게 발송한 전보가 일본 총영사관에 발각되는 바람에 5월 24일 체포됐다. 일제는 한인애국단이 만주사변을 조사하기 위해 방문하는 국제연맹 조사단 일행을 폭사시키려다 체포됐다고 발표했다.

이에 김구는 1932년 8월 10일 한인애국단선언을 발표해 일본 관동군사령관 등 군 수뇌부를 처단하려는 것이었고, 결코 국제연맹 조사단을 해하려는 것이 아니었음과 독립을 쟁취하는 날까지 계속 투쟁할 것임을 밝혔다. 1932년은 1월에 이봉창 의거, 4월에 윤봉길 의거가 성공한 해다.

유상근은 무기징역을 선고받고 여순형무소로 이송된 뒤, 1945년 8월 14일 광복을 하루 남기고 옥중 순국했다.

5월 25일 태형으로 순국한 김명하

1919년 오늘 강계 만세운동의 주역 김명하가 순국했다.

자료: 김명하 사망 보도, 1919.8.28.(신한민보)

김명하(1900-1919.애국장)는 평북 강계 출신으로, 1919년 4월 8일 강계면에서 일어난 만세시위를 주도했다. 그는 영실중학교 학생으로 형 김경하(1895-1997.애족장)와 동창생인 김성길, 문태선, 강석문, 김형준 등과 함께 2천여 매의 태극기와 독립선언서를 준비했다. 수천 명이 모인 시위 당일 일본군의 무차별 총격과 진압으로 4명이 현장에서 즉사하고 수십 명이 체포됐다. 김명하도 현장에서 체포되어 신의주법원에서 태형 90대를 선고받았다. 5월 16일부터 3일에 걸쳐 90대를 맞고 석방되었으나, 그 후유증으로 석방 일주일 만인 5월 25일 순국했다.

당시 총독부는 조선과 대한제국에서 태형을 폐지하지 못한 것을 악용해「조선태형령」이라는 제령을 만들었고, 태형을 조선인에게만 재판 없이도 적용했다. 태형은 30대 정도만 맞아도 불구가 되거나 사망하는 수준의 혹독한 형벌이다.

5월 26일 유일하게 옥사한 민족대표

1919년 오늘 민족대표 33인 양한묵이 옥중에서 순국했다.

자료: 화순 남산공원 양한묵 기념비

양한묵(1862-1919.대통령장)은 전남 해남 출신으로, 3·1운동 당시 민족대표 33인 중 한 사람이다. 1904년 일본에서 동학에 입교한 선생은 손병희를 도와 동학을 천도교로 변경하고, 천도교의 근대화에 기여했다. 선생은 천도교의 교리서 편찬에 많은 공을 세웠으며 1906년 《천도교문》,《천도교전》, 1907년 《대종정의》,《성훈연의》,《체리종약》, 1912년에는 《무체법경》을 발행했다. 선생은 이 저서들을 통해 사람과 한울과의 관계를 밝히고, 동학의 교리를 현대문명에 어울리게 근대화하였다.

1919년 3월 1일 독립선언식에 참여 후 체포되어 서대문감옥에 수감되었다. 57세의 나이로 일경의 고문을 감당하기에는 무리였다. 그는 고문 후유증으로 1919년 5월 26일 옥중에서 순국했다.

5월 27일 여성의 독립을 꿈꾼 박차정

1944년 오늘 여성 독립운동가 박차정이 순국했다.

자료: 부산 금정구의 박차정 의사상(현충시설정보서비스)

박차정(1910-1944.독립장)은 부산 동래 출신으로, 일신여학교 재학 중 항일 학생운동과 동맹휴학을 주도하며 민족의식을 키웠다. 독립운동가 집안으로 박문희(1901-미상.애국장)와 박문호(1907-1934.애국장)가 그의 친오빠들이다. 일신여학교 졸업 후 근우회 상무위원으로 여성운동을 활발히 전개했다. 1930년 근우회 사건으로 체포되어 옥고를 치렀고, 이후 중국으로 망명해 의열단에 합류했다. 1931년 의열단장 약산 김원봉과 결혼 후 조선혁명군사정치간부학교 여자부 교관, 조선의용대 부녀복무단장으로 무장투쟁에 앞장섰다. 1939년 강서성 곤륜산 전투에서 총상을 입고 1944년 5월 27일 중경에서 후유증으로 순국했다.

그가 졸업한 일신여학교의 호주 출신 교사 마가렛 데이비스, 이사벨라 멘지스, 데이지 호킹은 3·1만세운동에 학생들의 참여를 지원한 외국인 독립유공자다.

• 1927.5.27. 좌우로 양분되어 있던 여성 운동계를 통합한 근우회 창립총회 개최

5월 28일 봉오동전투의 서막

1920년 오늘 독립군이
봉오동전투와 청산리전투의 서막을 열었다.

자료: 홍범도와 최진동. 1922.1. 극동민족대회(독립기념관)

1920년 5월 28일 독립군이 봉오동에 병력을 집결시켜 국내 진입작전을 계획했다. 이 무렵 독립군의 병력은 최진동의 군무도독부와 홍범도의 대한독립군, 안무의 국민회군이 합쳐 총 1천 2백여 명이었으며, 무기는 기관총 2문, 장총 약 900정, 권총 약 200정, 폭탄(수류탄) 약 100개, 탄환은 1정당 150발을 보유하고 있었다.

5월 28일 독립군이 회령과 강양동에 있던 일제의 경비초소를 습격한 후 기지로 돌아왔다. 습격당한 일군은 곧 남양 수비대장에게 삼둔자를 공격해 토벌하라고 했다. 이 소식을 들은 사령관 최진동은 1개 소대를 삼둔자 서남방에 미리 잠복시켜 일군을 기습 격멸했다. 참패 소식을 접한 일군 19사단은 삼둔자에서의 패배를 설욕하고 독립군을 토벌할 목적으로 보병대대 및 기관총 부대 1개 대대로 월강추격대대를 편성해서, 두만강을 건너 중국령까지 진입하여 독립군을 공격했다. 봉오동전투(1920년 6월)와 청산리전투(1920년 10월)의 서막이 열린 것이다.

5월 29일 **의열단의 맹장, 이종암**

1930년 오늘 의열단원 이종암이 순국했다.

자료: 이종암 공판 소식, 1926.12.19.(동아일보)

이종암(1896-1930.독립장)은 경북 대구 출신으로, 대구은행에 근무하던 시절, 대한광복회의 1916년 9월 '대구 권총사건'과 1917년 11월 친일 부호 장승원 처단사건을 목격하고 독립운동에 가담하기로 결심했다. 고객 예입금 전액 10,911원(현재 5억 원 가치)을 갖고 1918년 만주로 망명해, 신흥무관학교에 입학했고 1919년 의열단 창립 단원으로 활동했다.

그는 갖고 온 자금으로 상해에서 폭탄과 권총 등을 구입하여 국내 의열투쟁을 준비했으며, 김원봉, 최수봉, 김익상, 오성륜 등과 함께 밀양경찰서 투탄거사(1920)와 다나카 기이치 일본 육군대장 암살 시도(1922)에 참여했다. 1925년 도쿄에서 폭탄거사를 계획했으나, 1925년 11월 5일 체포되어 징역 13년 형을 선고받았다. 대전형무소에서 병세가 악화돼 1930년 5월 19일 가출옥했으나, 고문 후유증까지 더해지면서 5월 29일 35세의 나이로 대구에서 순국했다.

5월 30일 임정 특무공작의 주역 안공근

1939년 오늘 한인애국단의 안공근이 순국했다.

안공근(1889-1939.독립장)은 황해도 신천 출신으로, 안중근의 동생이다. 1909년 10월 26일 안중근 의거 직후 중국 대련에서 안중근 의사를 면회하고, 사형이 집행된 후 장례를 치르고 고향으로 돌아왔다. 이후 일제의 가혹한 탄압이 가해지자, 망명을 선택하게 된다. 1920년 1월에 임시정부의 러시아 외교특사, 1921년 7월 임시정부 최초의 러시아대사가 되었으며, 1922년 모스크바에서 이동휘, 김규식, 여운형 등과 함께 외교활동을 전개했다.

1931년 김구와 함께 한인애국단을 조직해 이봉창, 윤봉길 의거를 주도했다. 그는 임시정부 특무공작의 주역이었고, 백범 김구의 핵심 참모였다. 1939년 5월 30일 외출한 뒤 행방불명되어 납치, 암살된 것으로 추정된다.

5월 31일 이화의 여성 독립운동가

1886년 오늘 선교사 메리 스크랜턴이 서울 정동에 이화학당을 설립했다.

1886년 5월 31일 개교한 이화학당의 이름은 고종이 하사한 이름으로, 이화학당은 한국 최초의 사립 여성 교육기관이다. 1918년에는 보통과가 이화보통학교로, 고등과는 이화고등보통학교로 분리되었다. 대학과는 1925년에 전문학교로 승격하여 이화여자전문학교로 개교했다.

아래는 이화학당이 배출한 대표적인 여성 독립운동가들이다.

이름	생몰연도	훈격	주요활동
유관순	1902-1920	대한민국장	3·1운동 주도, 서대문형무소 순국
김마리아	1892-1944	독립장	2·8독립선언, 애국부인회, 임시정부
이애라	1894-1922	독립장	여성계몽, 애국부인회
조신성	1873-1953	애국장	조선부인회, 맹산독립단
황애시덕	1892-1971	애국장	2·8독립선언, 애국부인회
권애라	1897-1973	애국장	3·1운동 주도, 임시정부, 극동민족대회 참석

이름	생몰연도	훈격	주요활동
최선화	1911-2003	애국장	한국독립당, 한국혁명여성동맹
김란사	1872-1919	애족장	이화학당 교사, 여성계몽 교육운동
홍애시덕	1892-1975	애족장	조선여자기독청년회, 망월구락부
이화숙	1892-1979	애족장	임시정부, 대한애국부인회
신의경	1898-1988	애족장	3·1운동, 대한애국부인회
신마실라	1892-1965	대통령표창	3·1운동, 한인구제회

6월

6월 1일 훈춘 호랑이, 황병길

1920년 오늘 일제의 눈엣가시 황병길이 순국했다.

자료: 황병길(독립기념관)

황병길(1885-1920.독립장)은 함북 경원 출신으로, 1905년 을사조약이 체결되자 만주로 이동하여 안중근, 이범윤 등과 함께 의병 활동을 시작했다. 신아산전투에서는 홀로 일본군 14명을 사살하는 큰 전과를 거두어 '훈춘 호랑이'라는 별명을 얻기도 했다. 1909년 연해주로 이주한 후 안중근 등과 함께 단지동맹을 결성했다. 1919년 3·1운동이 일어나자 3월 20일 훈춘에서 3·1독립선언 축하 민중대회를 준비하다 4월 29일 중국 관헌에게 체포되었다.

또한, '급진단'을 주도하면서 노령지역에서 무기를 확보하는 데 힘써 소총 103자루, 탄환 5천여 발, 군자금 85만 6천여 루블을 조달하기도 했다. 1920년 1월 1,300여 명의 의용군을 조직하여 2월 국경지방을 습격하고 무장투쟁을 전개했으나, 4월 병으로 앓아누워 결국 1920년 6월 1일 훈춘에서 순국했다.

부인 김숙경(1986-1930.애족장)과 세 딸 황정선, 황정신, 황정일, 그리고 외아들 황정해도 항일투쟁에 몸 바친 독립운동가 가족이다.

6월 2일 언양 만세시위 선봉, 김낙수

1919년 오늘 언양 만세시위의 주역 김낙수가 옥중에서 순국했다.

자료: 언양3·1운동사적비(국가보훈부)

김낙수(1880-1919.애국장)는 경남 울산 출신으로, 1919년 4월 2일 언양 장날에 열린 3·1만세시위를 주도했다. 언양의 만세운동은 지역 유지인 이무종, 이규인, 이성영, 강경찬, 최해선, 이규경 등이 준비했다. 주도자들은 4월 1일 이규인의 집에서 밤새 태극기를 제작했다. 특히 4월 1일에 인근 양산 통도사 스님들이 군중과 함께 만세운동을 전개했다는 소식이 전해져 분위기는 더욱 고조되었다.

김낙수는 4월 2일 언양 장터에서 천여 명의 군중과 함께 태극기를 흔들고 독립만세를 외치며 장터를 행진했다. 군중과 함께 경찰과 육탄전을 벌이면서 시위를 계속했다. 이때 일본군이 시위 군중에게 총격을 가하여 1명이 즉사하였고 부상자가 속출하였다. 경찰의 대대적인 검거 작전으로 붙잡혀 징역 6개월 형을 선고받고 복역하던 중, 1919년 6월 2일 옥중에서 순국했다.

6월 3일 조선의용대 윤세주

1942년 오늘 윤세주가 태행산 전투에서 전사했다.

윤세주(1901-1942.독립장)는 경남 밀양 출신으로, 1919년 고종 장례식에 다녀온 후, 밀양 만세시위를 주도했다. 시위 주모자로 밝혀져, 궐석재판에서 징역 1년 6월을 받았다. 도피 은신 중 7월경 윤치형과 만주로 탈출하여 신흥무관학교의 속성과정을 다녔고, 김원봉과 의열단을 조직했다. 19세의 선생은 신철휴, 윤치형 등과 함께 국내에 들어와 공작하던 중 정보가 누설되어 동지 50여 명과 함께 체포됐다. 5년 4개월의 옥고를 치르고 1927년 출옥한 그는 1932년 여름 다시 중국 남경으로 망명했다.

이후 1942년 조선의용대 화북지대 정치위원으로 태행산 전투에 참전, 일본군의 대공세 속에서 중상을 입고 6월 3일 순국했다.

• 1911.6.3. 어업권 허가제를 통한 일본 어업자본의 조선침투를 위해 총독부가 「어업령」 공포

6월 4일 선비 의병장, 면암 최익현

1906년 오늘 최익현이 태인에서 의병을 일으켰다.

최익현(1833-1907.대한민국장)은 경기도 포천 출신으로, 호조참판을 지냈다. 그는 당백전 발행, 서원 철폐, 강화도조약에 반대하는 상소를 올렸다가 여러 번 유배되었다. 1905년 11월 을사늑약이 체결되자 1906년 6월 4일 태인에서 의병을 일으켰다. 의병은 정읍에 무혈 입성, 총칼과 탄환을 거두고 군사를 모집했다. 그 후 정읍에서 흥덕으로, 다시 순창 읍내로 진군했을 때 의병의 수는 8백여 명이 넘었다. 하지만 관군과 대치하게 되자 "일본군이라면 죽음으로 싸워 물리치겠지만, 동족끼리 피를 볼 수는 없다"라며 스스로 붙잡혔다. 일제의 재판을 받고 대마도로 유배, 투옥된 뒤 단식투쟁을 벌이다 4개월 만에 1907년 1월 1일 74세로 순국했다. 면암 최익현의 지조를 다음 말에서 알 수 있다.

"나도 의병이 성공하지 못할 것을 안다. 그러나 국가에서 선비를 키운 지 5백 년인데, 적을 토벌하고 국권을 회복함을 의로 삼는 선비가 한 사람도 없다면 얼마나 부끄럽겠는가? 내 나이가 80에 가까우나 신하의 직분을 다할 따름이다."

• 1937.6.4. 동북항일연군의 김일성이 보천보 주재소 습격

6월 5일 아나키스트 독립운동가 백정기

1934년 오늘 육삼정 의거의 주역 백정기가 옥중에서 순국했다.   자료: 왼쪽부터 원심창, 백정기, 이강훈(독립기념관)

백정기(1896-1934.독립장)는 전북 부안 출신으로, 1919년 만주로 망명해 독립운동을 시작했고, 이회영, 신채호의 영향으로 무정부주의 사상을 받아들였다. 동방무정부주의자연맹 한국 대표, 대동단 단장 등을 맡아, 일제 요인 암살과 항일 무장투쟁에 앞장섰고, 이규서, 연충렬 등 밀정들을 처단했다.

1933년 3월 17일 원심창, 이강훈 등과 상해의 고급 요정 육삼정에서 일본 공사 아리요시 아키라 암살을 시도하다 체포되어 백정기와 원심창은 무기징역을, 이강훈은 징역 15년 형을 받았다. 일본 구마모토 형무소에서 옥고를 치르다 1934년 6월 5일 옥중에서 순국했다.

그의 유해는 일본에 묻혔다가 광복 후 김구의 주도로 1946년 7월 6일 이봉창, 윤봉길 두 의사의 유해와 함께 봉환되어 효창공원 3의사 묘역에 안장됐다.

6월 6일 지식인을 친일파로, 수양동우회 사건

1937년 오늘 수양동우회 회원 181명이 일경에 검거되었다.

자료: 수양동우회(독립기념관)

수양동우회(사진)는 1926년 1월 서울의 수양동맹회와 평양의 동우구락부가 통합해 결성된 계몽단체로, 민족주의자와 기독교계 인사들이 참여했다. 안창호가 조직한 흥사단의 국내 조직 성격을 띠었다. 1937년 6월 6일부터 1938년까지 서울, 평안도, 황해도 등지에서 181명의 회원이 「치안유지법」 위반으로 체포됐고, 49명이 기소되었다. 안창호도 6월 28일 체포되어, 고문 후유증으로 1938년 3월 10일 서대문형무소에서 순국했다.

이 사건으로 수양동우회는 해산되었고, 보유 자금은 국방헌금으로 이관됐다. 많은 회원이 강제 전향하여 친일파로 전락했으며, 대표적 변절자로 이광수와 주요한, 홍난파, 정인과, 이용설 등이 꼽힌다. 수양동우회사건은 일제가 국내 최대 민족운동 단체 중 하나를 와해시키고, 독립운동 세력을 약화시킨 대표적 탄압 사건이다.

• 1949.6.6. 이승만이 반민특위를 강제 해산함으로써 친일파 처단이 좌절

6월 7일 모두의 승리, 봉오동전투

1920년 오늘 독립군 연합부대가 일본 정규군을 대파했다.

자료: 연변조선족자치주 도문시 봉오동전투기념비

1920년 6월 7일, 만주 길림성 봉오동에서 최진동(1883-1941.독립장)의 군무도독부와 홍범도(1868-1943.대한민국장)의 대한독립군, 안무(1883-1924.독립장)의 국민회군 등 독립군 연합부대가 일본 정규군 월강추격대대를 상대로 대승을 거둔 전투다. 6월 4일 독립군이 일본군 헌병초소를 기습, 격파하며 시작된 이 전투에서 일본군을 봉오동 계곡으로 유인해 일본군 157명을 사살하고 200여 명을 부상시키는 큰 전과를 올렸다. 독립군 피해는 수십 명에 불과해 압도적인 승리였다.

홍범도 장군과 최진동 장군은 뛰어난 작전으로 일본군을 효과적으로 포위했으며, 이 승리는 항일 무장투쟁의 상징적인 승리가 되었다. 일본군은 이후 만주 지역 독립군 토벌 작전을 강화하여 대규모 토벌 작전을 벌였으나, 독립군은 청산리 등지로 근거지를 옮겨 항일투쟁을 이어갔다.

- 1920.6.7. 대한독립단 부총재 백삼규(1895-1920.독립장) 관전현에서 체포 후 총살 순국
- 1986.6.7. 광복군 잠편지대장이자 박은식의 장남 박시창(1903-1986.독립장) 서거

6월 8일 식민사관으로 민족혼 말살

1925년 오늘 일제는 식민통치를 정당화하기 위해 조선사편수회를 설치했다.

조선사편수회는 1925년 6월 8일 조선총독부가 설립한 역사 편찬 기관으로, 일제가 조선의 역사를 식민지 통치에 유리하도록 왜곡하기 위해 조직한 기관이다. 조선사편수회 회장은 총독부 정무총감이고 고문은 친일 부역배인 이완용, 권중현, 박영효, 위원에는 최남선 등이 있었다. 1932년부터 1938년까지 식민사관에 입각한 《조선사》(사진) 35권을 간행했다.

이 기관의 목적은 일본의 식민지배를 정당화하는 식민사관으로 조선 역사를 기술하는 데 있었으며, 특히 단군조선과 고대 한국사를 의도적으로 축소함으로써 일본이 조선의 근대화를 이끌었다는 왜곡된 서술을 담았다. 또한 일본 민족의 우위성을 입증하고, 민족주의 사학과 독립운동가들의 역사 인식을 부정하며, 조선인의 민족정신을 말살하는 데 그 목적이 있었다. 조선사편수회는 1945년 광복과 더불어 해산됐다. 식민사관의 계보를 잇는 이병도와 신석호가 조선사편수회에서 근무했고, 두 사람은 친일인명사전에 등재됐다.

6월 9일 의성단 항일투쟁, 김홍진과 김창진

1924년 오늘 의성단원 김홍진과 김창진이 교전 중 순국했다.

자료: 당시 사건의 보도기사, 1924.6.11.(시대일보)

김홍진(1890-1924.애국장)은 경북 포항 출신으로, 1918년 가족이 서간도로 이주하여 봉천에 정착하여 살았다. 1923년 편강렬, 양기탁이 조직한 무장단체 의성단에 가입했다. 의성단은 일제 기관의 파괴와 일제 앞잡이들의 토벌에 앞장섰다. 장춘에 있는 일본 영사관을 습격하여 7시간에 걸친 교전 끝에 60여 명을 사살한 적도 있었다.

김홍진은 1924년 5월 군자금 모집을 위해 김창진(미상-1924.애국장)을 대동하고 활동 중, 6월 9일 영덕 장사리 경찰관주재소에서 검문을 받았다. 일경 두 명과 교전 중 순사 김익환과 데라카와가 합세하여 10연발 자동권총을 쏘며 압박했다. 교전 중 김창진이 사망했고, 김홍진은 순사에게 총상을 입히고 주재소를 빠져나갔다. 일경 다수에게 관통상을 입히며 항전했으나, 결국은 데라카와가 쏜 총탄을 여러 발 맞아 순국했다.

6월 10일 탄압에도 피어난 6·10만세운동

1926년 오늘 3·1만세운동에 이어 6·10만세운동의 불꽃이 타올랐다.

자료: 첫 공판 모습, 1926.6.25.(동아일보)

순종의 장례일인 1926년 6월 10일을 기해 서울을 중심으로 대규모 항일 시위가 일어났다. 3·1운동을 계승한 제2의 만세운동으로, 천도교와 조선공산당, 학생이 연대해 조직적으로 준비했다. 조선공산당 권오설을 중심으로 투쟁특별위원회가 구성되어 격문과 태극기를 대량 인쇄·배포하며 시위를 준비했지만, 권오설은 사전 발각되어 체포됐다.

6월 10일 오전 종로3가 단성사 앞에서 중앙고보 학생 이선호가 만세를 선창하며 시위를 시작했고, 이어 다른 학교 학생들과 시민들이 동참해 서울 곳곳으로 만세운동이 확산했다. 일제는 7,000여 명의 군경을 동원해 강경 진압한 결과 천여 명이 체포되고 투옥되었다. 그러나 6·10만세운동은 1927년 신간회·근우회 등의 단체 조직과 1929년 광주학생운동에도 큰 영향을 미쳤다. 이 운동은 3·1운동, 1929년 광주학생운동과 함께 일제강점기 3대 민족운동으로 평가받는다.

• 1914.6.10. 박용만(1881–1928.대통령장)이 하와이에서 대조선국민군단 사관학교 설립

6월 11일 수탈에 맞선 임정의 납세 거부

1919년 오늘 임시정부는 '납세거부지령'을 내렸다.

자료: 세금 체납자의 가재도구를 강제 처분하는 모습, 1923.9.(동아일보)

1919년 6월 11일, 상해 임시정부는 일제의 식민통치에 저항하기 위해 '납세거부지령'을 내렸다. 이는 조선인들이 총독부에 세금을 납부하지 말라는 명령으로, 일제의 경제적 수탈에 맞선 비폭력 저항운동의 일환이었다. 납세거부 운동은 일제의 경제적 기반을 약화하고 민족 단결을 강화하는 데 기여했지만, 일제는 이에 대응해 강력한 탄압을 가했다. 체납세금 강제집행, 체포, 고문 등 후속 조치를 통해 납세거부 운동을 무력화하려 했다.

특히 납세거부자들은 일제의 집중적인 감시와 탄압의 대상이 되었다. 조선총독부의 통계연보를 보면, 1931년 약 4,000만 원이던 세수가 1943년엔 3억 7,000만 원으로 무려 9배나 더 늘어났다.

• 1906.6.11. 최익현 의병부대의 중군장 정시해(1874-1906.애국장) 순창에서 전사

6월 12일 **임정의 외교관, 이희경**

1941년 오늘 의사이자 외교 활동가 이희경이 순국했다.
자료: 1919년 임정이 설립한 대한적십자회, 뒷줄 가운데가 이희경(국가보훈부)

이희경(1889-1941.독립장)은 평남 순천 출신으로, 1904년 미국으로 건너가 의학을 전공한 뒤 박사학위를 획득했다. 1915년 하와이에서 병원을 개설하여 독립운동을 지원했다. 1918년 12월 상해로 망명하여, 임시정부에서 군무위원장, 외무차장 등을 역임하며 독립운동의 외교와 군사 분야에서 활동했다. 1919년 7월에는 대한적십자회를 발족시켰으며, 적십자 상의회를 개최한 뒤 초대 회장에 선임되었다. 1920년 미국 상·하원 의원단의 상해 방문 시 임시정부의 진정서를 전달하여 한국의 실상을 알렸고, 1921년 러시아에 독립자금 지원을 요청하는 임무도 수행했다.

1935년 10월 20일에는 미국 아퍼트 제약회사의 특파원을 가장하고 귀국하던 중, 일본에서 체포되어 국내에 압송되었다. 그는 압송 도중 혹독한 고문을 당했고 1941년 6월 12일 고문 후유증으로 서울에서 순국했다.

6월 13일 항일 단파방송과 독립의 함성

1942년 오늘 단파방송 청취사건으로
78명이 실형을 받고 6명은 옥중에서 순국했다.

자료: 당시 단파방송 연락 체계도

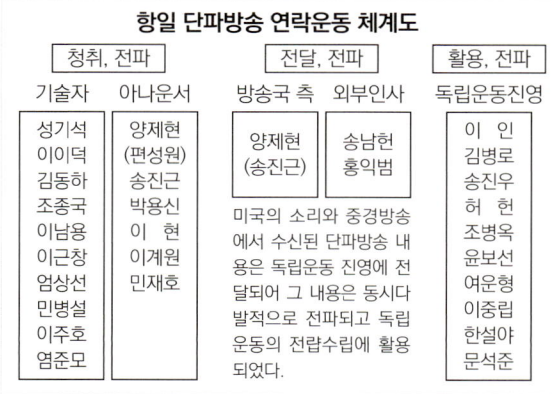

항일 단파방송 연락운동 체계도

청취, 전파		전달, 전파		활용, 전파
기술자	아나운서	방송국 측	외부인사	독립운동진영
성기석 이이덕 김동하 조종국 이남용 이근창 엄상선 민병설 이주호 염준모	양제현 (편성원) 송진근 박용신 이 현 이계원 민재호	양제현 (송진근)	송남헌 홍익범	이 인 김병로 송진우 허 헌 조병옥 윤보선 여운형 이중립 한설야 문석준

미국의 소리와 중경방송에서 수신된 단파방송 내용은 독립운동 진영에 전달되어 그 내용은 동시다발적으로 전파되고 독립운동의 전략수립에 활용되었다.

1942년 6월 13일 서울의 경성방송국에서 항일단파방송 사건이 일어났다. 일제가 태평양전쟁 발발 이후 '외국 단파방송 청취 금지령'을 공포하고 단속을 강화했음에도 불구하고, 경성방송국 한국인 직원들이 '미국의 소리(VOA)'와 중국 중경방송국의 한국어 방송을 몰래 청취하며 독립운동 소식을 전파한 사건이다. 이들은 전황과 독립운동 소식을 국민에게 알리며 항일투쟁의 불씨를 지폈다.

일제는 1942년 말부터 경성방송국과 지방 방송국 직원, 아나운서, 편성원 등 150여 명을 대대적으로 검거해 혹독한 고문과 재판을 진행했고, 이근창, 홍익범, 문석준 등 6명이 옥사하는 희생을 치렀다. 이 사건은 정보통제에 항거한 대표적 사례로, 방송을 통한 항일투쟁의 중요한 전환점이 되었다.

6월 14일 광정단의 국내 진공 작전

1922년 오늘 광정단 대원들이 함정포 주재소를 습격했다. 자료: 포로가 된 광정단원 김창익과 김서운을 일제가 촬영(독립기념관)

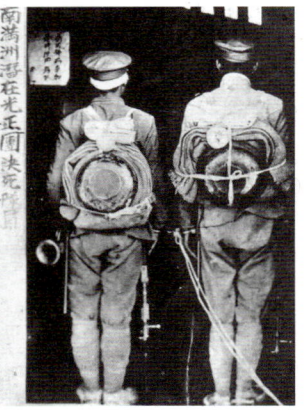

광정단 소속 독립군의 함정포 주재소 습격 사건은 1922년 6월 14일 함남 갑산군에서 광정단 대원 김병수, 정갑선, 한성조 등 세 명이 일본 순사 예구치를 사살하고 주재소와 동인면사무소를 불태운 작전이다. 이들은 5연발 장총 5자루, 탄환 200발, 권총 1자루 등을 노획했고, 다음 날에는 갑산군 부호 김의봉의 집을 습격해 일본인 순사 4명을 사살하는 등 치열한 항일투쟁을 이어갔다. 광정단은 1921년 장백현 일대에서 독립군 단체가 연합해 조직한 군사단체로, 체계적인 무장투쟁을 전개했다.

이 사건은 당시 일본군과 경찰의 감시 속에서도 독립군이 국내에서 일제 기관을 공격한 사례 중 하나다. 광정단 대원들은 청산리 전투에 참여했던 독립군 출신들이 많아, 이들의 복장과 무기에서 청산리전투의 흔적을 엿볼 수 있다.

6월 15일 안동의 거목, 이상룡

1932년 오늘 석주 이상룡이 75세로 순국했다.

자료: 이상룡(독립기념관)

이상룡(1858-1932.독립장)은 경북 안동 출신의 유학자로, 의병, 계몽운동, 독립군 등 당시 가능한 모든 독립운동을 실천했고, 임시정부 국무령을 지냈다. 그는 1911년 50이 넘은 고령으로 만주에 망명한 이후, 경학사, 신흥무관학교 등 독립운동 기지 건설과 무장투쟁을 주도했다. 1925년 임시정부 국무령으로 추대되어 통합과 활로를 모색했고, 1926년 사임 후 만주로 돌아갔다. 건강이 악화되어 1932년 만주 길림성에서 75세로 순국했다. "광복 전에는 유해를 고국으로 가져가지 말라"라는 유언을 남겼다.

그의 생가 안동 임청각에서 배출한 독립운동가는 외아들 이준형(1875-1942.애국장), 손자 이병화(1906-1952.독립장) 외에 동생과 조카, 사위들을 포함해 15명에 달한다.

- 1983.6.15. 총독부 현금수송차량 탈취 사건(1929.4.18.)의 주역 최양옥(1893-1983.독립장) 서거
- 1907.6.15. 헤이그 만국평화회의 개최

6월 16일 13도 창의군 중군장, 이은찬

1909년 오늘 의병장 이은찬이 순국했다.

자료: 강원도 원주의 이은찬 추모비(현충시설정보서비스)

이은찬(1878-1909.대통령장)은 강원도 원주 출신의 유생이다. 1896년 이기찬·허위·조동호 등과 함께 경북 김천에서 의병을 일으켰다. 그 후 경북 김산과 성주를 점령하고 대구진격작전을 전개하였으나 대구부 관군 등의 공격에 패하여 체포되었다. 그는 1905년 을사늑약 체결 후 경북 문경, 강원 홍천 등지에서 다시 의병을 일으켰다. 1907년 군대 해산 이후 이구재 등과 원주 일대에서 의병 500여 명을 모집해 경북 문경의 이인영을 찾아가 13도 창의군 결성을 주도했다.

그는 중군장으로 서울진공작전을 총괄하며 전국 의병을 규합했다. 이후 허위 등과 연합해 임진강 연합의병을 조직, 경기도·강원도·황해도 등지에서 일본군과 치열하게 항전했다. 1909년 밀정의 밀고로 체포되어 5월 8일 경성법원에서 사형을 선고받고 6월 16일 사형이 집행되어 순국했다.

6월 17일 조선의용대 중대장 이원대

1943년 오늘 이원대가 일본헌병대에서 총살형으로 순국했다.   자료: 경북 영천의 이원대 기념비(현충시설정보서비스)

이원대(1911-1943.독립장)는 경북 영천 출신으로, 1928년 자천보통학교를 졸업하고 영천농업학교에 입학하여 1년 과정을 마쳤다. 1933년 중국으로 망명해 의열단에 가입하고, 조선혁명간부학교와 중국중앙육군군관학교 낙양분교를 졸업했다. 1935년 민족혁명당에 가입해 남경, 상해 등지에서 비밀첩보 활동을 펼쳤으며, 1938년 조선의용대 창군에 가담해 호남성·호북성·강서성 일대에서 대일 항전을 벌였다.

1942년 일본군은 팔로군 소탕을 위해 태행산맥 내 마전에 포위망을 구축하고 압박했다. 이에 이원대와 화북지대 병사들은 야간 기습작전을 감행하여 탈출로를 마련한 뒤, 팔로군과 함께 역포위 작전을 펼쳐 일본군에게 큰 타격을 가하고 혁혁한 전과를 올렸다. 1943년 3월 일본군에게 붙잡혀 사형을 선고받고, 1943년 6월 17일 북경의 일본군 헌병대에서 총살됐다. 총살형이 집행되기 직전 눈을 가리기를 거부하고, 당당한 모습으로 서서 '대한독립'을 외치며 순국했다.

6월 18일 황국신민서사 암송 강요

1938년 오늘 총독부 학무국이 모든 교실에서 황국신민서사를 암송토록 지시했다.

자료: 당시 각종 서적에 수록했던 〈황국신민서사〉

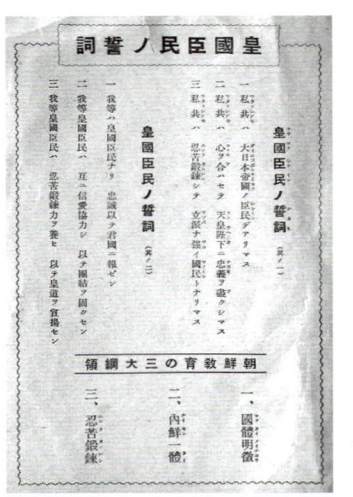

조선총독부는 조선인을 일본 신민으로 동화시킬 필요에 따라, 총독부 학무국에 황국신민으로서 지켜야 할 서약을 만들도록 지시했다. 이에 따라 학무국 촉탁으로 있던 이각종이 문안을 작성하고, 김대우가 실무를 담당해 문안을 완성한 후 1937년 10월 2일 미나미 지로 총독으로부터 재가를 받았다. 총독부는 1938년 6월 18일 전국 학교와 관공서에서 〈황국신민서사〉 제창을 강제하는 정책을 시행했다.

"우리는 대일본제국의 신민입니다", "천황폐하께 충의를 다합니다" 등의 내용이 담겨 있었고, 매일 조회 시간에 제창하도록 강요했다. 이 정책은 일본어 교육 강화, 신사참배 강요, 창씨개명과 함께 조선인의 민족 정체성을 말살하려는 대표적 식민지 통치 수단이었다.

그러나 일본은 당시 다른 식민지 어디에서도 이런 정책을 시행하지 않았다.

6월 19일 조선의용대 이종건

1960년 오늘 조선의용대원 이종건이 서거했다.

자료: 청년 시절의 이종건(독립기념관)

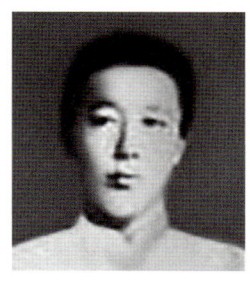

이종건(1906-1960.독립장)은 충남 천안 출신으로, 1928년 휘문고보를 졸업한 뒤 중국으로 망명했다. 1931년 한족동맹회에 가입해, 일본 경찰 밀정을 처단하고 상해로 피신한 뒤, 대한교민단 의경대원으로 임명되어 출입국자 신상 파악과 동포 보호에 힘썼다. 1931년 12월 임시정부 의정원 충청도 의원으로 선출되어 1933년 3월까지 의정 활동에 참여했다. 1933년에는 한국독립당 남경지부 간부로 활동했고, 1935년 박재혁 등 60명과 함께 중국 중앙군관학교 낙양분교 한인특별반을 졸업했다.

이후 민족혁명당 창당에 참여해 군사부에서 일본군 정탐, 암살, 시설 파괴 등 항일투쟁을 전개했다. 1938년 조선의용대 제1구대 요원으로 전투에 참여하여 일본군의 통신시설과 교량, 자동차와 전차까지 폭파하는 전과를 올렸다. 1942년에는 한국광복군에 편입되어 군사 활동을 이어갔으며, 1944년 민족혁명당 감찰위원으로 선임되어 조직 내 감찰 업무를 맡았다. 1946년 귀국 후 좌우합작에 관심을 가졌으나, 1960년 6월 19일 54세로 서거했다.

6월 20일 들을 빼앗겨 봄조차 오지 않는다

1926년 오늘 시인 이상화가 〈빼앗긴 들에도 봄은 오는가〉를
《개벽》에 발표했다.

이상화(1901-1943.애족장)는 경북 대구 출신으로, 저항시를 통하여 민족혼을 일깨운 대표적인 항일 민족시인이다. 1922년에는 《백조》지 창간호에 〈나의 침실로〉를, 1926년에는 《개벽》지 6월호에 〈빼앗긴 들에도 봄은 오는가〉를 발표하였다. 이 시는 《개벽》지 폐간의 계기가 되었다. 3·1운동에 참여했고, 1937년 중국으로 건너가 친형인 이상정 중국군 장군과 국내 조직을 협의하고 귀국했다. 그러나 곧 대구경찰서로 끌려가 20여 일 동안 고문을 받고 풀려났다.

교남학교에 복직하여 근무하면서, 교가를 작사하고 권투부를 창설했다. 1939년 교남학교 교가의 가사가 불온하다는 이유로 일제 경찰에게 가택 수색을 당하고, 원고 등을 압수당하였다. 1943년 4월 25일 순국했다.

"지금은 남의 땅, 빼앗긴 들에도 봄은 오는가 (중략) 그러나, 지금은 들을 빼앗겨 봄조차 빼앗기겠네"

• 1949.6.20. 헤이그밀사의 통역 등 외교활동의 첨병 윤병구(1877-1949.독립장) 서거

6월 21일 연해주 항일의병의 통합, 13도의군

1910년 오늘 의암 유인석이
전국 의병을 통합하여 13도의군을 결성했다.

자료: 강원도 춘천 의암공원 유인석 동상(현충시설정보서비스)

유인석(1842-1915.대통령장)은 강원도 춘천 출신으로, 1910년 6월 21일 러시아 연해주에서 이상설, 이범윤 등과 함께 13도의군을 결성했다. 13도의군은 조선 13도를 대표하는 의병의 통합체로서, 유인석이 도총재가 되어 항일 무장투쟁을 주도했다. (1907년 전국 의병이 경기도 양주에서 연합한 '13도창의군'과는 다른 조직이다.) 유인석은 을미사변과 단발령에 항거해 1895년 을미의병을 이끈 바 있다. 유인석 의병진은 1896년 2월 충주성을 장악한 이후 친일 관찰사 김규식을 처단하고, 상주에 있는 일본군 병참기지를 공격했었다.

일제의 한일병합과 일본의 외교적 압력으로 러시아 당국이 13도의군 활동을 금지하고 간부들을 체포하면서, 조직은 본격적인 활동을 펼치지 못한 채 해체되었다. 러시아가 독립운동에 대한 탄압을 지속하자 유인석은 중국 망명을 결심하고, 1914년 3월 중국 요녕성으로 이동했고, 그해 5월《우주문답》을 발간했다. 1915년 1월 29일 73세를 일기로 순국했다.

6월 22일 머슴 출신 의병장, 안규홍

1910년 오늘 전남 보성의 의병장 안규홍이
교수형으로 순국했다.

안규홍(1879-1910.독립장)은 전남 보성 출신의 의병장으로, 머슴 출신이라는 점에서 '담사리(꼬마머슴) 의병장'으로도 불린다. 그는 1908년 4월 보성군 동소산에서 의병을 일으켜 토착 농민, 해산 군인 등 다양한 계층을 규합해 조직적인 의병부대를 편성했다. 안규홍 부대는 1년 6개월 동안 26차례에 걸쳐 일본군과 교전하며 큰 전과를 올렸고, 일본군에게 상당한 타격을 입혔다.

1909년 일군의 남한대토벌작전 때 9월 25일 부장 염재보, 정기찬 등과 함께 보성 법화촌에서 일본군에 체포되었다. 안규홍은 1910년 6월 22일 대구감옥에서 교수형으로 순국했다. 그의 의병부대는 엄격한 군기와 유격전 전술로 유명했다.

• 1927.6.22. 신의주고보 동맹휴학(평양고보, 함흥고보와 함께 저항운동이 가장 치열)

6월 23일 민립(사립)대학 설립 운동

1920년 오늘 일제 탄압 속 민족교육을 수호하기 위해
조선교육회를 설립했다.

자료: 조선민립대학 기성회 창립총회, 1923.3.30.(독립기념관)

1920년 6월 23일 설립된 조선교육회는 3·1운동 이후 민족교육을 목표로 한 대표적인 단체다. 이상재, 한규설 등 민족지도자들이 주도해 조직되었으며, 조선인의 교육권 신장과 학교 증설, 조선어 교육 강화, 차별 철폐 등을 위해 활동했다. 1922년 조선교육협회로 확대 개칭했고, 민립대학 설립 운동을 주도해 전국적으로 모금 운동을 벌였다. 그러나 일제의 방해와 경성제국대학령

발표로 민립대학 설립은 좌절되었고, 1927년 신간회 출범과 함께 활동이 중단되었다.

일제는 한국에 경성제국대학 외에는 대학설립을 허가하지 않았다. 고등교육은 연희전문, 보성전문, 이화여전 등의 전문학교가 담당했다.

• 1982.6.23. 6·10만세운동의 주역 이동환(1901-1982.애족장) 서거

6월 24일 대한제국의 경찰권 일본에 이양

1910년 오늘 한일약정각서 체결로 경찰권마저 일본에 빼앗겼다.

자료: 대한제국 당시 경찰 간부의 복식

1910년 6월 24일 체결된 한일약정각서는 일제가 대한제국의 마지막 무력 통제 수단이었던 경찰권을 완전히 장악하기 위해 체결한 각서다. 이 각서는 일본 헌병과 대한제국 경찰 조직을 통합해 일본군 헌병대가 대한제국 내 경찰 사무를 지휘, 통제하는 내용을 담고 있다. 당시 일본군 헌병대 사령관 아카시 모토지로가 경찰권 장악을 적극 추진했고, 이에 따라 내각총리대신 박제순과 일본 통감 데라우치 마사타케가 서명해 체결했다.

이 각서로 인해 대한제국은 1905년 을사늑약(외교권 피탈), 1907년 정미조약(군사권 피탈)에 이어 모든 무력 통제권을 일본에 넘기게 되었고, 8월 29일 한일병합 조약으로 이어지는 국권피탈의 결정적 단계가 됐다.

6월 25일 의병장 허위

1904년 오늘 왕산 허위가 배일통문을 발송해
전국의 의병 결집을 호소했다.

자료: 경북 구미 허위기념관(현충시설정보서비스)

허위(1854-1908.대한민국장)는 경북 구미 출신의 대표적 의병장이다. 그는 1896년 동학농민운동 이후 의병을 거병해서, 경북·충청·강원 일대에서 항일투쟁을 전개했다. 특히 1904년 6월 25일 한일의정서 강제 체결에 반발해 전국에 〈배일통문〉을 발송, 일제 침략을 규탄하고 의병 결집을 호소했다. 1907년 13도창의군 군사장을 맡아 서울 진공작전을 지휘했으나 실패했고, 이후 임진강 유역에서 연합 의병을 지휘하며 일본군에 대항해 게릴라전을 벌였다. 1908년 6월 11일 체포되어 서대문형무소에서 10월 21일 교수형으로 순국했다.

〈배일통문〉은 전국 의병에게 투쟁을 촉구한 격문으로, "앉아서 망하기를 기다리기보다 온갖 힘을 합하여 빨리 계책을 세우자"라는 내용으로 의병들의 결집과 항일 의지를 고취했다. 서울 동대문구와 구미시에 그의 호를 딴 도로 왕산로가 있다.

• 1920.6.25. 최초의 월간지 《개벽》 창간

6월 26일 조국 독립의 큰 별, 김구

1949년 오늘 백범 김구가 흉탄에 쓰러졌다.

자료: 백범기념관의 김구 동상(현충시설정보서비스)

백범 김구(1876-1949.대한민국장)는 임시정부 주석으로서 평생을 조국의 독립과 민족 통일에 헌신했다. 3·1운동 직후 임시정부 경무국장에 임명됐고, 1931년 한인애국 단을 조직해 동경에서 일왕에게 투탄한 이봉창 의거와 상해 홍구공원의 윤봉길 의거 를 지휘했다. 1940년 임시정부 주석으로 선출되어 광복군 창설과 독립운동의 국제 적 지지 확보에 힘썼다. 광복 후에는 미·소 군정하에서 한반도 통일정부 수립을 위해 노력했으며, 1948년 남북연석회의에 참석해 민족통일을 위한 공동성명을 발표했다.

1949년 6월 26일 서울 경교장에서 안두희 소위의 흉탄에 맞아 서거했다. 안두희의 직속상관이자 같은 서북청년단 출신인 장은산 포병사령관이 암살을 명령하였고, 사건 직후 채병덕 육군참모총장, 전봉덕 헌병부사령관이 사후처리 를 주도했다는 것이 정설이다. 이들은 모두 일제강점기 일본군, 만주군, 경찰에서 근무한 경력이 있다.

• 1908.6.26. 의병장 김원식(미상-1908.독립장) 금성전투에서 교전 중 순국
• 1936.6.26. 철혈단을 조직한 나창헌(1884-1936.독립장) 병사 순국

6월 27일 우편마차 습격, 권영만

1920년 오늘 권영만이 군자금 모집 중 체포됐다.

자료: 권영만(독립기념관)

권영만(1878-1964.독립장)은 경북 영양 출신으로, 대한광복회 창립 멤버이자 참모장으로 활약했다. 1907년 아버지 권인환을 따라 의병활동에 뛰어들었으며, 1915년 박상진, 우재룡 등과 함께 대한광복회를 조직해 무장투쟁과 군자금 모집, 친일 부호 처단, 일본 고관 암살 등 항일 운동을 주도했다. 1915년 12월 경주에서 우재룡과 함께 우편마차를 습격해 세금 8,700원을 탈취하는 '경북우편마차습격사건'을 주도했고, 이후 만주로 망명했다가 귀국해 1920년 주비단 단원으로 활동했다.

주비단은 임시정부 지시에 따라 조직된 단체로 임시정부에서 보내온 독립공채를 부호들에게 발급하여 군자금을 모집하는 한편, 김좌진과 연락하면서 조선총독부 정무총감 등 일본인 고관 처단을 계획하였다. 그러나 군자금 모집 활동 중, 1920년 6월 27일 체포되어 8년 형을 선고받고 옥고를 치렀다. 해방 후 한독당, 민주독립당 등에서 활동했고, 1964년 10월 1일에 서거했다.

6월 28일 독립군 무장 해제와 '자유시 참변'

1921년 오늘 소비에트의 탄압과 내분으로 독립군의 꿈이 무너졌다.

자료: 자유시 위치

1921년 6월 28일 러시아 자유시(현재 아무르주 스바보드니)에서 발생한 자유시 참변은 간도와 연해주 지역의 독립군 부대인 대한의용군과 고려혁명군이 무장 통합을 시도하던 중, 내부 파벌 갈등과 소비에트의 무장 해제 명령에 반발하여 벌어진 무력 충돌 사건이다. 당시 4,000여 명에 달하는 독립군이 자유시에 집결해 단일 부대를 구성하려 했으나, 상해파와 이르쿠츠크파 등 정치적 대립과 권력 투쟁으로 갈등이 심화됐다. 소비에트 정부는 일본과의 마찰을 회피하기 위해 독립군의 무장을 해제하려 했고, 이에 반발한 독립군과 적군 사이에 격렬한 충돌이 일어났다.

이 과정에서 수백 명이 사망하거나 포로가 되어 독립군 세력은 크게 약화하고, 만주 지역 독립운동에 큰 타격을 입었다. 자유시 참변은 독립운동 내부의 분열과 외부 세력의 정치적 압박이 복합적으로 작용한 비극적 사건이다.

6월 29일 불굴의 저항, 만해 한용운

1944년 오늘 '님의 침묵'을 노래한
민족의 스승, 만해 한용운이 입적했다.

자료: 홍성의 한용운 동상(현충시설정보서비스)

한용운(1879-1944.대한민국장)은 충남 홍성 출신의 승려이자 시인으로, 3·1운동 민족대표 33인 중 한 명이다. 만세운동을 주도하고 일제에 체포되어 서대문형무소에서 3년간 옥고를 치렀다. 옥중에서도 '변호사 거부', '사식 거부', '보석 신청 금지' 등 철저한 옥중투쟁 원칙을 지키며 민족의 자존심을 굳건히 지켰다.

한용운은 불교계 개혁과 민족교육, 물산장려운동, 신간회 활동 등 다양한 민족운동에 헌신했고, 1910년 조선불교유신론, 1914년 불교대전을 발간했다. 1926년 시집《님의 침묵》을 발표해 저항 시인으로서 문학사에 큰 발자취를 남겼다. 환갑을 넘긴 나이에도 1940년 창씨개명 반대, 1943년 조선인 학병출정 반대운동 등을 펼쳤다. 1944년 6월 29일 서울 심우장에서 입적했다.

• 1944.6.29. 진관사 태극기의 주인공 백초월(1878-1944.애국장) 스님 옥중 순국

6월 30일 육혈포로 맞선 정재홍

1907년 오늘 박영효 환영회장에서
정재홍이 뜻을 못 이루고 자결했다.

자료: 정재홍 자결보도 1907.8.2.(공립신보)

정재홍(1867-1907.애국장)은 서울 출신으로, 1907년 대한자강회 인천지회장으로 활동했고, 금연동맹회를 조직하여 국채보상운동에 참가했다. 또 사립소학교의 건립을 추진하여 천기의숙(인명의숙)을 설립해 교육계몽에도 힘썼다.

1907년 6월 30일, 정재홍은 서울에서 열린 박영효 귀국 환영식에 이토 히로부미 통감이 올 것으로 생각하여 그를 척살하려 했다. 그러나 이토가 오지 않자, 뜻을 이루지 못하고 끝내 스스로 총을 쏘아 세상을 떠났다.

이때 그의 손가방에서 국문으로 쓴 유서와 〈사상팔변가〉, 〈생욕사영가〉가 나왔는데 유언장에 '어머니께 죄송하지만 자신의 죽음이 후세의 모범이 될지니 슬퍼하지 말라'고 썼다.

7월

7월 1일 항일의병의 구심점, 이강년

1908년 오늘 을사오적과 정미칠적을 단죄하려던
이강년이 체포됐다.

자료: 경북 문경의 이강년 기념관(현충시설정보서비스)

이강년(1858-1908.대한민국장)은 경북 문경 출신으로, 항일 의병운동을 이끈 지도자다. 그는 무과에 급제한 무관 출신으로, 갑신정변 이후 고향으로 돌아왔다. 1895년 10월 을미사변으로 의병이 일어나고, 충북 제천에서 유인석을 주축으로 의병부대가 결성되었다는 소식을 듣고, 1896년 2월 23일 문경 가은 도태장터에서 의병을 일으켰다. 2월 25일 농암장터에서 안동 관찰사 김석중을 비롯하여 순검 이호윤·김인담 등 세 사람을 생포하여 효수했다.

1907년 정미의병기에는 13도창의대진소의 창의대장으로 추대되어 전국적 의병연합운동을 주도했다. 이강년의 의병부대는 일본군과 여러 차례 전투를 벌였으며, 엄격한 군율과 지역민의 지지로 일본군이 가장 두려워한 의병 세력이었다. 충주성 전투, 문경·풍기·단양 등지에서의 항전이 대표적이다. 1908년 7월 1일 충북 청풍·작성 전투에서 부상을 입고 일본군에 체포되었다. 9월 22일 경성공소원에서 내란죄로 교형을 받고, 같은 해 10월 13일 50세를 일기로 사형 순국했다.

7월 2일 근대 민족주의의 산실, 독립협회

1896년 오늘 국민계몽과 국권 회복의 불꽃, 독립협회가 설립되었다.   자료: 영은문 주초와 독립문(독립기념관)

1896년 4월 7일 독립신문을 창간한 서재필(1864-1951.대한민국장)은 7월 2일, 대외적으로 자주국임을 표방하기 위해 독립협회를 창설했다. 독립협회는 1896년 11월 청일전쟁에서 청나라가 패배한 이후, 조선과 청나라의 전통적 사대관계를 상징한 영은문을 헐고 독립문을 세웠다.

독립협회의 참여자 수가 늘면서 각지의 백성들이 참여하는 만민공동회를 개최하였고, 학생들에게 토론을 가르치는 협성회를 산하기관으로 조직했다. 1898년 10월 종로에서 관료까지 참석하는 관민공동회를 조직, 시국에 관한 6개 조의 개혁안을 고종에게 건의하는 등 혁신운동을 전개하였다. 황국협회와의 갈등으로 고종이 1898년 11월 양 단체를 해산시켰다. 고종은 여전히 개혁적 근대국가보다는 황제국을 꿈꾸고 있었다.

- 1924.7.2. 대한통의부 사령관 신팔균(1882-1924.독립장)이 일제 사주를 받은 마적과 교전 중 순국
- 1931.7.2. 중국 길림성 장춘에서 조선인과 중국 농민 사이의 소요 사태인 만보산 사건 발생

7월 3일 독립군 3대 대첩, 대전자령전투

1933년 오늘 독립군이 3대 대첩 중 하나인 대전자령전투에서 대승을 거뒀다. 자료: 대전자령 고갯길

대전자령 전투는 1933년 7월 3일 한국독립군 지청천 부대가 중국군 부대와 연합하여 일본군을 대파한 전투다. 봉오동 전투, 청산리 전투에 이어 한국 항일무장투쟁사 3대 대첩으로 평가받는다. 당시 한국독립군 2,500명, 중국군 2,000명은 간도파견군 19사단 소속 일본군 보급부대가 이동한다는 정보를 입수하고 대전자령에 매복하여 기습 공격을 감행했다. 4~5시간에 걸친 치열한 전투 끝에 독립군은 대승을 거두었다.

격전 끝에 천 명 이상의 이즈카 부대를 전멸시키고, 전리품으로 군복 3,000벌, 박격포 5문, 군용물자 200마차분, 담요 3천 장, 평사포 3문, 소총 1,500자루 등을 노획한 이 전투는 독립군의 항일전에서 특기할 만한 대승리였다.

7월 4일 임시정부 수립의 산실, 동제사

1912년 오늘 신규식이
상해에서 비밀결사 동제사를 설립했다.

자료: 신규식(국가보훈부)

육군무관학교를 졸업하고 1911년 중국 상해로 망명한 신규식(1879-1922.대통령장)이 1912년 7월 4일 동제사를 설립했다. 동제사는 표면적으로는 상해 한인사회의 상조기관이었으나, 실제로는 독립혁명가 양성을 목표로 한 비밀 독립운동 단체였다. 신규식이 이사장을, 박은식이 총재를 맡았으며, 신채호, 조소앙, 김규식, 문일평, 홍명희 등 애국지사들이 참여했다.

그해 말 중국 혁명의 주역인 진기미, 진독수, 당계요 등은 신규식의 한국 공화혁명을 지원하기 위해 비밀조직 신아동제사를 결성했다. 동제사는 신아동제사의 도움을 받아 1913년 독립혁명가 양성을 위한 박달학원 설립, 1915년 대동보국단 조직, 1918년 신한청년당 결성 등 독립운동의 구심체 역할을 했다. 동제사는 임시정부 수립의 산실로 평가받는다.

7월 5일 영암을 지킨 의병장, 박사화

1912년 오늘 의병장 박사화가 교수형으로 순국했다.

박사화(1880-1912.독립장)는 전남 나주 출신으로, 1908년 2월 함평에서 거병한 심남일 의병부대에 참가하여 중군장으로 활약했다. 이들 의병부대는 같은 해 3월 강진에서 일본군 수백 명과 교전하여 수십 명을 살상하고 다수의 무기를 노획하는 커다란 전과를 올렸다. 이후 이들은 남평, 영암, 나주, 장흥, 해남 등지에서 일본군을 격파했다. 그 밖에도 이들은 친일 밀정과 관료들을 처단하기도 했다. 박사화는 1909년 가을까지 전남 나주, 영산포, 영암 등지에서 150여 명의 군사를 이끌고 일본군과 전투를 전개했다.

이후 일제의 남한대토벌작전으로 많은 의병들이 체포된 상황에서, 부하들의 구명을 위해 자수를 하고 다음 날 탈출을 시도하는 등 지속적으로 투쟁하다 일본군에 붙잡혔다. 1910년 5월 광주법원에서 내란 및 살인으로 사형을 받고, 1912년 7월 5일 광주감옥에서 교수형으로 순국했다.

• 1935.7.5. 남경에서 독립운동 단체들이 통합하여 민족혁명당 결성

7월 6일 조국에 돌아온 영혼, 3의사

1946년 오늘 3의사를 위한 한국 최초의 국민장이 치러졌다.

자료: 효창공원 3의사 묘역

1946년 7월 6일 3의사 유해 환국은 해방 직후 김구와 독립운동가들이 일본에서 순국한 이봉창, 윤봉길, 백정기 의사의 유해를 조국으로 모신 역사적 사건이다. 유해봉환단은 박열, 서상한, 이강훈 등 독립운동가와 일본 거주 한인 청년들의 도움으로 1946년 3월 일본 각지에서 유해를 발굴했다. 이봉창 의사는 도쿄, 윤봉길 의사는 가나자와, 백정기 의사는 나가사키에서 각각 유해를 찾아 도쿄로 모아 한꺼번에 고국으로 송환했다.

유해는 6월 16일 부산항에 도착한 뒤, 각 역마다 추도식이 거행되며 서울로 이송됐다. 7월 6일에는 3의사를 위한 한국 최초의 국민장이 치러졌고, 이튿날 서울 효창공원에 안장되었다. 3의사 외에 아직 환국하지 못한 안중근 의사의 가묘도 함께 모셔져 있다.

7월 7일 내선일체, 국민정신총동원 조선연맹

1938년 오늘 일제와 친일파가 모여 국민정신총동원 조선연맹을 결성했다. 자료: 연맹 기관지 《총동원》

국민정신총동원조선연맹은 1938년 7월 7일 총독부의 주도로 설립된 전시 관변 단체다. 1937년 중일전쟁 발발 이후 일본이 조선의 인적·물적 자원을 효율적으로 동원하기 위해서였다. 연맹은 '황국신민화'와 '내선일체' 실현, 전시 동원체제 구축을 목표로 삼았고, 조선임전보국단과 함께 가장 유명했던 친일단체 중 하나였다.

연맹 설립일에 한일 양국의 59개 단체와 개인 56명이 발기인으로 참여했고, 주요 인사로는 김성수, 방응모, 김활란, 이광수, 최남선, 서정주, 모윤숙, 김동환 등 문화·언론계 친일파들도 가세했다. 식전에는 총독 미나미 지로와 일군 사령관, 정무총감도 참석했다. 면 단위까지 하부 조직을 두어 전국적 감시망과 동원 체계를 구축했다. 연맹의 주요 역할은 지원병·징용 독려, 창씨개명, 신사참배, 군수품 공출, 황국신민서사 암송 등 일상생활 전반에 걸친 황민화 정책 실행과 전시 동원이었다.

• 1986.7.7. 조선어학회의 주역 정인승(1897-1986.독립장) 서거

7월 8일 밀양경찰서 폭탄 투척, 최수봉

1921년 오늘 일제의 간담을 서늘케 한
의열단원 최수봉이 사형으로 순국했다.

자료: 밀양시의 최수봉 추모비(현충시설정보서비스)

최수봉(1894-1921.독립장)은 경남 밀양 출신으로, 1910년 동화학교에 입학한 후, 교장 전홍표, 교사 김대지로부터 항일의식을 키웠다. 1912년 범어사의 불교학교인 명정학교와 평양의 숭실학교에서 수학했다. 1919년 밀양 장날 만세 시위를 주도한 후, 만주로 망명하여 의열단에 가입해 폭탄 제조법을 배웠다.

1920년 12월 27일, 최수봉은 의열단 동지 이종암으로부터 폭탄을 지원받고, 밀양경찰서에 두 차례 폭탄을 투척했다. 첫 폭탄은 불발됐으나 두 번째 폭탄은 복도에서 터져 경찰서는 아수라장이 됐다. 체포된 최수봉은 자결을 시도했으나 실패했고, 1921년 7월 8일 대구형무소에서 사형이 집행되어 순국했다. 박재혁의 부산경찰서 투탄 의거가 같은 해 9월에 있었다.

• 1926.7.8. 홍진(1877-1946.독립장) 임시정부 제4대 국무령 취임

7월 9일 헤이그 밀사 이위종의 호소

1907년 오늘 이위종이 헤이그에서 기자회견을 했다.

헐버트의 기획으로 고종의 밀명을 받은 이상설·이준·이위종이 네덜란드 헤이그에서 열린 제2회 만국평화회의에 입장하려 했으나 일본의 방해와 열강의 외면으로 공식 참석이 거부되었다. 이들은 각국 대표와 언론인에게 을사늑약의 불법성과 일제의 침략 실상을 알리는 공식 호소문을 프랑스어로 작성해 발표했다. 이들은 1907년 6월 25일 헤이그에 도착해 회의 의장과 네덜란드 외무대신 등에게 면담을 요청했으나 거부당했다.

이에 7개 국어에 능통한 이위종이 7월 9일 밤 국제기자협회에서 〈한국을 위해 호소함(A Plea for Korea)〉이라는 주제의 연설을 했다. 연설에서 일본의 '동양평화' 주장은 허구이고 한국 민중은 일본의 지배에 저항해 싸울 준비가 되어 있음을 역설했다. 이 연설은 회견장에 모인 각국 기자들을 감동시켜, 한국의 입장을 동정하는 결의안을 만장일치의 박수로 채택했다. 이러한 사실은 헤이그에서 발행되던 《헤이그 신보(Haggsche Courant)》에 게재되었다.

7월 10일 임정의 국내외 연락망, 연통제

1919년 오늘 임시정부가 국내 독립운동의 비밀조직망인 연통제를 공포했다. 자료: 임시정부의 조직체계

임시정부 연통제는 1919년 7월 10일 임시정부 국무원령 제1호로 공포된 비밀 행정조직으로, 임시정부가 국내와의 연락망을 구축해 독립운동을 체계적으로 전개하기 위해 마련했다. 내무총장 안창호가 주도한 이 제도는 도, 군, 면에 각급 행정조직을 운영하도록 했으며, 임시정부의 법령과 공문 전파, 군자금 모금, 군수품 조달, 통신연락 등 다양한 임무를 맡았다.

연통제는 신민회 조직원리를 계승해 중앙의 총책 아래 도·군·면 단위로 조직을 확산시켰으나, 일제의 강력한 탄압과 통신수단의 미비로 인해 전국적 확대에는 한계가 있었다. 실제로 북부(평안도, 함경도, 황해도)에서 활발히 운영되었으며, 1921년까지 일부 지역에서 명맥을 유지했다.

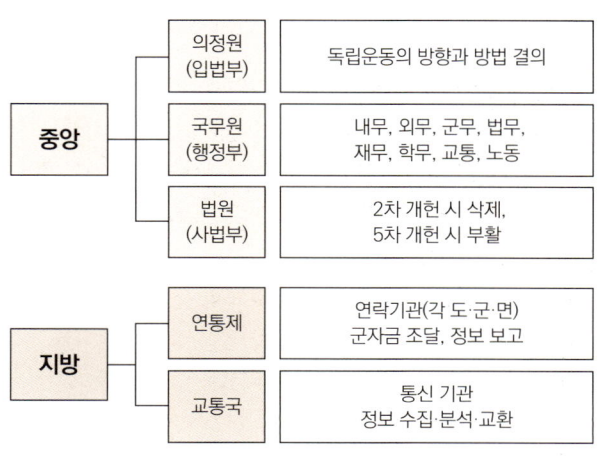

중앙	의정원 (입법부)	독립운동의 방향과 방법 결의
	국무원 (행정부)	내무, 외무, 군무, 법무, 재무, 학무, 교통, 노동
	법원 (사법부)	2차 개헌 시 삭제, 5차 개헌 시 부활
지방	연통제	연락기관(각 도·군·면) 군자금 조달, 정보 보고
	교통국	통신 기관 정보 수집·분석·교환

7월 11일 김좌진과 함께, 김종진의 희생

1931년 오늘 만주 독립운동기지 건설의 역군 김종진이 순국했다.

자료: 김종진(독립기념관)

김종진(1901-1931.애국장)은 충남 홍성 출신으로 백야 김좌진의 6촌 동생이다. 1919년 3월 홍성 만세시위에 참여했다 체포되어 옥고를 치른 후, 6월에 미성년자로 석방된 뒤 독립운동에 투신했다. 1920년 중국 북경으로 망명해 이회영의 주선으로 운남군관학교에서 군사교육을 받았다. 1927년 만주로 건너가 김좌진이 이끄는 신민부에 합류, 독립군 기지 건설을 주도했다. 1929년에는 흑룡강성 해림에서 재만조선무정부주의자연맹을 조직하고, 신민부를 한족총연합회로 전환해 농무와 조직선전을 담당했다.

한족총연합회는 만주 한인사회의 독립운동기지 조성에 큰 역할을 했다. 한족총연합회의 변화와 발전에 대해 한인 공산주의자들이 민감한 반응을 보이면서, 1930년 1월 24일 김좌진을 암살했고, 김종진은 1931년 7월 11일 흑룡강성 해림에서 암살당해 순국했다.

7월 12일 친일파 처단, 숭의단 김영란

1922년 오늘 숭의단을 조직한 김영란이 사형 순국했다.

자료: 김영란 사형집행 보도기사, 1922.7.14.(동아일보)

김영란(1894-1922.독립장)은 평남 순천 출신으로, 3·1운동에 참여한 뒤 순천군과 성천군 일대에서 숭의단을 조직해 활동했다. 숭의단은 임시정부와 연계해 친일파 처단, 일제 식민기관 파괴 등 항일투쟁을 전개했다. 김영란은 주기정, 김병항, 박돈수 등 동지들과 함께 영수증을 인쇄하고, 군자금 모집을 체계적으로 추진했다. 또한 1919년 11월 평남 개천군에서 조직된 공성단과 연계해 평남 각지에서 독립운동사상을 고취하고 임시정부로 군자금을 보냈다. 일본 경찰이 5월 29일 은신처를 급습하여 최병갑과 함께 체포되었다. 1922년 4월 사형을 선고받고 7월 12일 평양형무소에서 형이 집행되어 순국했다.

"우리 2천만 민족을 굴복시키려면 2천만 민족을 모두 죽여 버리기 전에는 절대로 이 독립운동이 멈추지 않는다는 것을 당국도 잘 알 것이다." 김영란의 〈상고이유서〉 중 일부다.

7월 13일 일제의 토지침탈 저지, 보안회

1904년 오늘 일제의 개간권 요구를 저지하기 위해 보안회가 결성되었다.

자료: 박용만(국가보훈부)

보안회는 1904년 7월 13일 서울 종로에서 송수만, 심상진, 원세성이 중심이 되어 결성된 항일단체로, '보국안민'을 표방했다. 일본이 1904년 2월 '한일의정서'를 강제로 체결한 이후 한국의 황무지 개간권을 요구하자, 이를 저지하기 위해 조직되었다. 보안회는 회원이 3,000명 이상으로 급증하며, 집회와 가두시위, 반대선언문 발표 등으로 일제와 맞섰다. 이때 박용만(1881-1928.대통령장)도 반대투쟁 중 투옥된다.

7월 22일에는 5,000여 명의 회원과 시민이 참여한 대규모 집회와 가두시위가 열렸다. 일본군과 대한제국 정부가 강경하게 대응했으나 결국 일제가 황무지 개간권 요구를 철회하는 성과를 거뒀다. 보안회는 단 한 달여의 짧은 활동 기간이었으나, 민중의 폭넓은 지지와 투쟁으로 일제의 침략을 저지했고 이후 애국계몽운동과 독립운동의 효시가 되었다.

- 1896.7.13. 이천의진 창의대장 김하락(1846-1896.대통령장) 영덕 전투에서 순국
- 1930.7.13. 신간회 발기인 겸 경성지회 서기 신현구(1882-1930.독립장) 출옥 후 순국

7월 14일 국권 회복의 메아리, 이준

1907년 오늘 고종의 밀사 이준이 헤이그에서 병사 순국했다. 자료: 당시 묵었던 융 호텔, 현재는 이준 평화박물관(국가보훈부)

이준(1859-1907.대한민국장)은 함남 북청 출신으로, 국권 회복과 항일외교에 앞장섰다. 독립협회, 보안회, 공진회 등 단체에서 활약하며 만민공동회 연설과 반일 시위를 주도했다. 1907년 6월 고종의 밀명을 받아 이상설, 이위종과 함께 헤이그 만국평화회의에 밀사로 파견되어 을사늑약의 불법성과 일제 침략 실상을 국제사회에 호소했다. 그러나 일본의 방해로 회의 참석이 거부되자, 분함을 이기지 못하여 음식을 끊었고 1907년 7월 14일 돌연 순국했다.

네덜란드 언론 《데 텔레그라프》는 1907년 7월 17일 자에 이준은 볼에 종기를 앓고 있었고, 수술로 제거했는데 죽음을 맞이하게 되었다고 전했다. 선생의 유해는 1963년 10월 4일에 환국해 국민장을 치른 후 수유리 선열묘역에 안장했다.

7월 15일 안중근의 어머니, 조마리아

1927년 오늘 안중근의 어머니 조마리아가 병사 순국했다.

자료: 조마리아(국가보훈부)

조마리아(1862-1927.애족장)는 황해도 해주 출신으로, 1910년 2월 안중근이 사형선고를 받자, 정근, 공근 두 아들을 여순감옥으로 보내 '구차하게 목숨을 구하지 말고 깨끗이 순국'하라는 뜻을 전했다. 아울러 조카 안명근에게 흰색 수의를 주어 전해주었다. 안중근 순국 후 1910년 5월 아들 둘과 러시아 연해주로 건너갔다가, 1922년 상해로 옮겨 임시정부에 참여했다.

상해에서는 김구의 모친 곽낙원과 함께 독립운동의 '안주인' 역할을 했다. 1926년 7월 임시정부 재정을 후원하기 위한 목적으로 경제후원회가 조직되면서, 최승봉, 김순애 등과 위원에 선출되기도 했다. 1927년 7월 15일 상해에서 위암으로 순국했다. 장례는 상해에서 치렀고, 유해는 만국공묘에 안장되었다. 그러나 이후 도시 개발로 묘지 터가 개발되고 건물들이 들어서면서, 그녀의 무덤은 영영 사라졌다. 아들 안중근도, 어머니도 유해를 찾지 못하고 있다.

• 1915.7.15. 경북 대구에서 박상진(1884-1921.독립장)이 대한광복회를 결성

7월 16일 여성의 힘, 남경 조선부인회

1936년 오늘 박차정과 이성실이 여성해방을 외쳤다.

자료: 부산 동래의 박차정 의사상(현충시설정보서비스)

남경조선부인회는 1936년 7월 16일 중국 남경에서 김원봉의 부인 박차정과 지청천 장군의 부인 이성실이 주도해 결성한 여성 단체다. 이 조직은 민족혁명당 산하 여성 조직으로, 한인 여성들을 규합해 민족해방운동과 여성해방운동을 동시에 실천하고자 했다. 조선부인회는 조선 여성들이 봉건적 억압에서 벗어나기 위해 단결하고, 항일투쟁과 사회적 평등 실현에 참여할 것을 선언했다. 박차정은 부인회 활동을 통해 여성의 권리 신장과 항일 무장투쟁까지 이끌었다. 이후 조선부인회는 조선의용대와 연계해 여성 독립운동가들의 조직적 참여와 역할 확대에 중요한 기반이 되었다.

다음은 남경조선부인회의 선언문이다. "우리들이 일본제국주의를 타도하지 않는다면 우리 부녀는 봉건제도의 속박, 식민지적 박해로부터 해방되지 못한다. 또 일본제국주의가 타도된다고 하더라도, 조선의 혁명이 정치 경제 사회 등 각 방면에서 진정한 자유 평등의 혁명이 아니라면 우리 부녀는 완전한 해방을 얻지 못한다."

7월 17일 **유림의 혼, 장석영**

1926년 오늘 파리장서 작성에 참여한 장석영이 순국했다.

자료: 경북 칠곡의 장석영 사적비(현충시설정보서비스)

장석영(1851-1926.독립장)은 경북 칠곡 출신으로, 1905년 을사늑약 체결에 맞서 이승희, 곽종석 등과 함께 '청참오적소'를 올려 을사오적의 처단을 요구했다. 1907년에는 칠곡 국채보상회의 회장으로 추대되어 금연운동과 의연금 모집을 주도했다. 1912년에는 만주와 시베리아 일대를 순회하며 한인 이주 실상을 기록한 《요좌기행》을 저술해 독립운동사의 귀중한 자료를 남겼다. 1919년 3·1운동 이후 전국 유림과 함께 파리강화회의에 제출할 파리장서의 초안 작성에 참여하였고, 137명 중 1인으로 서명했다.

1925년 김창숙이 주도한 제2차 유림단 의거에 참여했다. 내몽골지역에 독립운동기지를 세우기 위해 국내에서 20만 원 규모의 독립운동자금을 모집하려고 계획했다. 그러던 중 체포되었다가, 1926년 6월 기소중지로 출옥했는데, 한 달 뒤인 1926년 7월 17일 순국했다.

7월 18일 펜으로 항일을 외치다, 《대한매일신보》

1904년 오늘 베델과 양기탁이 민족의 소리 《대한매일신보》를 창간했다.

《대한매일신보》는 1904년 7월 18일 영국인 어니스트 베델과 양기탁 등 민족계몽 운동가들의 주도로 창간된 대한제국 시기의 대표적 항일 민족지다. 국한문, 한글, 영어로 발행했으며, 베델이 발행인을, 양기탁, 박은식, 신채호 등 당대의 지식인들이 논설진을 맡았다. 논설과 시론을 통해 일제의 침략과 을사늑약, 고종 퇴위, 군대해산, 의병투쟁, 국채보상운동 등을 보도하며 민족의식 고취와 항일여론 확산에 힘썼다. 안중근 의거가 알려졌을 때는 사옥에 커다란 태극기를 내걸고 축배를 들며 잔치를 벌이기도 했다.

영국인 베델이 발행한 덕분에 일제의 사전 검열을 피해 자유로운 논조를 유지할 수 있었고, 국채보상운동 지원금 모금소 역할도 맡았다. 일제는 1908년 6월 베델의 언론 활동을 견제하고 추방을 시도했으며, 베델은 옥고와 재판을 겪다 1909년 5월 1일 37세로 사망했다. 《대한매일신보》는 1910년까지 발행되었으며, 해방 후 《서울신문》의 전신이 되었다.

• 1910.7.18. 홍주성 의병 맹달섭(1881-1910.애국장) 교수형 순국

217

7월 19일 좌우합작의 선구자, 여운형

1947년 오늘 몽양 여운형이 서거했다.

자료: 경기도 양평 몽양기념관(현충시설정보서비스)

여운형(1886-1947.대한민국장)은 경기도 양평 출신으로, 배재학당에서 신학문을 익혔다. 1914년 중국으로 건너가 남경 금릉대학을 졸업한 후, 상해 임시정부의 의정원 의원, 외무부 차장 등으로 활동했다. 1922년 모스크바 극동피압박민족대회에 참가해 한국 독립을 호소했고, 이후 임시정부 개혁과 민족통일전선 구축을 시도했다. 1929년 상해에서 일본 경찰에 체포돼, 징역 3년을 선고받았으나, 1932년 7월 가출옥으로 풀려났다. 1933년 2월 《중앙일보》 사장에 취임했다. 1936년 8월, 베를린올림픽 마라톤에서 우승한 손기정 선수의 가슴에 달린 일장기를 지운 일장기 말소사건을 처음 일으켰다. 이 사건으로 사장직에서 물러났고, 1944년 항일 지하조직 조선건국동맹을 결성했다.

1945년 8월 15일 광복 당일 총독부와 5개 조항에 합의한 후 조선건국준비위원회를 조직했다. 해방 후 김규식과 함께 좌우합작운동을 주도하다, 1947년 7월 19일 서울에서 극우 테러리스트 한지근에게 암살당해 서거했다.

7월 20일 대한제국의 최후, 고종의 강제 퇴위

1907년 오늘 고종이 퇴위하고 덕수궁에 유폐되었다.

고종 퇴위는 1907년 7월 20일 일본의 강압으로 이루어진 대한제국의 국가적 비극 중 하나다. 일본은 1905년 을사늑약으로 대한제국의 외교권을 박탈한 뒤, 내정까지 장악하며 식민 지배를 강화했다. 1907년 고종이 헤이그 만국평화회의에 밀사를 파견해 국제사회에 일본의 침략 상황을 알리고 독립을 호소하자, 이를 빌미로 일제는 고종의 퇴위를 강요했다. 이완용과 송병준은 전화선까지 끊고, 고종을 사실상 궁에 감금했다. 그렇게 고종은 일본의 압박과 친일 신하의 퇴위 강요로 퇴위했고, 7월 20일 최후의 군주인 순종이 즉위했다.

형식은 양위였으나 퇴위식이자 양위식인 이날 고종과 순종 모두 불참했다. 이에 이완용은 내시 2명을 데려와 각각 고종과 순종의 자리에 세우고는 날치기로 황위를 고종에서 순종으로 교체해 버렸다. 고종은 덕수궁에 유폐되어 1919년 승하할 때까지 감시와 통제를 받았다. 이후 일본은 1907년 7월 24일 정미7조약을 체결, 군대를 해산하고 내정을 완전히 장악해 대한제국은 사실상 일본의 식민지로 전락했다.

7월 21일 문맹 퇴치와 농촌계몽, 브나로드운동

1931년 오늘 농촌계몽운동 브나로드운동이 시작됐다.

자료: 1932년 제2회 브나로드운동 신문기사

《동아일보》의 브나로드운동은 1931년 7월 중순부터 1934년까지 4차례에 걸쳐 전개된 대표적인 농촌계몽운동이다. '브나로드'는 러시아어로 '민중 속으로'라는 뜻으로, 《동아일보》는 러시아 지식인들의 계몽운동에서 착안해 이 운동을 시작했다. 당시 조선 인구의 약 80%가 문맹이었고, 일제의 식민정책으로 조선어와 민족문화가 위협받는 상황에서 《동아일보》는 한글 보급과 문맹 퇴치를 통해 민족의식 고취와 자주독립의 기반을 다지고자 했다. 1회 운동에는 학생계몽대 423명이 62일 동안 127개 농촌을 순회하며 약 1만 명의 농민에게 한글과 기초 지식을 가르쳤다.

《동아일보》는 계몽대, 강연대 등 조직을 만들어 전국 13개 도와 만주·일본·중국 등지의 조선인 사회까지 확산시켰고, 총 1,547건의 강습에 8만여 명이 교육을 받았다. 브나로드운동은 일제의 탄압에도 불구하고, 한글 보급과 민중 계몽, 학생운동의 새로운 방향 제시 등 항일 민족운동의 중요한 전환점이 되었다.

7월 22일 105인 사건의 주역, 안명근

1911년 오늘 안명근이 종신형을 선고받았다.

자료: 안명근 가출옥 보도, 1924.(시대일보)

제작일에 가출옥한 안명근씨

안명근(1879-1927.독립장)은 황해도 신천 출신으로, 안중근 의사의 사촌 동생이다. 1910년 만주에 무관학교를 설립하고 독립군을 양성하기 위해 군자금을 모금하던 중, 친일 성향인 뮈텔 주교의 밀고로 체포되었다. 일제는 황해도 지방의 독립운동을 말살할 절호의 기회로 여겨, 데라우치 총독 암살을 위한 군자금 모금 사건으로 날조했고, 관련 인사 128명을 기소하고 105명이 유죄 판결을 받았다.

이 사건으로 체포된 인물로는 신민회 간부인 윤치호, 양기탁, 이동휘, 유동열 등과 김구도 포함되었다. 이 사건이 안악 사건(105인 사건)이고 이 여파로 신민회는 해체된다. 1911년 7월 22일 안명근은 주모자로 종신형을 선고받았다. 10년 간 옥고를 치른 뒤 1924년 출옥, 만주로 망명해 독립운동을 계속하다 1927년 7월 7일 중국 길림성에서 순국했다.

7월 23일 아나키스트, 가네코 후미코

1926년 오늘 조선을 사랑한 일본인, 가네코 후미코가 순국했다.

가네코 후미코(1903-1926.애국장)는 일본 요코하마 출신의 아나키스트이자 독립운동가 박열의 아내다. 어린 시절 부모의 무관심과 학대 속에 자랐고, 9세 때부터 7년간 충북 부강에서 고모부의 양녀로 지냈다. 이때 조선인에 대한 공감과 일제에 대한 저항의식을 키웠으며, 1919년 3·1운동에 큰 감명을 받았다. 1922년 도쿄에서 박열과 만나 무정부주의 단체를 조직하며 한인 노동자 지원, 일왕 암살계획 등 과격한 투쟁을 전개했다. 1923년 관동대지진 이후 '대역사건'의 주모자로 체포되었다. 1926년 2월 26일 도쿄 법정에서 박열과 함께 사형을 선고해 달라며 의연한 태도를 보였다.

일왕의 감형 은사장을 찢으며 저항한 그녀는 일본제국주의와 식민지배의 부당함을 법정에서 고발했다. 그러던 중 1926년 7월 23일 아침 옥중에서 의문의 죽음을 맞았다. 교도소 측은 시신을 인근 들판에 매장했고, 원심창 등 흑우회 동지들이 유골을 수습해 박열의 고향인 경북 문경 팔령산 기슭에 묻었다. 1931년 자전적 옥중 수기인《무엇이 나를 이렇게 만들었는가》가 발행되었다.

7월 24일 군대해산, 정미7조약

1907년 오늘 대한제국 주권을 빼앗은 정미7조약이 체결되었다.

정미7조약(한일신협약)은 1907년 7월 24일, 일본이 고종을 강제 퇴위시킨 직후 체결한 강제 조약으로, 대한제국의 군사·행정·사법 등 국가 주권을 완전히 박탈한 조약이다. 이토 히로부미와 이완용 내각 7명이 조인했으며, 7개 조항에는 통감의 지시와 동의 없이는 법령 제정, 고등 관리 임면 등이 불가능하도록 규정했다. 가장 중요한 목적은 대한제국 군대해산으로, 군사권 탈취와 내정 장악이 핵심이었다.

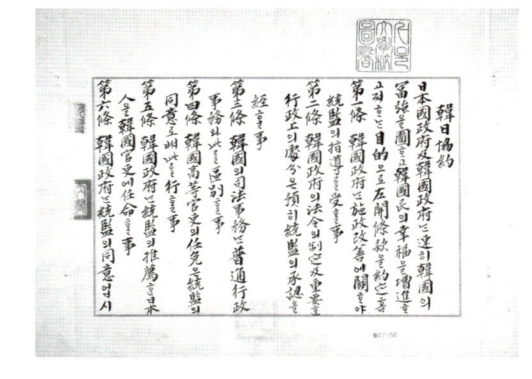

실제로 조약 체결 일주일 만에 군대가 해산됐고, 일본인 차관정치가 실시되어 대한제국은 명목상 독립국이었으나 실질적으로는 일본의 식민지로 전락했다. 이에 항거해 해산 군인과 평민들이 전국적으로 정미의병을 일으키며 무장 항일투쟁이 확산했다.

- 1945.7.24. 유만수, 조문기, 강윤국이 친일 행사 중이던 부민관을 폭파

7월 25일 군자금 모금, 대한독립애국단 조종대

1922년 오늘 조종대가 옥중에서 순국했다.

자료: 조종대(국가보훈부)

조종대(1873-1922.독립장)는 황해도 금천 출신으로, 1908년 철원군에서 사립 배영학교를 설립하고 교장이 되어 민족교육을 실시했다. 당시 배영학교는 군사교육까지 실시하던 민립학교였는데, 일제의 탄압으로 폐교됨에 따라 서울로 올라왔다. 1919년 8월 21일 대한독립애국단에 가입하여 강원도 각 군에 군단을 설치하는 책임을 맡았다.

대한독립애국단은 임시정부 지원단체로서 서울에 본부를 두고 전국적 조직을 계획하고 있었다. 그리고 임시정부의 연통부 역할도 수행했다. 그는 평소 강원도 전역의 기독교 인사들과 인맥이 넓은 것을 활용하여 원주, 횡성, 강릉, 양양, 금화 등지를 순회하며 조직 확대에 힘을 쏟았고, 그 결과 강원도 각처에 지단을 설치할 수 있었다. 1920년 1월 강원도단 조직이 발각됨으로써 경찰에 체포되었다. 징역 5년 형을 선고받고 옥고를 치르던 중 모진 고문으로 1922년 7월 25일 옥중 순국했다.

7월 26일 한국 독립의 약속, 포츠담선언

1945년 오늘 미국, 영국, 중국의 수뇌가 포츠담 선언문을 발표했다.

자료: 포츠담 회담의 3국 정상

포츠담선언은 1945년 7월 26일 독일 포츠담에서 미국 대통령 트루먼, 영국 총리 애틀리와 중화민국 총통 장개석이 포츠담 회담 도중 서명하고 발표한 선언문이다. 포츠담 회담에 참석한 소련의 스탈린은 서명하지 않았고 장개석은 회담에 참석하지 않았으나 전신을 통해 선언 참가를 밝혔다. 나치 독일의 항복 이후에도 전쟁 수행 의지를 꺾지 않는 일본의 무조건 항복을 촉구한 선언으로, 제2차 세계대전 이후 동아시아 질서를 결정한 중요한 국제 문서다. 이 선언의 제8조는 "한국을 적절한 시기에 해방시키고 독립시킨다"라는 1943년 카이로선언을 이행할 것임을 명확히 했다.

이는 한국의 독립이 국제적으로 재확인된 결정적 계기가 되었으며, 이후 일본이 8월 15일 포츠담선언을 수용하고 항복함으로써 한국은 일제 식민지배에서 벗어날 수 있었다. 그러나 포츠담선언의 한국 독립 약속은 즉각적인 정부 수립이 아닌, 최대 5년간의 신탁통치를 전제로 했다는 한계도 있었다.

7월 27일 한글 연구의 선각자, 주시경

1914년 오늘 훈민정음을 한글이라고 이름 지어준
한힌샘 주시경이 순국했다.

주시경(1876-1914.대통령장)은 황해도 봉산 출신으로, 일제강점기 한글 연구와 계몽운동에 헌신한 국어학자이자 독립운동가다. 1894년 배재학당에서 수학·영어·지리·역사 등 신학문을 공부하면서 국어국문 연구를 시작했다. 서재필의 권유로 《독립신문》 제작에 참여하며 한글 표기 통일과 국문 연구에 매진했다. 1896년 국문동식회를 조직해 한글맞춤법과 표기법을 연구하고, 이후 국문연구회, 조선어강습원 등에서 한글 교육과 연구를 주도했다. 1905년 을사늑약 이후 애국계몽운동에 나서며 《국어문법》, 《말의 소리》 등 저술과, 강습소 운영을 통해 민족의식 고취와 한글 보급에 앞장섰다.

'한글'이라는 명칭을 처음 사용했으며, 1914년 중국으로 망명 직전 체증에 걸려 이틀 만인 1914년 7월 27일 38세로 순국했다. 그의 제자들이 조선어학회를 결성해 1933년 〈한글맞춤법통일안〉을 발표하는 등, 주시경의 업적은 현대 한글 연구의 토대가 되었다.

7월 28일 연기 의병장 안광조

1920년 오늘 의병장 안광조가 사형으로 순국했다.

자료: 채응언 체포 관련 안광조 활동 보도, 1915.7.9.(매일신보)

안광조(1884-1920.독립장)는 충남 연기 출신으로, 1907년 정미조약 이후 의병에 투신하여 유인석 계열의 의병부대에서 소모장으로 활약했다. 그리고 1908년 5월 부대장이 사망하자 부대원들에 의해 의병장으로 추대되었다. 1908년에 황해도 안평주재소 공격을 시작으로 도안 헌병분견소, 1910년 4월에는 마전주재소를 공격하여 일본인 순사를 총살하고 무기를 노획했으며, 전신주 23본을 절단하는 등 일제의 통신시설을 파괴하기도 했다.

1910년 경술국치 전후로 김진묵 의병부대에 합류해 경기도, 강원도, 황해도, 평안도, 함경도 등 한반도 중북부 내륙에서 마지막까지 항일전을 이어갔다. 채응언 의병대에도 합류하여 여러 전투에서 활약했고, 1915년 채응언이 붙잡혀 사망한 이후에도 독자적으로 활동을 계속했다. 1919년 체포되어 평양법원에서 사형을 선고받고, 1920년 7월 28일 형이 집행되어 순국했다.

7월 29일 한반도 지배를 묵인, 가쓰라-태프트 밀약

1905년 오늘 한일병합에 대한 일본의 야욕을 미국이 묵인했다.

자료: 태프트와 가쓰라

가쓰라-태프트 밀약은 1905년 7월 29일 일본의 총리 가쓰라 다로와 미국 전쟁부장관 윌리엄 태프트가 도쿄에서 만나 동아시아 국제정세를 논의한 비공식 합의 각서다. 핵심은 일본이 대한제국을 보호국으로 삼는 것을 미국이 묵인하고, 미국의 필리핀 지배를 일본이 인정한다는 상호 양해였다. 이로써 일본은 한반도 지배에 대한 국제적 뒷받침을 확보했고, 이후 을사늑약 체결 등 식민지화의 길을 본격적으로 밟게 된다.

가쓰라-태프트 밀약은 양해 각서로, 양국 정부의 공식 서명이나 법적 구속력이 없었다는 점에서 해석에 논란이 있다. 그러나 이 합의는 당시 일본의 한반도 지배를 미국이 사실상 용인한 것으로 인식되며, 대한제국의 외교적 고립과 일제 식민지배의 역사적 배경이 되었다. 1882년 조미수호통상조약에 상대국이 외교적 위기에 빠지면 원만한 해결을 할 수 있게끔 돕는 내용이 명시되어 있음에도, 미국이 밀약을 맺은 것은 대한제국의 뒤통수를 때린 행위라 볼 수 있다.

7월 30일 **이완용 집 방화, 홍재설**

1907년 오늘 동우회원 홍재설이 윤이병과 함께 이완용의 집에 불을 질렀다.   자료: 홍재설(국가보훈부)

홍재설(1873-1939.애족장)은 경기도 남양주 출신으로, 대한제국의 시위대 참장이었다. 1907년 정미7조약을 체결하자, 관직을 사임하고 동우회 회원들과 함께 고종의 강제 퇴위와 정미7조약에 항의하는 집회와 연설을 주도했다. 모든 국권 침탈의 책임을 대신들에게 묻기 위해 동우회장 윤이병과 함께 7월 30일 내각총리대신 이완용의 집에 찾아가 불을 질렀다. 이 사건으로 홍재설은 윤이병 등 동지들과 함께 체포되어 1907년 12월 평리원 재판에서 내란죄로 10년 유배형을 선고받고 전남 지도(현 신안군)로 유배됐다.

아들 홍종욱(1892-1968.애족장)과 홍종엽(1899-1983.애족장)도 용인에서 1919년 만세 시위를 주도한 독립유공자 집안이다.

7월 31일 조선은행 폭파 의거, 장진홍

1930년 오늘 조선은행 폭파 사건의 주역 장진홍이
옥중에서 자결했다.

자료: 경북 칠곡 애국동산의 장진홍 기념비(현충시설정보서비스)

장진홍(1895-1930.독립장)은 경북 칠곡 출신으로, 인명학교를 졸업하고 조선보병대에서 복무한 뒤 1916년 제대했다. 이후 비밀결사 대한광복회에 가입해 항일운동에 투신했고, 1918년 만주·러시아 등지에서 독립군 청년들을 규합해 군사훈련을 실시했다. 3·1운동 당시에는 전국을 돌며 일제의 만행을 조사해 그 실상을 미군 김상철을 통해 세계에 알리는 등 여론전에도 힘썼다. 1927년 10월 17일 조선은행 대구지점에 폭탄을 투척해 은행 창문 14개와 현관이 파괴되었고, 순사 4명과 행원 1명이 부상을 입었다.

일경의 추적을 피해 오사카로 피신했으나 1929년 체포됐다. 1930년 7월 21일 대구법원에서 사형이 확정되자 7월 31일 옥중에서 자결 순국했다.

"내 육체는 네놈들 손에 죽는다 해도, 내 영혼은 대한독립과 일본 제국주의 타도를 위하여 지하에서라도 싸울 것이다."

- 장진홍이 순국하기 전 조선총독에게 보낸 서한에서 -

8월

8월 1일 살신성인 참군인, 박승환 참령

1907년 오늘 제국의 군대가 해산되자 박승환 참령이 자결했다.

자료: 박승환 참령(독립기념관)

박승환(1869-1907.대통령장)은 서울 출신으로, 대한제국 시위대 제1연대 제1대대장으로, 무과에 급제하고, 무관학교를 졸업해 신식 군대의 간부로 성장했다. 1907년 고종의 강제 퇴위와 정미7조약 체결로 8월 1일 대한제국 군대가 강제 해산되자, 박승환은 "군인으로서 나라를 지키지 못하고 신하로서 충성을 다하지 못하였으니, 만 번 죽은들 무엇이 아깝겠는가"라는 유서를 남기고 권총으로 자결했다.

그의 죽음은 휘하 장병들의 분노를 촉발해 무기고를 습격하고 일본군과 시가전을 벌인 남대문 전투의 도화선이 되었고, 이후 해산 군인들이 대거 의병에 합류해 정미의병이 전국적으로 확대되는 계기가 되었다. 남대문 전투에서만 대한제국군은 68명의 전사자와 100여 명의 부상자가 발생했다. 박승환의 살신성인은 군인으로서의 충정과 항일정신을 상징하며, 대한제국의 마지막 자존심을 지킨 의로운 결단으로 평가받는다.

8월 2일 저항의 기록, 《제국신문》 12년

1910년 오늘《제국신문》이 창간 12년 만에 폐간했다.

자료: 제국신문 제100호(1900.5.6.)

《제국신문》은 1898년 8월에 창간된 신문으로, 순 국문판으로 발행했다. 사장은 자본금을 출자한 이종일(1858-1925.독립장)이었고, 편집·제작은 유영석·이종면·장효근 등이 담당하고, 이승만이 주필로 활약했다. 신문을 개화의 가장 좋은 수단으로 생각하여, 민족적인 자주정신의 배양을 창간 취지로 삼았다. 한문을 익히지 못한 부녀자, 하층민까지 독자층으로 확대함으로써 민족적 공감대 형성에 기여했다. 매일 4면이 발행되었는데 주로 1면에는 논설, 2면에는 관보와 잡보, 3면에는 국내외 정세, 4면에는 광고를 게재했다. 발행 부수는 대체로 2,000부 내외였다.

《제국신문》은 발행 당시 대한제국의 무능과 일제의 수탈 야욕을 신랄하게 비판하고 친일단체를 비난했다. 결국 일제의 언론탄압과 경영난을 해결하지 못하고 1910년 8월 2일에 폐간했다. 종간 당시《제국신문》의 발행 호수는 3,240호였다.

8월 3일 임정의 자금줄, 백산상회 안희제

1943년 오늘 임정 자금을 조달하던 백산 안희제가
고문 후유증으로 순국했다.

자료: 부산 중구 안희제상(현충시설정보서비스)

안희제(1885-1943.독립장)는 경남 의령 출신으로, 보성전문학교와 양정의숙에서 수학했다. 1907년 구명학교, 의신학교, 창남학교 설립 등 민족교육에 앞장섰다. 1918년 최준과 함께 부산에 백산 상회를 설립해 국내외 20여 곳에 지점을 두고, 회사의 수지와는 관계없이 지속적으로 임시정부에 자금을 지원했다. 백산상회는 1928년 1월 일제의 탄압으로 해산된다. 백산상회는 독립 운동 자금의 핵심 창구로, 안희제는 임정 운영자금의 60%를 조달했다는 평가를 받는다.

1920년 《동아일보》 창립 발기인, 1926년 《중외일보》 사장 등 언론 활동에도 헌신했고, 1930 년대 만주에서 발해농장, 발해학교를 세워 독립운동 기지를 마련했다. 1931년 대종교의 항일운 동을 이끌었으나, 1942년 일제의 대종교 탄압으로 11월 19일 만주에서 체포되었다. 일제의 혹 독한 고문으로 1943년 8월 3일 병보석으로 풀려나 응급치료를 받았으나 3시간 만에 순국했다.

• 1920.8.3. 문일민(1894-1968.독립장), 우덕선(미상.애족장)이 평남도청에 폭탄 투척

8월 4일 선천경찰서 투탄, 박승호

1922년 오늘 선천경찰서 투탄의거에 참여한 박승호가 순국했다.

자료: 공판 소식, 1921.3.3.(신한민보)

박승호(1866-1922.애국장)는 평북 선천 출신으로, 원동교회 목사로서 3·1운동 당시 선천 만세시위를 주도했다. 3월 9일 체포되어 보안법 위반으로 4월 30일 평양법원에서 징역 6월을 선고받았다. 석방 후에는 광복군총영에서 파견한 임용일, 이학필 등 결사대를 도와 박치의와 함께 선천경찰서 투탄의거에 참여했다. 당시 광복군총영에서는 1920년 8월 24일 미국의원단 일행의 한국 방문을 계기로, 각지에서 공공기관을 폭파하는 방법으로 독립의지를 알리기로 계획했다. 9월 1일 선천경찰서에 폭탄을 던져 유리창과 담을 파괴하고 격문을 살포하는 데 성공했다.

이 사건으로 20여 명이 함께 체포되었다. 1921년 4월 평양법원에서 징역 5년이 확정됐고, 함께 거사한 장남 박세건은 징역 10년을 받았다. 평양형무소에서 옥고를 치르다가 병으로 1922년 8월 4일 풀려났지만 결국 당일에 순국했다.

8월 5일 한국을 사랑한 호머 헐버트

1949년 오늘 웨스트민스터 사원보다 한국에 묻히겠다던 헐버트가 서거했다. 자료: 호머 헐버트(국가보훈부)

호머 헐버트(1863-1949.독립장)는 미국 버몬트 출신의 선교사다. 1886년 육영공원 교사로 입국한 이후 1891년 세계 지리와 문화를 소개하는 《사민필지》를 저술하여 한글판으로 발행했다. 1903년 한국 YMCA 창립에도 참여하여 10월 28일에 열린 창립총회의 의장을 맡았다. 헐버트는 1895년 민비 시해 직후 고종을 호위하였고, 1905년 을사늑약의 불법성을 국제사회에 알리기 위해 고종의 밀사로 미국에 파견되어 미국 대통령에게 친서를 전달하려 했다.

특히 그가 기획한 1907년 헤이그밀사 파견에 큰 역할을 했고, 1919년에는 파리강화회의에 파견된 김규식과 여운홍의 독립청원 활동을 도왔다. 광복 후 1949년 광복절에 정부가 초청하자 7월 29일 내한했으나 여독으로 서울 위생병원에서 입원, 치료를 받다가 1949년 8월 5일 86세로 서거했다. 장례식은 8월 11일 외국인 최초의 사회장으로 치러지고 양화진 외국인 묘지에 안장됐다.

• 1907.8.5. 민긍호(1865-1908.대통령장)가 군대해산에 반대, 원주진위대를 이끌고 무장봉기

8월 6일 의술로 항일투쟁, 한흥교

1967년 오늘 의사로서 독립운동을 지원한 한흥교가 서거했다.

자료: 한흥교(국가보훈부)

한흥교(1885-1967.애국장)는 부산 동래 출신으로, 일본 오카야마 의학전문학교를 졸업한 뒤 1911년 중국으로 망명해 신해혁명군 구호의장, 북벌혁명군 홍십자회 대장 등으로 활동하며 전선에서 부상병을 치료했다. 1912년 상해에서 신규식·조성환과 함께 동제사를 조직, 독립운동가의 의료를 전담했다. 1919년 만세운동 이후 신채호와 중외통신사, 전광신보사의 창립에 참여했고, 러시아·미주·중국 각지에 신문을 발송하여 독립정신을 고취했다.

1933년에는 산서성 태원에서 대동병원을 개업하여 항일운동을 지원했다. 1946년 5월 귀국한 이후 도립마산병원 병원장으로 근무했고, 1956년 진보당에 참여하여 경상남도위원장을 역임했다. 1967년 8월 6일 82세로 서거했다. 한국청년전지공작대 예술조장으로 〈한국행진곡〉, 〈항전가곡〉 등 군가를 작곡한 한형석(1910-1996.애국장)이 그의 차남이다.

- 1945.8.6. 미국이 히로시마에 최초의 핵폭탄 투하, 25만 거주자 중 7만 명이 초기 폭발로 사망

8월 7일 해외동포의 단결, 하와이 신민회

1903년 오늘 하와이에서 한인들이 정치단체 신민회를 조직했다. 자료: 1903년 하와이 이민자 모습(하와이대 한국학연구소)

1903년 8월 7일 하와이 호놀룰루에서 결성된 신민회는 최초의 해외 한인 정치단체로, 윤병구, 홍승하, 문홍식이 주도했다. 신민회는 하와이로 이주한 한인 사탕수수 노동자들을 중심으로, 동포의 단결과 일본제국주의 침략에 반대하는 구국정신 고취를 목적으로 설립되었다. 이 단체는 특히 감리교 교인들이 주축이었으며, 교회 활동과 민족운동이 결합된 것이 특징이다. 초대 회장은 감리교 전도사 홍승하였다. 신민회는 대한제국 정부의 국정 쇄신을 주장했으나, 설립 이념이 오해를 사기도 했고, 내부적으로는  감리교와 불교·성공회 교인들 간의 갈등이 불거져 1904년 4월 내부 분열로 해체되었다.

신민회의 결성은 하와이 한인사회의 민족운동 단체 결성의 시발점이 되었으며, 이후 한인합성협회, 대한인국민회 등으로 이어지는 미주 한인 독립운동 조직의 뿌리가 되었다.

8월 8일 순종, 헤이그밀사 처형 판결 승인

1907년 오늘 순종이 헤이그밀사에 대한 판결을 승인한 것은
스스로 국권 상실을 인정한 것이다.

자료: 헤이그밀사 3인(국가보훈부)

1907년 8월 8일, 순종은 일본의 강요로 헤이그밀사에 대한 처형 선고를 승인한다. 이는 고종이 헤이그에서 열린 만국평화회의에 이상설, 이준, 이위종 세 밀사를 파견해, 1905년 을사늑약의 불법성과 일본의 침략을 국제사회에 폭로한 데 대한 일제의 보복 조치였다. 1907년 8월 8일 순종은 일본의 압력에 못 이겨 이준(이미 순국), 이상설, 이위종에게 궐석재판으로 각각 종신형과 사형 선고를 승인했다.

결국 이상설과 이위종은 고국에 돌아오지 못하고 망명지에서 생을 마쳤다. 이 사건은 대한제국 황실의 무력화와 일제의 내정 간섭이 극에 달했음을 보여준다. 일제는 이날부터 각 부처에 일본인 차관을 임명하여 내각을 완전히 통제한다. 황제의 국권을 지키려 했던 밀사들의 목숨을 황제 스스로가 거두는 꼴이 되었다.

• 1980.8.8. 광복군 참모장, 김홍일(1898-1980.독립장) 서거

8월 9일 베를린의 눈물, 손기정

1936년 오늘 베를린 올림픽 마라톤에서 손기정이 금메달을 목에 걸었다.

자료: 1936.8.25.(동아일보)

손기정은 1936년 8월 9일 독일 베를린 올림픽 마라톤에서 2시간 29분의 신기록으로 금메달을 획득했다. 그러나 그는 일제 식민 지배 아래 '손 기테이'라는 이름으로 일본 대표로 출전해야 했고, 시상식에서도 일장기를 단 채 일본 국가가 연주되는 가운데 메달을 받아야 했다. 손기정은 시상대에서 고개를 숙인 채 깊은 슬픔과 민족적 울분을 드러냈다. 이 우승 소식은 조선 전역에 큰 감동을 주었고, 한글 신문들은 '우리의 승리'로 대대적으로 보도했다.

이런 분위기 속에서 '일장기 말소사건'이 일어났다. 8월 13일 《중앙일보》가 먼저 손기정의 사진에서 일장기를 흐리게 지워 보도했고, 8월 25일 《동아일보》는 일장기를 완전히 말소한 사진을 실었다. 이는 사회부 이길용 기자가 주도한 것으로, 민족 감정의 상징적 표현이었다. 일제는 《동아일보》를 8월 29일 9개월간 정간시키고, 관련 언론인들을 구속하는 등 강력히 탄압했다. 《중앙일보》는 압박 끝에 휴간했다.

• 1937.8.9. 영화감독이자 독립운동가 춘사 나운규(1902-1937.애국장) 폐질환으로 순국

8월 10일 광복을 대비한다, 조선건국동맹

1944년 오늘 여운형이 건국동맹을 결성하여 해방 이후를 준비했다. 자료: 종로 경운동 소재 조선건국동맹터(독립기념관)

조선건국동맹은 1944년 8월 10일, 일제의 패망이 임박한 시기에 여운형, 조동호, 황운 등을 중심으로 서울에서 조직된 비밀 독립단체다. 건국동맹은 해방 이후 조국의 자주적 건설을 준비하기 위해 결성되었고, 사회주의자와 민족주의자 등 각계 인사가 참여해 전국적인 조직망을 구축했다. 건국동맹은 농민동맹, 부인동맹, 청년노동자운동 등 직능별 하부 조직을 전국적으로 확대했다.

1945년 8월 4일 일본 경찰에 조직이 발각되어 간부들이 체포되었으나, 8월 15일 해방과 함께 조선건국준비위원회를 결성, 치안과 질서 유지에 앞장섰다. 조선건국동맹의 의미는 해방 직후 국내에서 자주적 국가 건설과 민족통일전선의 기틀을 마련한 점, 그리고 좌우 이념을 초월해 민족의 대동단결을 도모한 데에 있다.

8월 11일 무장투쟁의 선봉, 대한광복회 박상진

1921년 오늘 대한광복회 동지들의 사형이 집행됐다.

자료: 울산 박상진 의사상(현충시설정보서비스)

박상진(1884-1921.독립장)은 경남 울산 출신으로, 의병장 허위의 문하에서 민족의식을 키웠고, 양정의숙에서 법률을 전공한 뒤 판사시험에 합격했으나, 일제의 관리가 되길 거부하고 독립운동에 투신했다. 1912년 대구에 상덕태상회를 설립해 만주와 국내를 연결하는 연락기지로 삼고, 군자금 조달 등 재정지원에 힘썼다. 1915년에는 조선국권회복단을 조직하고, 같은 해 풍기광복단과 연합해 대한광복회를 조직, 총사령에 취임했다.

대한광복회는 암살·폭동·비밀·명령의 4대 강령 아래 전국적 조직망을 구축하고, 군자금 므집, 일제 세금마차 탈취, 친일부호 처단, 신흥무관학교 지원 등 적극적 무장투쟁을 전개했다. 1918년 2월 조직이 발각되어 37명이 체포된 후, 4년간 옥고 끝에 1921년 8월 11일 대구형무소에서 동지 김한종과 함께 형이 집행되어 순국했다. 함께 체포된 채기중, 임봉주, 김경태는 8월 12일 서대문형무소에서 사형이 집행됐다.

8월 12일 3대 독자의 항일투쟁, 신현규

1928년 오늘 신현규가 옥중에서 자결 순국했다.

자료: 1928.8.17.(동아일보)

신현규(1888-1928.독립장)는 충북 괴산 출신으로, 가난한 농가의 3대 독자로 태어나 유년기에 한학을 공부했고, 20대까지 농업에 종사했다. 의병 활동으로 시작해 대한광복회와 신민부 등 주요 항일단체에서 활약했다. 그는 1917년 대한광복회에 가입, 경북 일대에서 채기중 등과 함께 무장투쟁을 전개했다. 1918년 1월 도고면장 박용하 처단사건으로 체포되어, 1920년 6월 대구법원에서 징역 7년을 받고 1926년 만기로 풀려났다. 출옥 후에는 만주 무장단체 신민부에 가입, 항일 활동을 이어가다, 1928년 7월 30일 서울 태평로에서 손양윤, 손봉현, 윤창선 등과 함께 일경에 붙잡혔다.

그는 종로경찰서 유치장에 수감 중 자결을 시도하여 1928년 8월 12일 순국했다. 그의 죽음은 '신현규 사건'으로 언론에 보도되었고, 동지들도 모두 실형을 선고받았다. 그의 시신은 가족의 품으로 돌아오지 못한 채 화장되었다.

8월 13일 시와 소설로 저항, 심훈

1935년 오늘 심훈의 장편소설 상록수가 동아일보 공모전에 당선됐다. <small>자료: 충남 당진 상록탑(현충시설정보서비스)</small>

심훈(심대섭,1901-1936.애국장)은 서울 출신의 저항시인이자, 소설가, 언론인이다. 1919년 경성제일고보 재학 중 3·1운동에 참여해 투옥과 퇴학을 당했다. 이후 중국 항주로 망명해 지강대학을 졸업했으며, 귀국 후 《동아일보》 기자로 활동하며 민족의식 고취에 힘썼다. 1930년 3월 저항시의 금자탑 〈그날이 오면〉을 발표해 독립에 대한 열망을 강렬하게 드러냈다. 장편소설 《상록수》가 1935년 8월 13일 《동아일보》 특별공모에 당선됐다. 《상록수》는 식민지 현실을 극복하려는 젊은이들의 민족의식과 실천을 감동적으로 그려냈다. 1936년 9월 16일 장티푸스로 서거했다. 아래는 시 〈그날이 오면〉의 일부다.

"그날이 오면 그날이 오면, 삼각산이 일어나 더덩실 춤이라도 추고,

한강물이 뒤집혀 용솟음 칠 그날이, 이 목숨이 끊기기 전에 와 주기만 한다면,

나는 밤하늘에 날으는 까마귀와 같이 종로의 인경을 머리로 들이받아 울리오리다,

두개골은 깨어져 산산조각이 나도, 기뻐서 죽사오매 오히려 무슨 한이 남으오리까."

8월 14일 전쟁의 종결과 해방의 서막

1945년 오늘 일본은 연합국에 무조건 항복을 통보했다.

자료: 1945년 9월 2일 미주리함에서 항복 서명

1945년 8월 14일, 일본은 연합국에 포츠담선언의 수락, 즉 무조건 항복 의사를 공식적으로 통보했다. 이 결정은 8월 6일과 9일 히로시마와 나가사키에 원자폭탄이 투하되어, 전황이 급격히 불리해진 결과였다. 일본 정부는 처음에는 일왕의 국가 통치권 보장을 조건으로 항복 의사를 타진했으나, 연합국은 무조건 항복 원칙을 고수했고, 최종적으로 일본은 8월 14일 밤 스위스 정부를 통해 연합국에 항복을 통보했다.

항복 과정에서는 일본 내에서도 군부를 중심으로 강경파의 반발이 있었지만, 결국 일본 참모본부와 정부는 일왕의 의지에 따라 항복을 결정하고, 8월 15일 히로히토 일왕이 라디오 방송을 통해 항복을 공식 발표했다. 포츠담선언 제8항에 "한국을 적절한 시기에 해방하고 독립시킨다"라는 연합국의 약속이 재확인되어, 일본의 항복은 곧바로 한국의 광복으로 이어졌다. 소련의 1945년 8월 8일 대일 선전포고 전에 일본이 항복을 선언했다면 남북분단은 없었을 것이다.

8월 15일 빛을 되찾은 날, 광복

1945년 오늘 일본 왕 히로히토가 라디오로 항복을 선언했다.

자료: 광복 당일 기사(매일신보)

8월 15일 오전, 총독부의 2인자 엔도 정무총감이 여운형을 긴급히 면담했다. 총독부는 일본의 패망이 공식화되자 여운형에게 질서유지와 행정권 이양 문제를 논의했다. 여운형은 해방 전부터 '조선건국동맹'을 조직해 왔으므로, 이 면담을 계기로 8월 15일 저녁 '조선건국준비위원회'(건준)를 발족, 해방 직후 치안과 행정의 공백을 메우기 위한 활동에 즉각 착수했다. 일왕의 항복 방송 4시간 전, 미국은 단파방송 VOA을 통해 이미 일본의 항복 소식을 세계에 타전했다. 일부 조선인들은 외신을 통해 해방 소식을 접했으나, 공식적으로는 일왕의 라디오 방송이 결정적이었다.

정오 일왕 히로히토가 라디오 방송을 통해 종전조서를 발표했다. 이 방송은 일본어 문어체로 매우 모호하게 표현되었고 항복이나 패전이란 단어가 포함되지 않아, 한국인들에게 종전 소식이 명확하게 전달되지는 않았다. 그럼에도 항복 소식은 점차 입소문과 신문 등을 통해 퍼져나갔다. 당일 발행된 《매일신보》에도 포츠담선언 수락 통고 등의 내용으로 게재됐다.

8월 16일 해방의 기쁨, 혼란의 시작

1945년 오늘 서대문형무소의 독립지사들이 석방되었다.

여운형은 건국동맹을 모체로 건국준비위원회를 발족시켜 8월 16일 서대문형무소의 정치범을 석방하고, 치안대를 조직하는 등 발 빠른 정권 인수 활동을 시작했다. 하지만 8월 16일 총독부는 38선 이남을 미군이 점령할 것이라는 정보가 확실해지자, 일방적으로 행정권 이양 약속을 철회하고 미군정이 시작될 때까지 총독부 본래의 권한을 그대로 존속시켰다.

여운형과 안재홍이 구성한 조선 건국준비위원회는 8월 말까지 전국에 145개의 지부가 생겨날 만큼 그 세력을 확대했고, 박헌영을 중심으로 한 조선공산당도 인민정권을 세우기 위해 박차를 가했다. 8월 16일은 해방의 기쁨이 표출된 날이었으나, 동시에 일제의 행정권이 완전히 이양되지 않아 혼란과 불안도 공존했다. 민중은 거리로 나와 만세를 외쳤고, 독립운동가의 석방과 자치조직의 출범 등 새로운 시대가 시작되는 상징적 장면들이 펼쳐졌다. 그러나 행정·치안의 공백, 그리고 미군과 소련군의 진주를 앞둔 불확실성도 함께 존재한, 격동의 하루였다.

8월 17일 최장기 복역 지사, 정이형

1945년 오늘 30에 투옥되었던 정이형이 50이 되어 출옥했다.

자료: 정이형 수형카드(국가보훈부)

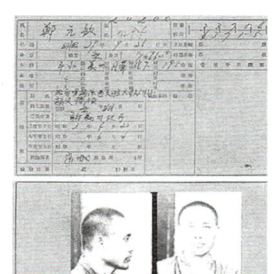

정이형(1897-1956.독립장)은 평북 의주 출신으로, 1919년 전남 장성에서 3·1만세운동을 주도하며 독립운등에 뛰어들었다. 1922년 만주로 망명해 대한통의부에 입단, 신팔균 사령관의 부관과 제5중대장으로 활동하며 만주의 친일단체 습격, 친일파 숙청, 국내 진입작전 등 무장투쟁을 전개했다. 1925년 3월, 김석하와 함께 평북 초산군 등지의 일본 주재소를 기습 공격해 일본 경찰을 사살하고 주재소를 소각하는 전과를 올렸다. 1923년 다물청년당, 1926년 고려혁명당을 조직해 독립운동 단체의 통합에도 힘썼다.

1927년 하얼빈에서 체포되어 무기징역을 선고받고 19년간의 옥고를 치렀다. 1945년 광복과 함께 8월 17일 대전형무소에서 출옥해, 일제 치하 최장기 복역수다. 우당 이회영의 아들이자 독립운동가 이규창이 정이형의 맏사위다. 광복 후 미군정하에서 과도입법의원으로 활동하며 「친일파 숙청법」 제정을 주도했다. 이는 제헌의회 이전에 친일파 청산을 시도한 선구적 입법이었다. 1956년 12월 10일 심장병으로 서거했다.

• 1975.8.17. 학도병을 탈출해서 광복군이 되었던 장준하(1915-1975.애국장) 의문사로 서거

8월 18일 장군의 귀환

2021년 오늘 홍범도가 조국으로 돌아왔다.

자료: 유해 운구 모습(국가보훈부)

홍범도(1868-1943.대한민국장)는 평북 양덕 출신으로, 가난한 농가에서 태어나 사냥꾼으로 성장하여 사격술에 능했다. 1907년 의병봉기에 참여해 일본 수비대를 격파하고, 친일 관리와 부호들을 응징하는 등 평남, 함남, 황해도 일대에서 활약했다. 이후 일제의 「총포단속법」으로 포수들이 무장 해제되자, 연해주로 망명해 무장투쟁 기반을 다졌다. 1919년 3·1운동 이후 만주에서 대한독립군을 창설, 사령관이 되어 국내 진공작전을 펼쳤다. 1920년 6월 봉오동전투에서 일본군 대부대를 격파해 독립군 최초의 대승을 거두었고, 이어 청산리전투에서는 김좌진의 북로군정서군과 연합해 일본군을 대파하는 등 항일무장투쟁의 상징적 업적을 남겼다.

홍범도는 1921년 러시아 자유시에서 독립군 내 갈등과 러시아 적군의 공격(자유시 참변)으로 부하 대부분을 잃는 시련을 겪었다. 이후 카자흐스탄으로 강제 이주해, 극장 수위 등으로 생활하다 1943년 순국했다. 2021년 8월 18일 대한민국으로 봉환되어 대전현충원에 안장됐다.

8월 19일 천도교의 개혁, 나용환

1936년 오늘 3·1운동 민족대표 나용환이 순국했다.

자료: 나용환(독립기념관)

나용환(1864-1936.대통령장)은 평남 성천 출신으로 3·1운동 민족대표 33인 중 한 사람이다. 20대에 동학에 입교했고, 동학이 천도교로 개편되자 평안도 일대에서 포교에 힘썼으며, 1910년 중앙총부 현기사장, 1917년 도사 등으로 승진하며 천도교계의 원로로 자리매김했다. 1904년 손병희의 지시로 일본에 건너가 문학수, 임예환 등과 함께 진보회를 조직해 개혁운동을 주도했다.

1919년 권동진, 오세창 등과 만나 3·1운동 계획에 동참하기로 하여, 2월 27일 독립선언서에 서명, 3월 1일 태화관에서 민족대표 33인으로 참여했다. 곧바로 일본 경찰에 체포되어 2년 형을 선고받고 서대문형무소에서 복역 후, 1921년 11월 4일 만기 출옥했다. 출옥 후에도 천도교 원로로서 교단 발전에 힘썼고, 1926년 천도교계 시일학교를 설립해 교장으로 취임하는 등 계몽운동에도 앞장섰다. 1936년 8월 19일 서울에서 순국했다.

8월 20일 계몽의 탈을 쓴 매국, 일진회

1904년 오늘 친일매국단체 일진회가 설립됐다.

자료: 우로부터 일진회 회장 이용구, 송병준(경성부사)

일진회는 1904년 8월 20일 송병준, 윤시병, 유학주, 이용구 등 유신회와 동학계 인물들이 주도해 결성한 대한제국 시기의 대표적 친일단체다. 송병준은 일본의 비밀지령을 받고 귀국해 유신회를 만들고, 이용구의 진보회를 흡수하여 일진회로 개명했다. 전국적 기반을 갖추어 일진회의 규모는 10만 명 이상이었다. 초창기에는 입헌군주제, 황제권 약화, 민권 확대, 근대적 문명교육 등을 주장하며 계몽운동 성격을 띠었으나, 곧 노골적으로 친일행보를 보였다.

1905년 을사늑약 체결 전후로 외교권 이양을 촉구하는 '일진회 선언서'를 발표했다. 1907년에는 자위단을 조직해 전국적으로 항일의병 탄압에 앞장섰으며, 1910년 한일병합에도 협력해 '정합방 상소문'을 제출하는 등 대표적 매국 단체로 평가받는다. 일진회는 계몽운동의 외피를 썼지만, 실제로는 일본의 침략과 병탄에 앞장선 대표적 친일 매국 단체로, 1910년 한일병합 후 데라우치 통감에 의해 해체되었다.

8월 21일 호남의병, 대동창의단과 호남동의단

1908년 오늘 전해산이 대동창의단을 결성했다.

자료: 전북 장수 전해산 기념관(현충시설정보서비스)

전해산(1879-1910.대통령장)은 전북 임실 출신으로, 1908년 8월 21일 해산 군인 정원집, 오성술과 함께 대동창의단을 결성했다. 대동창의단은 1909년 5월까지 약 10개월간 호남에서 일본군, 헌병, 친일 부호, 일진회 등을 상대로 70여 차례 전투를 벌였다. 대표적 전투로는 불갑산, 석문산 전투, 고막원 전투 등이 있다. 1908년에는 심남일과 호남동의단을 조직해 호남 각지 의병부대의 연합전선을 구축, 항일투쟁의 중심 역할을 했다. 1909년 일제의 집중 토벌과 순종의 해산령, 전투 패배로 부대는 약화되었다. 1909년 12월 변절자 김현규의 밀고로 영산포 헌병대에 체포되어, 1910년 8월 23일 동지 박영근, 심남일, 오성술과 함께 대구감옥에서 교수형으로 순국했다. 부인도 시부모의 장례를 치른 후 남편의 뒤를 따라 자결했다.

그는 최후 진술에서 일본인 재판장을 향해 "내가 죽은 후에 나의 눈을 빼어 동해에 걸어 두어라. 일본이 망하는 것을 내 눈으로 똑똑히 보리라"라고 말했다.

8월 22일 독립운동의 어머니, 남자현

1933년 오늘 남자현이 순국했다.

자료: 남자현(국가보훈부)

남자현(1872-1933.대통령장)은 경북 영양 출신으로, 남편이 을미의병에 참가해 전사한 뒤, 홀로 아들을 키우며 시부모를 봉양했다. 3·1운동에 참여한 것을 계기로 1919년 만주로 건너가 김동삼과 함께 서로군정서에 가입해, 독립군 지원과 옥바라지로 '독립운동의 대모'가 되었다. 만주 각지에 12개 교회와 10여 개의 여자교육회를 설립해 민족의식 고취에도 앞장섰다. 1925년 사이토 마코토 조선 총독 암살을 시도하는 등 무장투쟁에도 직접 참여했다. 1932년 국제연맹조사단에 혈서를 보내 일제 만행을 고발했고, 1933년에는 관동군사령관 부토 노부요시 암살을 시도하다 체포됐다.

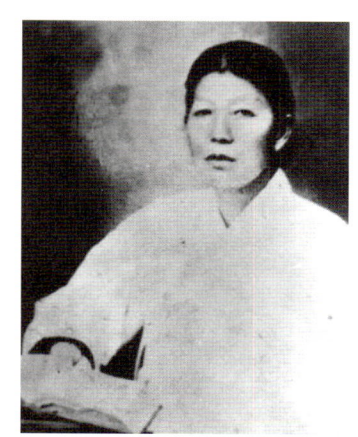

1933년 2월 27일 체포된 뒤 하얼빈 일본총영사관 감옥에서 6개월간 가혹한 고문을 받았다. 8월부터 단식투쟁을 시작했고, 단식한 지 9일 만인 8월 17일 병보석으로 풀려났다. 출옥 후 5일만에 후유증으로 1933년 8월 22일 순국했다.

8월 23일 자유인으로 싸우다 죽겠다

1907년 오늘 권득수, 조인환 의병의 용문산 전투가 벌어졌다. 자료: 맥켄지가 1907년 8월 양평에서 촬영한 의병 사진

용문산 전투는 1907년 8월 23일, 경기도 양평 용문산 일대에서 권득수(1873-1907.애국장), 조인환(1880-1909.독립장) 의병부대가 일본군과 대항한 정미의병의 대표적 전투다. 상원사, 용문사 방면으로 정찰 나온 일본군에 맞서 의병 100여 명이 산중에 매복해, 맹렬한 사격으로 격퇴했다. 다음 날 일본군 본대가 다시 침입하자, 의병은 곳곳에서 매복과 기습공격을 펼쳐 일본군을 퇴각시켰으나, 50여 명의 인명 피해가 있었다. 8월 25일 일본군 아카시의 제9중대가 용문산으로 진격했고, 의병은 배수진을 치고 결사 항전했으나, 전력 열세로 패퇴했다. 일본군은 용문사와 상원사를 방화해 잿더미로 만들고, 상원사 범종 등 문화재도 약탈했다.

영국 《데일리 메일》지의 종군기자였던 맥켄지(독립장)가 저술한 《한국의 비극(Tragedy of Korea)》에 양평 의병 면담 기록이 나온다. "알고 있소, 이렇게 싸우다 죽게 되겠지. 하지만 일본의 노예가 되느니 자유민으로 싸우다 죽는 게 훨씬 좋소."

8월 24일 경제자립의 꿈, 물산장려회

1920년 오늘 평양에서 조선물산장려회가 설립됐다.

자료: 장려회 선전 활동(독립기념관)

1920년 8월 24일 평양에서 조만식, 김동원, 오윤선, 김보애 등 70명이 민족자본을 육성하고 경제적 자립을 목적으로 조선물산장려회를 결성했다. 국산품 장려, 소비절약, 금연, 금주 등의 운동을 벌여 전국적인 호응을 얻자, 1923년 1월 20일 유진태, 이종린, 백관수 등 20여 단체의 대표들이 서울에서도 조선물산장려회를 조직하였다. 1910년대 일본의 경제적 침탈로 인해, 경제적 자립 없이는 민족 독립이 어렵다는 인식이 확산하였다. 이에 지도자들이 물산장려회를 조직하고, 자작자급과 국산품 장려를 운동의 목표로 삼았다.

전국적으로 강연, 가두시위, 계몽 활동을 펼치며 조선인 상점 이용, 조선인 제품 구매를 강조했다. 물산장려운동은 전국적 호응을 얻었고, 조선 업체 제품의 판매가 급증했다. 그러나 토산품 가격 급등, 실질적 민족해방과 무관하다는 사회주의 진영의 비판과 일제의 탄압으로 1930년대 후반에는 활동이 침체했다.

8월 25일 대한독립단원 무후선열, 김세순

1922년 오늘 대한독립단원 김세순이 옥중 순국했다.

자료: 옥중 자결 보도기사, 1922.(독립신문)

김세순(1895-1922.애국장)은 평북 곽산 출신으로, 1919년 만세운동 이후 서간도로 망명해 대한독립단 단원이 되었다. 동료 대원들과 유격대를 결성해 수차례 국내로 진공하여 군자금 모집, 일제 기관 습격 등의 활동을 벌였다. 민첩한 활동으로 연이어 성공적인 유격전을 펼쳤으나 1920년 말경, 평북 강계군 고산진에 진입하였다가 일제 경찰에 체포되었다. 신의주법원에서 징역 2년 형을 선고받고 경성감옥으로 이감됐다.

투옥 중에도 반일 감정을 드러내 간수와 자주 대립했다. 또한 이미 조국 광복을 위해 몸 바칠 것을 결심했으니, 출옥 후에도 독립운동에 매진할 것임을 간수와 같은 방 수감자들에게 호언했다. 이같이 거침없는 행동 때문에 간수와 마찰이 일어나 독방에 갇히고, 홀로 독방에 갇혀 있던 중 부친의 기일인 1922년 8월 25일 만기 출옥을 5개월 남기고 허리띠로 목을 매 자결하여 순국했다. 후손과 묘소 위치를 모르는 무후선열이다.

8월 26일 민족교육의 숨통을 조인 사립학교령

1908년 오늘 통감부는 「사립학교령」을 반포하여
민족교육을 말살하기 시작했다.

자료: 보통학교 수업모습(총독부)

1908년 8월 26일 반포한 「사립학교령」은 일제 통감부가 조선의 민족교육을 통제하기 위해 시행한 법령이다. 이 조치는 전국적으로 확산된 사립학교의 민족교육, 애국심 고취, 국권회복 의식에 위협을 느낀 일본이 대한제국 정부를 강요해 만들어졌다. 신설 학교뿐 아니라 기존 학교도 6개월 이내에 학부대신의 인가를 받도록 했다. 사립학교를 설립하려면 학부대신의 허가를 받아야 하고, 교과서도 학부의 검정을 받아야만 사용할 수 있게 했다. 명령 불이행 시 폐교를 명령할 수도 있었다.

사립학교의 설립, 교과과정, 교사 임명, 재정 등 전반에 걸쳐 정부의 직접적 감시와 간섭이 강화됐다. 1909년 4월 말까지 인가를 청원한 총 1,708개 학교 중 인가를 받은 곳은 242개교에 지나지 않은 사실로 미루어 봐도 이 제도가 사립학교를 말살하기 위한 목적으로 만들어졌음이 확인된다. 당시 4~5천여 개의 사립학교가 있었으나, 1910년 7월까지 운영된 학교는 2,250개 교에 불과했고, 1910년 이후에는 오히려 숫자가 줄어들었다.

8월 27일 가짜 양위식과 순종의 황제 즉위

1907년 오늘 순종이 허수아비 황제로 즉위했다.

고종과 순종의 1907년 7월 20일 '가짜 양위식'은 일제의 조작으로 치러진 대표적인 역사적 촌극이었다. 고종이 일제에 의해 강제 퇴위당하자, 일본은 황제 자리를 순종에게 넘기는 '양위식'을 대대적으로 연출하려 했다. 그러나 고종과 순종 모두 이 행사에 불참했다. 일본은 고종과 순종이 직접 참석해 황제의 자리를 양위하는 장면을 내외에 과시하고자 했으나, 두 황제가 모두 이를 거부했다. 이에 일제는 내시 등 궁중 인물을 대역으로 내세워 고종과 순종의 의복을 입히고, 대한제국의 옥새를 전달하는 모습을 연출했다.

CORONATION OF THE COREAN EMPEROR. 皇城德壽御卽位式場

순종황제 즉위식은 1907년 8월 27일 덕수궁 돈덕전에서 일본 군대의 감시와 협박 속에 강제로 거행됐다. 가짜 양위식으로부터 30여 일이 지난 시점이었다. 이후 1910년 8월 29일, 순종이 일왕에게 합병을 청원하는 방식으로 대한제국은 역사 속으로 사라지게 된다.

8월 28일 덕주령 사건, 나병삼

1922년 오늘 나병삼이 29세를 일기로 사형 순국했다.

자료: 공판 기사, 1921.11.23.(매일신보)

死刑言渡가二名
孟山獨立團事件公判
라신택라병삼무명은사형에
기타조선성등신칠십명은징역

나병삼(1893-1922.독립장)은 평남 덕천 출신으로, 1920년대 초 대한독립청년단에 가입했다. 나신택으로부터 1921년 3월 영원에 있는 경찰서 직원의 봉급이 덕천우체국에서 영원우체국으로 운송된다는 정보를 입수했다. 3월 20일 덕천군 덕주령에서 영원경찰서 순사 박의창을 처단한 후, 공금 5,500원과 권총 1개를 탈취했다. 이 사건은 일명 '덕주령 사건'으로 알려졌고, 이때 빼앗은 현금 중 3,000원은 총무 김봉규에게 전달되었다.

한편 맹산군 선유봉 아래 호굴에 12,000개의 활자와 3대의 인쇄기를 숨겨놓고 독립운동 관련 선전 문서도 인쇄하였다. 맹산과 덕천 양 경찰서의 추격 끝에 1921년 6월 20일 동지들과 함께 붙잡혔다. 1921년 11월 평양법원에서 사형을 선고받고, 1922년 8월 28일 형 집행으로 순국했다. 일본 순사에서 전향해 항일투쟁을 했던 나신택은 무기로 감형되어 옥고를 치렀다.

8월 29일 나라를 빼앗긴 날, 경술국치

1910년 오늘 순종이 한일병합 조칙을 발표해 대한제국이 사라졌다. 자료: 한일병합조약서(일본 도쿄 국립공문서관)

한일병합조약은 1910년 8월 22일 체결하고 8월 29일 공포된 일본제국과 대한제국의 병합에 대한 불평등 조약이다. 이 조약으로 인해 대한제국은 멸망했으며 대한제국의 영토는 일본제국으로 편입되었다. 이후 1965년에 이르러 일본과 대한민국은 한일기본조약 2조에서 '한일병합조약이 무효'임을 확인했다. 1905년 을사늑약, 1907년 정미7조약에 이어 1910년에는 사법권까지 일본에 넘겨주어, 대한제국은 주권을 상실했다.

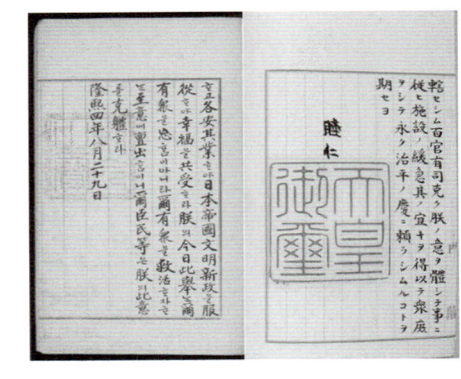

1910년 8월 22일 이완용 내각이 형식상의 어전회의를 열어 조약을 결의하고, 8월 29일 순종이 조칙 형태로 발표했다. 이때 서울 거리 곳곳에는 일본 헌병이 배치되어 있었다. 경술국치로 인해 이범진, 황현 등 수많은 지사가 자결했고, 14만 명에 달하는 이들이 독립운동에 뛰어들었으며, 전국적인 저항이 시작되었다. 조약서에는 일왕 어새 날인과 서명이 있지만, 대한제국은 순종의 서명도 없고 옥새 대신 행정 인감만이 날인되어 있다.

8월 30일 독립군의 대동단결, 대한통의부

1922년 오늘 만주 항일무장단체의 통합체인 대한통의부가 출범했다. 자료: 1922년 대한통의부 훈련 모습(독립기념관)

대한통의부는 1922년 8월 30일 만주 서간도 지역에서 여러 독립운동 단체를 통합한 무장단체다. 청산리 전투 등에서 독립군에게 참패한 보복으로 한국인을 학살한 1920년 간도참변과, 1921년 자유시 참변을 거치면서 만주 지역 독립군 부대들의 세력이 약화하자, 단일 통합체의 필요성이 대두됐다. 1922년 8월 30일 남만한족통일회에서 군정서, 대한광복군영 등 대표 71명이 모여 대한통의부 결성을 결의했다. 총장은 김동삼, 부총장은 채상덕이 맡고, 중앙부와 12개 소에 총영을 배치했다. 대한통의부는 일제 기관 파괴, 친일 세력 숙청 등 무장투쟁을 전개했다.

여러 단체의 연합체인 성격 탓에 내부 분열이 발생, 복벽주의 계열의 인사들이 1923년 2월 대한통의부를 탈퇴하고 새롭게 의군부를 창설했다. 1924년 11월 정의부가 조직되자 통의부에 잔류했던 독립운동가들이 대부분 정의부로 합류하게 되면서 통의부는 자연히 해체되었다.

8월 31일 독립선언서 인쇄, 이종일

1925년 오늘 민족대표 33인 옥파 이종일이 영양실조로 순국했다. 자료: 태안의 이종일 기념관(현충시설정보서비스)

이종일(1858-1925.대통령장)은 충남 태안 출신으로, 3·1운동 민족대표 33인 중 한 사람이다. 1882년 박영효를 따라 일본 수신사 수행원으로 다녀온 뒤 개화운동에 투신했다. 독립협회, 만민공동회 등에서 활동했고, 1898년 순 한글 신문인 《제국신문》을 창간하여 국민계몽에 힘썼다. 《독립신문》, 《황성신문》에서도 필진으로 활동했다. 1905년 천도교에 입교한 뒤 대한자강회, 대한협회 등에서 애국계몽운동을 전개했다. 1910년 경술국치 직후 일제의 작위 수여 제의를 거절하고 본격적인 독립투쟁에 나섰다.

1919년 3·1운동 당시 천도교가 운영하던 인쇄소 보성사 사장으로, 기미독립선언서 2만 1천 장을 인쇄·배포하는 핵심 역할을 맡았다. 이후 체포되어 징역 3년 형을 선고받고 2년 6개월 복역 후 출옥했다. 저서로 《한국독립비사》, 《옥파 비망록》 등이 있다. 말년에는 극심한 빈곤 속에서 1925년 8월 31일, 68세에 영양실조로 순국했다.

9월

9월 1일 관보 제1호 연호, 대한민국 30년

1948년 오늘 발행한 대한민국 관보 제1호의 연호는 '대한민국 30년'이었다. _{자료: 관보 제1호(국가기록원)}

1948년 9월 1일 발행된 대한민국 관보 제1호에는 연호가 "대한민국 30년 9월 1일"로 표기되어 있다. 이 표기는 1919년 4월 11일 임시정부 수립을 '대한민국 1년'으로 정하고, 1948년을 '대한민국 30년'으로 계산한 것이다. 즉, 대한민국 정부는 1948년 정부 수립을 임시정부의 정통을 계승한 "재건"으로 규정했으며, 공식 문서인 관보를 통해 이를 천명했다.

관보 제1호에 실린 헌법 전문에서도 "기미 3·1운동으로 대한민국을 건립하여 세계에 선포한 위대한 독립정신을 계승하여…"라는 표현을 사용해, 임시정부의 법통 계승을 명확히 밝혔다. 이 연호 표기는 관보 제5호까지 이어졌고, 1948년 9월 25일 「연호에 관한 법률」 제정 이후에는 '단군기원' 연호를, 1962년부터는 '서력기원'을 사용했다. 이처럼 '대한민국 30년' 표기는 대한민국 정부가 임시정부의 법통을 계승했음을 보여주는 상징적 기록이다.

• 1923.9.1. 관동대지진 후 일본 관헌과 민간인들이 유언비어로 인해 한국인을 6천 명 이상 학살

9월 2일 백발의 투사, 강우규

1919년 오늘 65세 노인이 사이토 총독에게 폭탄을 투척했다.

자료: 강우규(독립기념관)

강우규(1855-1920.대한민국장)는 평남 덕천 출신으로, 어려서 한학과 한의학을 익혔다. 1910년 한일병합 후 망명, 만주와 연해주 일대에서 독립운동에 투신했다. 요하현에 100여 호의 한인촌을 조성하고, 1917년 광동학교를 설립했다. 1919년 대한국민노인동맹단 요하현 지부장으로 활동하며 만세운동을 이끌었다. 1919년 신임 총독 사이토 마코토의 부임 소식을 듣고, 그를 처단하기로 결심했다. 9월 2일 서울 남대문역에서 사이토 총독의 마차를 향해 폭탄을 투척했다.

총독은 무사했지만, 현장에 있던 신문기자와 경찰, 철도 관계자 37명이 중경상을 입었다. 의거 후 재거사를 준비하다 9월 17일 체포되어 사형을 선고받았다. 비록 총독 암살에는 실패했으나, 조선 민족의 독립의지를 강렬히 알렸다. 1920년 11월 29일 서대문형무소에서 사형으로 순국했다. 이때 세상을 떠나며 사세시(辭世詩)를 남겼다. '단두대에 서니 오히려 봄바람이 이는구나, 몸은 있되, 나라가 없으니 어찌 감상이 없으리오.'

9월 3일 민족주의와 사회주의의 연합, 신간회

1927년 오늘 신간회 대구지회가 설립됐다.

자료: 창립대회가 열렸던 조양회관(현충시설정보서비스)

신간회 대구지회는 1927년 9월 3일 대구 조양회관에서 600여 명이 운집한 가운데 조직됐으며, 민족주의와 사회주의 진영의 연합을 상징하는 조직이었다. 신간회 중앙회에서 안재홍, 홍명희 등이 참석해 설립 취지와 활동 방향을 설명했다. 대구의 각종 청년, 노동, 농민단체와 민족운동 세력이 참여했다. 이경희(1880-1949.애국장)가 초대 지회장을 맡았으며, 설립 당시 대구지회 회원은 150명이었지만 1928년에는 약 300명으로 증가하였다.

강연회와 야학을 운영하며 민족의식을 확산시켰다. 대구고보, 대구농림학교, 대구상업학교 학생들을 대상으로 사상 강좌를 개최하여 정치투쟁 운동을 전개하는 데 지원했다. 대구노동공제회, 대구청년동맹 등 사회주의 계열 단체들과도 사무실을 공유하며 연대했고, 근우회 대구지회 등 여성운동 단체와도 협력해 지역 민족운동의 구심점 역할을 했다.

• 1923.9.3. 박열, 가네코 후미코 일왕 암살 혐의로 체포

9월 4일 모성의 투혼, 이애라

1922년 오늘 이애라가 병사 순국했다.

자료: 이애라(독립기념관)

이애라(1894-1922.독립장)는 서울 출신으로, 이화학당 졸업 후 공주 영명여학교 교사로 부임, 남편 이규갑(1888-1970.독립장)과 함께 여자야학교를 설립하며 여성 계몽에 앞장섰다. 이후 평양에서 정진소학교, 정의여학교의 교사로 활동했다. 1919년 만세운동에 참여했다가 일제에 체포되어 평양경찰서에 구금되었다. 석방 후에는 서울로 와 애국부인회에서 여성 동지들과 함께 비밀결사 활동을 전개했다. 투옥 과정에서 일본 헌병에 의해 백일 된 막내딸을 잃는 비극을 겪었다.

남편 이규갑이 시베리아로 망명하자, 일제의 감시와 고문 속에서 남편의 행방을 묻는 심문을 견뎠다. 1921년 연해주로 망명하는 과정에 함북 웅기에서 다시 체포되어 고문을 당했고, 치료를 위해 석방된 후 결국 블라디보스톡으로 피신했다. 소식을 듣고 달려온 이규갑은 피골이 상접한 아내 이애라를 만날 수 있었다. 그러나 수년 만에 부군을 만난 이애라는 겨우 며칠을 지낸 후 1922년 9월 4일 순국했다. 향년 28세였다.

9월 5일 황성신문, 시일야방성대곡

1898년 오늘 시일야방성대곡(是日也放聲大哭)의 매체
황성신문이 창간됐다.

자료: 장지연의 논설 〈시일야방성대곡〉, 1905.11.20.(황성신문)

황성신문은 1898년 9월 5일 남궁억(1863-1939.독립장)과 나수연이 중심이 되어 창간한 민간 일간지로, 대한제국 시기 민족의식 고취에 앞장선 신문이다. 사장 남궁억, 총무 나수연을 비롯해 박은식, 장지연 등 당대 대표적 지식인과 독립운동가들이 주필로 참여했다. 당시 한글 전용 신문이 많았던 것과 달리 국한문혼용체로 발행해, 한문을 읽을 수 있는 지식인 계층을 주요 독자층으로 삼았다. 발행 부수는 최고 13,000부에 달해 당시 가장 영향력 있는 신문 중 하나였다.

정치적으로는 점진적 개혁을 지지하고, 정부의 폐단과 외세 침탈을 비판했다. 특히 을사늑약(1905) 체결 시 장지연의 논설 〈시일야방성대곡(是日也放聲大哭)〉을 통해 일제 침략을 강력히 규탄, 사장과 직원들이 체포되고 신문이 정간되는 등 큰 탄압을 받았다. 1910년 9월 14일 제3470호를 끝으로 종간됐다.

• 장지연(1864-1921.서훈취소) ➡ 11/20

9월 6일 신사참배 거부, 수피아여학교

1937년 오늘 수피아여학교가 신사참배를 거부하고 자진 폐교했다. 자료: 수피아여학교(현충시설정보서비스)

1908년 미국 남장로회 벨 유진 선교사가 설립한 광주 수피아여학교는 1919년 3·1만세운동을 주도했고, 1929년 광주학생운동에도 적극 참여했다. 이로 인해 교사와 학생이 체포되는 등 여러 차례 탄압을 받았다. 1932년 태극기 소지와 항일활동을 펼치던 비밀결사 백청단이 발각되어 무기 휴교 처분을 받기도 했다. 1930년대 후반, 일제는 모든 학교와 학생들에게 신사참배를 강요했다. 일제의 압박에도 불구하고 수피아여학교는 1937년 9월 6일, "신사참배는 종교 행위임이 명백하므로, 강요하면 학교를 폐교한다"라는 미국 남장로회 성명에 따라 자진 폐교했다.

이해 광주 숭일학교, 목포 영흥·정명학교, 순천 매산학교, 전주 신흥·기전학교, 군산 영명학교 등 호남 지역 남장로회 계열 학교들도 함께 문을 닫았다. 폐교 후 학교는 조선총독부 소유가 되어 상업학교, 의학전문학교 등으로 사용되었다가, 광복 후 동문들의 노력으로 1945년 12월 복교, 1948년 첫 졸업식을 거행하며 교육활동을 재개했다.

9월 7일 봉오동과 청산리전투의 주역, 안무

1924년 오늘 안무가 총상을 입고 순국했다.

자료: 20세 무렵의 안무(국가보훈부)

안무(1883-1924.독립장)는 함북 회령 출신으로, 1899년 대한제국 진위대에 입대, 교련관 양성소를 졸업한 뒤 국경지대에서 군사훈련을 담당했다. 1907년 군대 해산 후 경성 함일학교에서 교사로 일하다가, 1910년 간도로 망명하여 항일운동에 투신했다. 1914년 북간도에서 이동휘, 김약연과 함께 대한국민회를 조직하고, 1920년 대한독립군과 연합부대를 결성했다. 연합부대의 병력은 최진동의 군무도독부계가 약 670명, 홍범도와 안무의 대한국민회계가 약 550명으로 총 1천 2백여 명이었으며, 기관총 2문, 장총 약 900정, 수류탄 1백여 개 등의 무장을 갖추고 있었다.

1920년 6월 봉오동전투에서 일본군을 유인·섬멸하며 독립군 최초의 대승을 거두었다. 이어 10월 청산리전투에도 홍범도·김좌진 등과 함께 일본군 2만여 명을 격퇴하는 대승을 거뒀다. 일본군의 대규모 보복인 경신참변 이후 독립군을 이끌고 러시아 연해주로 이동, 자유시 참변을 겪은 뒤 다시 만주로 돌아와 독립군 재건에 힘썼다. 1924년 9월 6일 용정에서 일본 경찰의 습격을 받아 총상을 입고 근처 자혜의원으로 이송했으나 9월 7일 순국했다.

9월 8일 을사오적에게 경고, 김석진

1910년 오늘 대한제국 최후의 대신
김석진이 자결 순국했다.

자료: 김석진이 순국한 서울 번동 소재 창녕위궁재사(현충시설정보서비스)

김석진(1843-1910.독립장)은 경기도 광주 출신으로 1860년 정시문과에 급제해 호조판서까지 올랐다. 1895년 을미사변과 일제 침탈에 분노해 벼슬을 버리고 경기도 양평 강상면에 은거했다. 1905년 을사늑약 체결 후, '토역소'를 올려 을사오적 처단과 조약 폐기를 강력히 주청하고, 매국노 처벌과 일제의 침략에 대한 단호한 상소를 반복했다.

1910년 경술국치 직전, 일본 통감 데라우치가 남작 작위와 은사금을 내리겠다며 회유했으나, 이를 거부하고 "난신적자를 모두 없애겠다"라는 신념을 고수했다. 1910년 9월 8일, 일제의 회유에 맞서 미리 준비한 아편을 먹고 자결, 죽음으로써 일제에 항거했다. 그의 순국 소식에 우국지사들은 제문으로 그를 추모했다. 박은식의 《한국통사》, 조희제의 《염제야록》, 송상도의 《기려수필》 등 근현대 기록에 독립운동의 귀감으로 소개되며, 후대 독립운동가들의 정신적 지주가 되었다.

9월 9일 독립운동의 대동단결, 홍진

1946년 오늘 임정 의정원 의장과 국무령을 지낸
홍진이 서거했다.

자료: 홍진 유묵, 함께 살아 돌아가자는 여자동귀(독립기념관)

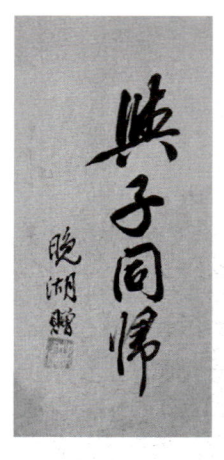

홍진(1877-1946.독립장)은 서울 출신으로, 1898년 법관양성소를 졸업한 뒤 충주재판소 검사로 임관했고, 이후 변호사로 활동했다. 1919년 3·1운동 직후, 한성정부 수립을 주도했다. 이후 상해 임시정부, 노령 임시정부 등과의 통합을 이끌며 대한민국 임시정부의 정통성을 확립하는 데 핵심적 역할을 했다. 1921년 임시의정원 의장에 선출되어 임시정부의 입법부를 이끌었고, 1926년에는 국무령으로 추대되어 정부의 혼란을 수습했다. 이후 1930년 한국독립당 창당과 1940년 한국광복군 창설에 주도적으로 참여하여 무장투쟁의 기반을 마련했다.

광복 후 1946년 2월 명동성당에서 임시의정원을 계승한 비상국민회의를 결성하고, 의장으로서 과도정권 수립을 추진하던 중 심장천식으로 입원하여, 1946년 9월 9일 서거했다. 홍진은 임시정부 26년의 역사에서 국무령과 임시의정원 의장을 모두 지낸 유일한 인물이다.

9월 10일 삼균주의, 조소앙

1958년 오늘 삼균주의를 제창한 임정 헌법의 아버지
조소앙이 평양에서 서거했다.

자료: 경기도 양주의 조소앙 기념관(현충시설정보서비스)

조소앙(1887-1958. 대한민국장)은 경기도 교하 출신으로, 1902년 성균관에 입학하여, 신채호 등과 교류하며 민족의식을 키웠다. 1904년 황실 유학생으로 메이지대학 법학부에서 수학하며, 대한유학생회 결성 등 유학생 단체를 조직했다. 1913년 중국으로 망명, 신규식 박은식, 신채호, 등과 함께 동제사를 조직했다. 1917년 7월 공화정을 추구하는 대동단결선언문을 선포하였으며, 1919년 2월에는 길림에서 독립운동가 39명이 서명한 대한독립선언서를 기초했다. 1919년 4월 임시정부 수립에 참여하여 대한민국 임시헌장을 기초하고, 임시의정원 의장, 외무총장 등 요직을 수행했다.

개인·민족·국가 간 균등과 정치·경제·교육적 균등을 핵심으로 한 삼균주의를 제창하여, 임시정부 건국강령의 기초를 마련했다. 광복 후 비상국민회의 의장으로 임정 정통성 수호에 앞장섰고, 남북협상 등 통일운동에 참여했다. 1950년 제2대 국회의원 선거 서울 성북구에서 전국 최다득표로 국회의원에 당선되었지만, 6·25전쟁 중 납북되어 1958년 9월 10일 평양에서 서거했다. 평양 애국열사릉에 안장되었다.

9월 11일 민주공화국의 기틀, 임시헌법

1919년 오늘 근대적 헌법 원칙을 담은 임시헌법이 공포됐다.

자료: 임정 국무원, 1919.10.11.(독립기념관)

1919년 9월 11일 임시의정원은 임시헌법을 개정, 공포했다. 1919년 4월 11일 임시의정원이 제정한 기존의 대한민국 임시헌장의 내용을 보강하고, 명칭도 '헌장'에서 '헌법'으로 변경했다. 임시헌장이 총 10개 조의 간략한 내용이었던데 반해, 임시헌법은 총 8장 58조의 방대한 내용으로 개정하여 민주공화국 원리와 삼권분립을 명확히 했다. 또한 인민의 자유, 평등, 참정권, 교육·납세·병역의 의무 등 근대적 헌법의 기본 원칙을 담았다.

임시헌법은 국호는 '대한민국'으로 동일하게 하고, 정체는 민주공화국, 지도 체제는 대통령제(1919-1925. 이승만, 박은식)로 했다. 이후 이승만의 독단에 대한 불만과 반발이 거세져, 1925년 3월 7일 임시의정원은 이승만 대통령을 탄핵했다. 이후 대통령제를 폐지하고 국무령 중심 내각책임제(1925-1927. 이상룡, 양기탁, 이동녕, 홍진, 김구), 국무위원 집단지도체제(1927-1940. 이동녕, 양기탁, 김구), 주석 중심제(1940-1945. 김구)로 변경했다.

9월 12일 총독부 투탄 의거, 김익상

1921년 오늘 의열단 김익상이 총독부에 폭탄을 던졌다.

자료: 김익상(국가보훈부)

김익상(1895-1941.대통령장)은 서울 출신으로, 1921년 상해에서 의열단에 가입했다. 김익상은 1921년 9월 12일 오전 10시 20분경 남산 조선총독부 청사에 전기수리공으로 위장해 들어갔다. 2층 비서과와 회계과에 폭탄을 투척했고, 폭탄이 폭발해 일본 헌병 등이 혼란에 빠졌다.

이후 1923년, 간도학살을 지휘한 일본 육군대장 다나카 기이치가 3월에 상해로 온다는 정보를 입수하고 다나카를 처단할 계획을 세웠다. 김익상은 오성륜, 이종암과 함께 상해 황포탄 부두에서 척살하려 했으나, 폭탄 불발로 실패하고 김익상은 경찰에 체포되어 나가사키로 이송됐다. 1922년 11월 6일 나가사키 법원에서 사형을 선고받았다. 20년으로 감형된 김익상은 1936년 가고시마 형무소에서 출옥했다. 귀국 후 1941년경 일본 경찰에 의해 연행된 후 소식이 끊겼다. 그의 최후에 대하여 독립지사 이강훈은 용산경찰서로 연행 중 한강에 투신해 생을 마감했다고 회고한 바 있다.

9월 13일 충무공의 후예, 대를 이은 충절

1923년 오늘 청산리 전투의 첨병 이민화가 교전 중 순국했다.

자료: 아산 현충사(국가유산청)

이민화(1898-1923.독립장)는 충남 아산 출신으로 충무공 이순신의 11대손이다. 1917년 만주로 망명, 대종교에 입교하고 신흥무관학교를 졸업했다. 서로군정서와 북로군정서에서 독립군을 양성했다. 1920년 청산리·백운평 전투에 참여해, 중대를 지휘하며 큰 전과를 올렸다. 독립군은 이 전투에서만 2-3백 명을 사살하는 대승을 거뒀다. 청산리전투 후 러시아 자유시로 이동, 자유시 참변을 겪었다. 이후 행적은 정확하지 않으나 만주로 돌아오던 중 1923년 9월 13일 밀산현에서 중국 마적과 교전 중 전사한 것으로 보인다. 이순신 장군의 후예로서 대를 이어 왜적과 싸운 호국 가문이다.

제천 의병장 이필희(9세손, 독립장), 고려혁명당 이규풍(10세손, 애국장)과 아들 이민호(11세손, 애족장), 임시의정원 이규갑(10세손, 독립장)과 아내 이애라(독립장), 제천의진 참모 이규현(10세손, 애국장), 광복군 3지대 이길영(12세손, 애족장), 신흥무관학교장 이세영(12세손, 독립장), 고려혁명군 이붕해(12세손, 독립장), 치안유지법 위반 이응렬(14세손, 건국포장) 등이 충무공의 후예다.

9월 14일 의열단 투쟁의 신호탄, 박재혁

1920년 오늘 박재혁이 부산경찰서장 앞에서 폭탄을 터뜨렸다. 자료: 부산 어린이공원 내 박재혁 의사상(현충시설정보서비스)

박재혁(1895-1921.독립장)은 부산 출신으로, 부산공립상업학교 재학 시절, 친구들과 함께 일제가 금지한 《동국역사》를 비밀리에 등사해 배포했다. 학교 졸업 후 1917년 6월 상해로 망명해, 1919년 11월 의열단에 가입했다. 1920년 9월 14일, 박재혁은 고서 장사를 가장해 부산경찰서장 하시모토 슈헤이에게 면회를 요청, 단독으로 접견 중 폭탄을 투척했다. 하시모토 서장은 중상을 입었고, 박재혁도 현장에서 체포됐다. 이 의거는 의열단이 성공한 첫 번째 거사로, 이후 의열단의 무장투쟁이 본격화되는 신호탄이 되었다.

박재혁은 사형을 선고받고 옥중에서 혹독한 고문과 폭탄 투척 당시의 상처로 고통을 겪었다. "왜놈의 손에서 욕보지 말고 차라리 내 손으로 죽겠다."라는 결심으로 단식을 시작, 1921년 5월 11일 26세를 일기로 대구형무소에서 순국했다.

9월 15일 호남의 의병장 오성술

1910년 오늘 호남의병장 오성술이 형 집행으로 순국했다.

자료: 오성술(국가보훈부)

오성술(1884-1910.독립장)은 전남 나주 출신으로, 1907년 10월에 김태원 등과 함께 의병장 기삼연의 휘하에 투신했다. 이들은 고창 문수사에서 일본군을 격파하고, 고창읍성을 점령했다. 법성포를 공격해서 주재소는 물론 일본인 가옥들을 모두 불태우고, 창고에 쌓여 있는 세곡미를 주민들에게 나누어주었다. 1908년 초부터 일본군의 탄압 작전으로, 의병장 기삼연은 전북 순창에서 체포되어 1908년 2월 3일 광주에서 사살됐다. 김태원 역시 4월 25일 광주의 어등산 전투에서 전사했다.

오성술은 흩어진 의병을 수습하여 전열을 가다듬고, 전해산, 조경환과 함께 광주의 용진산에서 새로운 부대를 결성했다. 1908년 후반 나주 석문산 전투와 대명동 전투에서 잇달아 승리했다. 이에 일본은 '남한대토벌작전'을 전개하여 호남 의병 수천 명이 체포되고 수백 명이 사살됐다. 오성술은 나주 용문산에서 1909년 8월 영산포 헌병대에 체포되어 1910년 8월 교수형이 확정되었고, 같은 해 9월 15일 대구감옥에서 형이 집행되어 순국했다.

9월 16일 최초의 볼셰비키, 김알렉산드라

1918년 오늘 한인 여성 최초의 사회주의 혁명가
김알렉산드라가 총살로 순국했다.

자료: 1988년 카자흐스탄 고려신문에 실린 김알렉산드라의 일대기

김알렉산드라(1885-1918.애국장)는 연해주 우수리스크 출신의 한인 2세다. 아버지 김두서는 함북 경흥 출신으로, 1869년 기근과 흉작을 피해 연해주에 정착했다. 그녀는 지인의 도움으로 블라디보스토크 여성사범학교에 진학해 교원이 되었다. 이 시기 그녀는 사회주의 사상에 입문했다. 1914년 제1차 세계대전이 발발하자, 페름의 군수공장에 조선인 노동자들이 강제 동원됐고, 그녀는 통역으로 자원해 우랄노동자동맹을 조직했다. 그녀는 러시아 정부를 상대로 노동자 임금착취 소송을 제기해 승소했다.

1917년, 조선인 최초로 레닌의 볼셰비키에 입당했다. 하바로프스크에서 사회민주당 외무위원장으로 임명되어, 혁명운동과 한인 독립운동의 연대를 추진했다. 1918년, 이동휘, 김립, 양기탁, 류동열 등과 함께 '한인사회당'을 창당했다. 한인사회당은 조선 독립을 위한 무장투쟁과 사회주의 혁명을 결합한 독립운동단체다. 1918년 9월 10일 백군(반혁명군)에게 체포되어, 9월 16일 하바로프스크에서 총살당해 순국했다. 시신은 아무르강에 버려졌다.

9월 17일 대한민국 국군의 뿌리, 광복군

1940년 오늘 임시정부의 정규군, 광복군이 창설됐다.

자료: 한국광복군 성립 전례식 기념사진(독립기념관)

1919년 임시정부 수립 이후 여러 번 군대 조직을 시도했으나, 실질적 군사력 확보에는 한계가 있었다. 1940년 5월, 임시정부 주석 김구는 중국 국민당 장개석과 회담을 열고, 광복군 창설에 대한 승인을 얻었다. 1940년 9월 17일, 중경 가릉빈관에서 임시정부, 중국 측 인사와 각국 외교사절이 참석한 가운데 광복군 총사령부 성립전례식이 거행되었다. 이로써 대한민국 임시정부의 국군인 '한국 광복군'이 공식 창설됐다. 지휘부는 총사령관 지청천, 참모장 이범석, 제1지대장 이준식, 제2지대장 공진원, 제3지대장 김학규로 편성했다.

1941년 12월 7일 태평양 전쟁이 발발하자, 임시정부는 1941년 12월 10일 대일선전포고를 발표했다. 광복군은 1944년 임팔전투에서 영국군과 연합해 대일작전을 수행했다. 미국 전략첩보국(OSS)에서 특수공작 훈련을 받고 국내 진공작전을 계획했으나, 일제의 항복으로 무산됐다. 광복군은 임시정부의 정규군으로, 오늘날 국군의 정통성과 역사적 뿌리를 상징한다.

9월 18일 대륙침략의 서막, 만주사변

1931년 오늘 일본 관동군이 만주를 침략했다.

자료: 9월 19일 일군이 봉천을 점령한 모습

만주사변은 1931년 9월 18일 일본 관동군이 유조호 사건을 조작해 만주를 침략한 사건이다. 일본군은 만주 전역을 신속히 점령하고, 1932년 3월에는 괴뢰정권 만주국을 수립했다. 이 사건은 중일전쟁의 시작이었다. 만주는 당시 한인 독립운동의 거점이었다. 신흥무관학교, 한국독립군 등 주요 무장단체가 만주에서 무장투쟁을 전개했다. 만주사변 이후 일본군은 독립운동세력에 대한 탄압을 강화했다. 만주에서 활동하던 독립운동가들은 일본군의 토벌에 직면해 상해, 중경으로 이동해야 했다. 만주사변 이후 독립운동 단체들은 임시정부 중심으로 재편되었다.

한편, 만주에 남은 독립운동가들은 유격전, 민족협동전선 등 다양한 방식으로 저항을 이어갔다. 쌍성보전투가 한중 연합작전의 대표적 사례다. 만주사변은 한인 독립운동의 거점을 근본적으로 흔들었으나 오히려 독립운동의 연대와 통합, 그리고 광복군 창설 등 새로운 독립운동의 기반을 마련하는 계기가 되었다.

9월 19일 육군주만참의부, 장평운

1927년 오늘 참의부 장평운이 교전 순국했다.

장평운(미상-1927.애국장)은 1927년 만주 지역에서 임시정부 군무부 직속 육군주만참의부에 참여하여 활동했다. 1927년 참의부 제3중대 소대장 임일권 휘하의 6명과 함께 중국 민병대 복장을 하고 권총을 휴대한 채 평북 희천군으로 향했다. 9월 2일 평북 초산군에서 일제 경찰과 교전 중 한 사람이 사망하고, 9월 8일에 또 다른 동지 한 사람이 피격되었다.

이후 4명의 참의부원과 함께 은신하였다가 1927년 9월 19일 평북 위원군 밀산면의 압록강 연안에서 일제 경찰 수색대 50명에 포위되었고, 1시간 정도 교전한 끝에 송면 송성동에서 일제 경찰에 피격당해 사망했다.

자료: 장평운 사망 보도, 1927.9.22.(동아일보)

9월 20일 만주의 수호신, 양세봉

1934년 오늘 양세봉이 밀정의 탄환에 순국했다.

자료: 요녕성 환인현 소재 양세봉 흉상(독립기념관)

양세봉(1896-1934.독립장)은 평북 철산 출신으로, 1919년 3·1운동을 계기로 항일투쟁에 나섰다. 1923년 말에는 광복군총영 참의부 제3중대장으로 남만주 화전현에서 친일파 숙청사업에 매진했다. 1926년 11월에 정의부 독립군 1중대장이 되어 남만주와 평안도를 넘나들며 항일투쟁에 앞장섰다. 1932년 조선혁명군 사령관으로 추대되어 일제와의 전면전을 주도했다. 1932년 영릉가 전투에서 일본군과 만주군 80여 명을 섬멸했고, 신개령 전투에서는 200명의 적을 살상했다. 또한 화흥중학을 속성사관학교로 개편, 독립군 간부 양성에도 힘썼다.

1934년 9월 20일, 일본의 사주를 받은 밀정 박창해에게 암살당하고, 이 소식을 들은 일본영사관에서는 경찰을 보내, 시신을 파내서 목을 자르는 만행을 저질렀다. 평양 애국열사릉에 안장됐고, 서울 현충원에도 가묘가 있다.

• 1909.9.20. 13도창의군 총대장 이인영(1868-1909.대통령장) 서대문형무소에서 교수형 순국

9월 21일 이강년의 전우, 김상태 의병장

1911년 오늘 의병장 김상태가 사형 순국했다.

자료: 강원도 영월 김상태 충절비(현충시설정보서비스)

김상태(1862-1911.독립장)는 충북 단양 출신으로, 1896년 이강년이 문경에서 일으킨 의병에 중군장으로 합류했다. 문경에서 안동관찰부사 김석중을 처단하는 등 기세를 크게 떨쳤다. 이후 유인석의 제천 의병에도 참여하여 활약했다. 1907년 9월, 문경 일대에서 일본군과 전투를 벌여 전과를 올렸으나, 12월 패전으로 의진이 해산되자 1908년 영남 지역에서 독자적으로 활동했다. 1908년 이강년이 체포되고, 10월 순국하자 의병항쟁은 침체기를 맞이하게 된다. 하지만 1909년 재기를 도모하여 자신의 의병에 이강년 의진의 잔여 병력까지 규합했다.

김상태는 1911년 6월 일제의 회유에 넘어간 우종응의 밀고로 풍기에서 체포됐다. 당시 김상태 의진의 규모는 900여 명에 700여 정의 무기로 무장하고 있었다. 대구공소원에서 사형 판결을 받고, 1911년 9월 21일 대구형무소에서 형이 집행되어 순국했다. 유언에 따라 이강년 의병장의 묘 옆에 안장되었다.

9월 22일 친일 청산의 첫걸음, 반민족행위처벌법

1948년 오늘 반민족행위 처벌법이 제정됐다.

자료: 반민특위 해산명령 기사, 1949.6.8.(경향신문)

반민족행위특별조사위원회는 1948년 9월 22일 제정된 「반민족행위처벌법」에 따라 1948년 10월 설치됐다. 반민특위의 조사 대상은 일본 정부와 조선총독부에 적극 협력한 자, 일제 경찰과 군, 헌병대 등에서 활동한 자, 밀정과 첩자 등이었다. 1949년 1월부터 본격적인 검거와 기소가 시작됐고, 약 7,000명의 반민족행위자를 파악했다. 실제로 조사한 건수는 682건이었으며, 이 중 체포는 305건, 검찰 송치는 559건에 달했다. 노덕술, 김덕기, 최운하, 이광수, 최린, 최남선 등을 구속했으나, 재판에서 실형을 선고받고 복역한 사람은 10여 명에 불과했다.

결국 1949년 6월 6일 이승만 대통령의 지시를 받은 윤기병 중부경찰서장의 지휘로 경찰관 80여 명이 반민특위를 습격해, 특위 조사관을 폭행하고 관련 서류와 집기들을 강탈함으로써 1949년 10월 해체됐다. 이로써 친일 청산은 미완성으로 좌절됐다. 반민특위는 민족정기 회복을 위한 중요한 시도였으나, 실패한 친일 청산으로 남았다.

9월 23일 광복군총영의 폭탄 의거, 박태열

1934년 오늘 평남경찰부에 폭탄을 던진 박태열이 체포됐다.

자료: 박태열 체포 소식을 알리는 기사, 1934.10.20.(동아일보)

박태열(1894년-미상.독립장)은 황해도 은율 출신으로, 1918년 만주로 건너가 신흥무관학교를 졸업하고, 1920년 관전현에서 오동진과 함께 광복군총영 조직에 참여했다. 광복군총영 본부는 서울·평양·신의주 등에 폭탄 투척 계획을 실행하기로 하고, 대원 13명을 선발하여 국내에 들어갔다. 장덕진, 문일민, 우덕선, 안경신 등과 함께 평양에서 폭탄을 던지기로 계획하였다. 1920년 8월 3일 평남경찰부청사에 폭탄을 던져 경찰관 두 명이 사망했다.

이후 박태열과 장덕진은 황해도 해주로 가서 동양척식주식회사를 폭파하려 했으나 엄중한 경계로 실행하지는 못했다. 이 사건으로 궐석재판에서 무기징역을 선고받았다. 1934년 5월 상해에서 독립운동을 계속하던 중 일본영사관에 탐지되어 동년 9월 23일 체포됐으며, 본국으로 송환되어 1937년 2월 8일 무기징역이 확정되어 옥고를 치르다가 옥중에서 순국했다.

9월 24일 망명 생활의 애환, 제시의 일기

1964년 오늘 임정의 정훈담당 양우조가 서거했다.

자료: 양우조, 최선화, 1937.3.22.(독립기념관)

양우조(1897-1964.독립장)는 평남 평양 출신으로, 1917년 신규식의 도움으로 미국에 유학해, 1924년 메사추세츠주의 뉴 베드포드 방직학교에 입학하였다. 1929년 상해로 건너가 안창호, 이동녕, 김구 등과 함께 한국독립당에 참여했다. 기관지《한성》을 발행하고, 혁신사라는 출판사를 운영하며《파시스트란 무엇인가》를 저술하고 손문의《삼민주의》를 번역 출간했다.

1937년 임시정부 청사에서 김구 선생의 주례로 이화여전 출신 최선화(1911-2003.애국장)와 결혼했다. 1938-1946년까지 부부가 기록한《제시의 일기》는 임시정부 망명 생활과 가족의 삶, 그리고 시대적 고난을 생생하게 담았다. 임시정부가 중경으로 옮긴 후, 1944년 10월 한국광복군 총사령부의 개편이 이루어질 때, 정훈처 훈련과장을 맡으며 독립군의 사기 진작과 국제연대에 힘썼다. 1946년 가족과 함께 귀국하여, 1947년 인천 제마방직회사와 조선방직협회의 이사로 활동하기도 하였다. 1964년 9월 24일, 67세를 일기로 서거했다.

9월 25일 한중연대의 기반, 예관 신규식

1922년 오늘 신해혁명에 참여하여
손문과의 연대를 강화한 신규식이 순국했다.

자료: 임시정부 시절 좌로부터 신채호, 신석우, 신규식(독립기념관)

신규식(1880-1922.대통령장)은 충북 청주 출신으로, 1902년 육군무관학교를 졸업하고 참위로 임관했다. 1905년 을사늑약 체결에 분개해 의병을 일으키려 했으나 실패, 음독자살을 시도해 오른쪽 시신경을 다쳐 시력장애를 얻었다. 1911년 손문의 중국동맹회에 가입, 신해혁명의 핵심 혁명가들과 교류하며 혁명 자금을 지원했다. 신해혁명에 참여한 유일한 한국인으로, 중국 혁명파와의 관계를 바탕으로 한중 연대의 기반을 마련했다. 1913년 상해 박달학원을 설립해 교육에도 힘썼고, 1919년 2월 만주, 러시아지역 독립운동가들 39명과 함께 한국의 독립을 선언한 무오독립선언서를 발표했다.

임정 법무총장, 임시의정원 부의장 등 핵심 요직을 역임했다. 1917년 박은식, 신채호, 박용만과 대동단결선언을 발표, 독립운동의 이념적 토대를 다졌다. 동생 신건식, 조카 신순호, 딸 신창희, 손녀 민영주 등 독립운동가 집안이다. 임시정부 내부의 분열과 과로 등으로 건강이 악화되어, 1922년 9월 25일 43세를 일기로 순국했다.

9월 26일 사대부의 기개, 이남규

1907년 오늘 사대부 이남규가 순국했다.

자료: 충남 아산 이남규 순절비(현충시설정보서비스)

이남규(1855-1907.독립장)는 서울 출신으로, 1882년 문과에 급제해 1894년 형조참의를 거쳐 승정원 우승지에 올랐다. 신채호, 변영만 등 뛰어난 인재를 길러내며 정신적 지주 역할을 했다. 1894년 동학농민운동과 청·일 세력의 각축 속에서 일본군이 조선에 군대를 파견하자, 이남규는 '청절왜소'를 올려 일본의 침략에 대비할 것을 주장했다. 직접 의병운동의 전면에 나서지는 않았으나 이념적 지도자의 역할을 계속했고, 은신처와 작전본부를 제공하는 등 의병활동을 지원했다. 1906년 10월 거사를 준비했으나 계획이 발각되어 헌병과 관군에게 붙잡혔다.

1907년 9월 26일, 홍주 의진과의 관계가 밀고되어 일본군이 체포하러 왔다. "나는 사대부다. 죽을지언정 너희에게 포박될 수 없다."라며 당당하게 가마를 타고 나섰다. 일본군의 협박과 회유에도 굴하지 않고 저항했다. 일본군이 칼로 살해하려 하자, 맏아들 이충구와 가마꾼 김응길이 이를 막으려다 모두가 함께 순국했다.

9월 27일 독립운동 형제, 김동삼과 김동만

1920년 오늘 김동만이 경신참변으로 순국했다.

자료: 김동만 순국 보도, 1921.3.10.(신한민보)

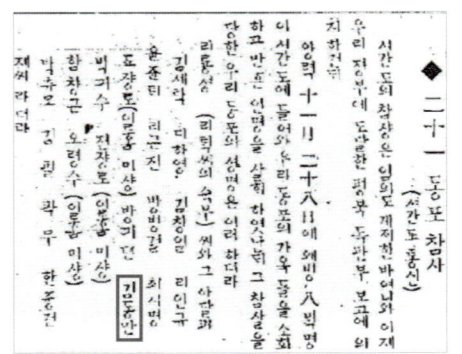

김동만(1881-1920.애국장)은 경북 안동 출신으로, 1911년 형 김동삼(1878-1937. 대통령장)과 함께 서간도로 이주 후 이철영과 이상룡이 주도한 경학사 설립에 관여했고, 삼광학교를 설립해 교장으로 민족교육에 전념했다. 1919년 11월 서로군정서의 유서지방 이재위원에 임명되어 독립군을 지원했다. 1920년에 들어서면서 독립군의 국내 진입 작전이 더욱 활기를 띠자, 일본은 독립군 토벌 작전을 감행하여 약 2만 명에 이르는 대병력으로 서북간도 독립군 기지와 한인 사회를 공격했다.

더욱이 청산리에서 독립군에게 대패를 당한 일본군은, 이에 대한 보복으로 한인사회를 초토화하는 경신참변을 자행했다. 1920년 10월 9일에서 11월 5일까지 27일간 간도 일대에서 학살된 한국인만 3,469명이었다. 삼광학교를 지키며 유하현에 남아 있던 김동만도 1920년 9월 27일 일본군에 의해 피살되었다. 형 김동삼은 상해에서 독립운동을 계속하다 1937년 4월 13일 옥중에서 순국했다.

9월 28일 북로군정서 총재, 서일

1921년 오늘 만주 벌판을 호령한 백포 서일이 자결, 순국했다.

자료: 중국 길림의 서일 묘소(독립기념관)

서일(1881-1921.독립장)은 함북 경원 출신으로, 함일학교를 졸업한 후 소학교 교사로 근무했다. 1911년 만주로 망명하여, 명동학교에서 한인 자녀를 가르치며 민족의식 고취에 힘썼다. 의병과 한인 청년들을 규합해 중광단을 조직, 단장에 취임했고, 1919년 김좌진 등 39명과 함께 무오독립선언서를 발표했다.

1919년에 북로군정서를 결성해 총재를 맡았다. 총사령관은 김좌진이 맡았다. 북로군정서는 1920년 10월 청산리전투에서 일본군을 연파하며 독립운동사에 빛나는 승리를 거두었고, 1921년에는 만주와 연해주의 독립군 단체들을 통합해 대한독립군단을 조직, 총재로 추대되었다. 그러나 1921년 6월 자유시참변에서 독립군 병력 1,000여 명이 희생되자, 지도자로서 책임을 통감해 1921년 9월 28일 밀산에서 자결 순국했다.

• 1920.9.28. 유관순(1902-1920.대한민국장)이 고문 후유증으로 서대문감옥에서 순국 ➡ 4/1

9월 29일 모란이 피기까지는, 김영랑

1950년 오늘 시인 김영랑이 6·25전쟁 중 서거했다.

자료: 김영랑(국가보훈부)

김영랑(김윤식.1903-1950.건국포장)은 전남 강진 출신으로, 1915년 강진보통학교를 졸업한 뒤, 1917년 휘문의숙에 입학해 문학적 재능을 키웠다. 1919년 3·1운동이 일어나자 독립선언문을 구두 안창에 숨겨 고향 강진으로 내려와 만세운동을 주도하다가 일본 경찰에 체포되어 대구형무소에서 6개월간 옥고를 치렀다. 이후 일본 아오야마학원에서 영문학을 공부하다가 관동대지진으로 귀국, 본격적으로 시 창작에 몰두했다.

김영랑은 박용철, 정지용과 함께 시문학 동인을 결성해 1930년《시문학》창간호에 시 〈동백잎에 빛나는 마음〉 등 6편을 발표하며 문단에 데뷔했다. 그의 시는 초기에는 자연과 순수한 정서를 담은 서정시가 중심이었으나, 일제강점기 말기에는 〈독(毒)을 차고〉 등 저항의식을 담은 시를 발표했다. 광복 후에는 대한독립촉성회 강진지부장, 대한청년단 단장을 맡으며 우익 청년운동에 참여했다. 1950년 6·25전쟁 당시 서울에서 유탄을 맞아 9월 29일 사망했다.

9월 30일 선천경찰서 투탄, 박치의 형제

1921년 오늘 선천경찰서에 폭탄을 던진 박치의가 사형으로 순국했다.

자료: 형제의 판결문(국가기록원)

박치의(1900-1921.독립장)는 평북 선천 출신으로, 1919년 친형 박치조(1890-1956.애국장)와 함께 3월 10일 삼봉동 만세시위를 주도했다. 1920년 7월 미국의원단이 중국 북경에서 서울로 갈 때 선천을 지나간다는 소식을 듣고 선천역과 선천경찰서에 폭탄을 던져 독립 의지를 알리려고 했다. 만주 광복군총영에서 파견한 이학필, 임용일, 김응식을 지원하여 함께 거행하기로 했다. 1920년 9월 1일 새벽 3시에 거사를 실행했다. 이학필, 김응식이 선천군청에 던진 폭탄은 불발이었고, 임용일, 박치조와 함께 선천경찰서 현관에 폭탄을 던져 경찰서 일부를 파괴했다. 시위 현장에 광복군총영 인장이 찍힌 "적국의 관리에게 고함"이라는 제목의 경고문을 배포하였다.

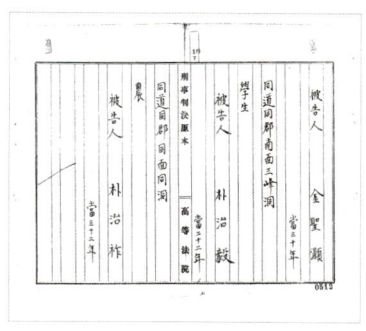

이 사건은 광복군총영이 계획한 서울 투탄, 평양경찰서 투탄과 함께 동시에 진행된 거사다. 1920년 9월 2일 형 박치조와 함께 체포되어 1920년 12월 20일 사형을 선고받고 1921년 9월 30일 평양감옥에서 사형이 집행되어 21세 나이로 순국했다.

10월

10월 1일 말과 글을 사수, 조선어학회

1942년 오늘 일제가 우리 말과 글을 말살하려 했던
조선어학회사건이 시작됐다.

조선어학회사건은 1942년 10월 1일 일제가 조선어학회 회원들을 검거한 민족문화 탄압 사건이다. 일제는 1931년 이후 조선어 교육을 단계적으로 폐지하고, 신문·잡지 등에서 한글 사용을 금지하며 민족정신 말살에 나섰다. 1941년에는 '조선사상범 예방구금령'을 공포해 독립운동가를 언제든지 검거할 수 있도록 했다. 조선어학회는 일제의 탄압 속에서도 한글 맞춤법 통일안(1933), 표준어 사정(1936), 외래어 표기법 통일안(1940)을 제정하며 민족문화를 지키기 위해 노력했다.

1942년 10월 1일, 이중화·장지영·최현배 등 11명이 구속되었고, 이후 1943년 4월까지 총 33명이 검거되었다. 재판에서 이극로(징역 6년), 최현배(징역 4년), 이희승(징역 2년 6개월), 정인승·정태진(징역 2년) 등이 실형을 선고받았으나, 1945년 8월 15일 광복과 함께 모두 석방되었다. 이윤재와 한징은 옥중에서 고문 후유증으로 순국했다.

10월 2일 황무지 개척, 조병준

1931년 오늘 조병준이 내몽고에서 순국했다.

자료: 조병준(국가보훈부)

조병준(1862-1931.독립장)은 평북 의주 출신으로, 의병투쟁부터 만주·내몽고 지역의 무장투쟁과 민족교육까지 폭넓게 활동했다. 1895년 을미사변에 분격해 유인석 의병부대에 합류, 평북 창성에서 의병을 일으켰다가 체포된 후 2년간 옥고를 치르다가 고종의 특사로 풀려났다. 1910년 한일병합 이후 창성 일본헌병대를 습격하는 등 재차 항전했으나, 일제의 압박으로 만주로 망명했다. 1919년 만주 유하현에서 박장호·조맹선과 함께 대한독립단을 조직하고 총참모로 선임되었으며, 무장투쟁을 전개하며 임시정부와 연대했다.

임시정부의 비밀연락 조직인 연통제 평북독판부 독판으로 임명되어 조직망을 확장했고, 1920년 임정 직할기관인 광복군 참리부장으로 활동하며 군자금을 조달했다. 경신참변이 일어나자 1923년 안창호의 지원으로 내몽고 포두현에 60만 평 황무지를 개간해 배달농장을 세웠다. 배달학교와 대종교 수광시교당을 설립해 청년들의 민족의식 고취에 힘썼다. 1931년 10월 2일, 내몽고 포두현에서 70세를 일기로 순국했다.

10월 3일 무후독립유공자, 최원봉

1922년 오늘 최원봉이 동지들과
고산진주재소를 습격했다.

자료: 대전현충원의 무후독립유공자 조형물(국가보훈부)

최원봉(1895-미상.애국장)은 평북 강계 출신으로, 8세 무렵 가족과 함께 만주로 이주했다. 어린 시절 부모를 여의고 노동에 종사하며 생활했다. 1922년 7월 집안현에서 김수봉, 현기순, 김기풍과 함께 서로군정서에 참여하여, 오른팔에는 '군정서', 왼팔에는 '결사대'라는 문신을 새기고 활동했다. 서로군정서는 1919년 서간도에서 결성된 무장 독립운동 단체로, 신흥무관학교 출신 독립군 간부를 중심으로 일제 통치기관 파괴, 친일파 처단 등의 활동을 펼쳤다. 문학빈, 최석종 등과 함께 강계군 고산면에서 일제 기관을 공격하고 독립운동자금을 모집하기로 계획했다.

1922년 10월 3일 밤 동지 30여 명과 함께 고산진으로 이동하여 주재소를 공격하고, 독립자금을 모집한 후 압록강을 건너 복귀했다. 1928년 10월 20일 강계경찰서에 체포되어 1929년 2월 13일 신의주법원에서 징역 15년을 선고받고, 경성형무소에서 복역 후 1941년 6월 29일 가출옥했다. 최원봉과 같이 후손이 확인되지 않는 무후독립유공자는 6,478명에 달한다.

10월 4일 서당 훈장 의병장, 심남일

1910년 오늘 의병장 심남일이 교수형으로 순국했다.

자료: 전남 광주 심남일 순절비(현충시설정보서비스)

심남일(1871-1910.독립장)은 전남 함평 출신으로, 1905년 을사늑약에 분개해 항일운동에 나섰다. 1907년 전남 서부지역에서 활동하던 호남창의회맹소에 가담해 기삼연 의병장 휘하에서 항일투쟁을 전개했다. 1907년부터 1909년까지 전남 강진, 영암, 함평, 보성, 장흥 등지에서 13차례 이상의 전투를 치러 일본 군경 400여 명을 살상하는 맹활약을 펼쳤다. 1908년 2월 3일 기삼연 의병장이 체포, 총살되자 독자적으로 호남의소를 결성해 일제에 맞섰다.

또한 전남 서부지역의 전해산 의병장, 동부지역의 안규홍 의병장과 긴밀하게 협조하며 연합전선을 구축했다. 1909년 일제는 대규모 군경을 동원해 남한대토벌작전을 전개했고, 이에 심남일은 의병을 해산하고 은신 중 1909년 10월 9일 일본 헌병에 체포되었다. 대구감옥으로 이감된 뒤 1910년 10월 4일 선봉장이었던 강무경(1878-1910.독립장)과 함께 교수형으로 순국했다.

• 1963.10.4. 고종의 밀사 이준 열사 유해 봉환 ➡ 7/14

10월 5일 조선소년군 창설, 조철호

1922년 오늘 체육교사 조철호가 보이스카우트를 창설했다.

자료: 1929년 촬영한 조선소년군 63호대(독립기념관)

조철호(1890-1941.애국장)는 서울 출신으로, 1906년 대한제국 무관학교에 입학해 군사교육을 받았으나, 1909년 무관학교 폐교와 함께 일본 육군사관학교로 진학했다. 졸업 후 일본군 장교로 근무하다, 만주로 망명을 시도했으나 체포되어 1년간 복역했다. 1919년 오산학교 체육교사로 재직하며 3·1운동에 적극 참여, 평북 정주 오산 만세운동을 주도해 몇 달간 옥고를 치렀다. 출옥 후 중앙고보 체육교사로 재직하며 본격적으로 청소년 운동에 투신했다. 1922년 10월 5일 한국 보이스카우트의 효시인 '조선소년군'을 창설해 민족정신 고취에 앞장섰다.

1923년 4월에는 방정환과 함께 '조선소년운동협회'를 조직하고, 5월 1일을 어린이날로 제정했다. 1926년 6·10만세운동을 주도한 혐의로 옥고를 치르고, 출옥 후 북간도로 망명해 동광중학교에서 인재 양성에 힘썼다. 1931년 동아일보에 입사해 조선소년군 재건운동을 전개했으나, 1937년 9월 일제에 의해 강제 해산되었다. 이후 보성전문학교 교관으로 근무하다 1941년 순국했다.

10월 6일 소녀들의 용기, 광주여고보 소녀회

1930년 오늘 소녀회 사건의 판결이 선고됐다.

광주여고보 소녀회사건은 1928년 11월 광주여고보(현 전남여고)에 재학 중인 장매성, 장경례, 박옥련, 박현숙, 박계남, 고순례, 김금연, 남협협, 박채희가 중심이 되어 조직한 비밀결사로, 매월 1회 연구모임을 개최하며 항일의식을 고취했다. 1929년 11월 3일 광주학생운동이 일어나자, 소녀회 회원들은 부상 학생 치료, 식수 공급, 격문 배포 등 적극적으로 가두시위에 참여했다. 학생독립운동을 주도했던 광주의 공립학교는 광주고보, 광주농업학교, 전남사범학교, 광주여고보였는데 이 중 여학교는 광주여고보뿐이다. 1930년 1월 광주여고보생들은 수감된 학생들의 석방을 요구하며 백지동맹에 나섰는데 이 역시 소녀회원들이 주도했다.

1930년 1월 15일 경찰은 광주여고보생 12-13명을 검거했고, 1930년 10월 6일 광주법원에서 장매성은 징역 2년, 기타 여학생들은 징역 1년을 선고받았다.

10월 7일 산남의진 의병장, 정환직과 정용기

1907년 오늘 산남의진 의병장 정용기가 교전 중 순국했고,
뒤를 이은 아버지도 2개월 후 순국했다.

자료: 경북 영천 산남의진 추모비(현충시설정보서비스)

정용기(1862-1907.독립장)는 경북 영천 출신으로, 1906년 아버지 정환직(1844-1907.대통령장)이 고종 황제로부터 항일 거병의 밀지를 받자 1906년 영천에서 이한구, 손영각과 함께 의병 천여 명을 규합해 '산남의진'을 조직했다. 산남의진은 청송, 영덕, 울진 등지에서 일본군을 기습하며 항전했다. 정용기는 같은 해 4월, 경주진위대의 계략에 의해 체포되어 구금됐으나, 4개월 후에 석방됐다. 1907년 산남의진을 재건하고, 포항, 영천 등지에서 일본군과 전투를 벌여 승리를 거뒀다. 1907년 10월 7일, 정용기는 입암계곡 전투에서 일본군의 역습을 받아 이한구, 손영각, 권규섭 등과 함께 전사했다.

이에 정환직은 아들 대신 대장이 되어 의병부대를 재정비하고, 10월부터 흥해 우편국 방화, 신녕 분파소 총기 60점 탈취, 의흥 분파소 방화 등 교전을 계속했다. 12월 7일에는 83명을 이끌고 영덕을 습격하여 적병 20여 명을 참수했다. 정환직도 1907년 영천수비대에게 잡혀 대구로 압송되던 도중 12월 17일 영천에서 총살당해 순국했다.

10월 8일 일제의 도발, 을미사변

1895년 오늘 일본군이 경복궁에 난입하여 조선의 왕비를 시해했다.

자료: 왕비가 거처했던 건청궁 내 옥호루

을미사변은 1895년 10월 8일 새벽, 일본의 공권력 집단이 경복궁을 습격해 조선의 왕비를 참혹하게 시해한 사건이다. 일본은 청일전쟁 승리 후 조선에 대한 영향력을 강화하던 중, 왕비가 러시아와의 협력을 추진하며 반일정책을 펼치자 이를 제거하려 했다. 당시 일본공사 미우라 고로의 지휘 아래, 일본군 수비대와 공사관원, 영사경찰, 신문기자, 낭인 등이 행동대로 동원되어 경복궁을 기습했다. 이 과정에서 궁궐 시위대와 조선군 일부가 희생되었고, 왕비는 건청궁 곤녕합에서 살해된 뒤 시신이 훼손되고 불태워졌다.

사건 이후 일본은 관련자들을 증거 불충분으로 모두 무죄 방면했고, 공식 사과나 책임 인정도 하지 않았다. 을미사변은 조선 내 반일감정을 고조시켰고, 단발령과 함께 항일의병 봉기의 직접적 계기가 되었다. 또한 고종은 신변의 위협을 느껴 이듬해 2월 러시아 공사관으로 피신하는 아관파천으로 이어졌다. 을미사변은 백범 김구가 독립운동에 투신하는 계기가 되었으며, 안중근이 이토 히로부미를 척살한 동기 중 하나로도 언급된다. 한국 근현대사에서 일본의 만행을 상징하는 대표적 사건이다.

10월 9일 목숨으로 지킨 우리말 우리글

1928년 오늘 훈민정음 반포일을 '한글날'로 정하고 기념했다.

이 하늘과 이 따우에 거듭퍼진 「한글」의 빛

우리는 오늘부터 우리글을 특별히 기념코저하노라 친근하게 맞도록하야 널리발표하자

[正音頒布 八回甲紀念式]

◇치잔날갸가

1926년 11월 4일(음력 9월 29일) 조선어연구회는 세종대왕이 훈민정음을 반포한 지 480주년을 기념해 기념식을 열었다. 기념일의 날짜는 《세종실록》 28년 9월에 "이달에 훈민정음이 이루어지다"라는 기록을 근거로, 음력 9월 마지막 날인 29일로 정했다. 당시에는 '한글'이라는 명칭을 쓰지 않아, 한글을 '가갸거겨…'로 배우던 데서 유래해 '가갸날'로 불렀다.

국어학자 주시경이 제안한 '한글'이라는 이름이 널리 쓰이면서, 1928년부터 '한글날'로 명칭이 바뀌었다. 음력에서 양력으로 환산하는 과정에서, 한글날 일자가 여러 번 변경되었다. 그러다가 1940년 훈민정음 해례본이 발견되면서 해례본에 "1446년 9월 상순" 훈민정음을 반포했다는 기록에 따라, 음력 9월 상순의 마지막 날인 음력 9월 10일(양력 10월 9일)을 기념일로 확정했다. 한글은 전 세계에서 유일하게 창제자와 창제일, 창제 목적이 명확한 문자다.

10월 10일 **연해주 대통령, 문창범**

1934년 오늘 연해주의 거인 문창범이 순국했다.

자료: 문창범(국가보훈부)

문창범(1870-1934.대통령장)은 함북 경원 출신으로, 1877년 러시아 연해주로 이주했고, 우수리스크에서 군 납품업으로 큰 재산을 모았다. 1919년 2월, 39명이 서명한 무오독립선언에 참여했고, 1919년 3월 대한국민의회를 조직하여 의장으로 선출됐다. 대한국민의회는 최초로 임시정부로서의 조직과 성격을 갖췄다는 데 의미가 있다. 1919년 4월 상해 임시정부와 서울의 한성정부에서 교통총장으로 추대했으나, 부임하지 않고 연해주에서 독립운동을 계속했다. 1919년 5월 고려공산당을 조직하고 독립군 조직의 확대를 위해, 18세에서 35세에 이르는 아무르주의 한인 장정들에 대해 「징집령」을 내리기도 했다.

1923년 상해 임시정부에서 소집한 국민대표회에 참가, 창조파로 활동하며 독립운동의 통합을 도모했다. 문창범은 연해주 한인 사회에서 '대통령'이라 불릴 정도로 신망을 얻었다. 1934년 10월 10일 상해에서 일제 첩자에게 독살당했다는 설과, 1938년 러시아에서 옥사하였다는 설이 있다.

- 1928.10.10. 조명하 의사 사형 순국 ➡ 5/14
- 1932.10.10. 이봉창 의사 사형 순국 ➡ 1/8

10월 11일 **외교의 길잡이, 김규식**

1942년 오늘 김규식이 조소앙과 함께 한중문화협회를 설립했다.

자료: 김규식(국가보훈부)

김규식(1881-1950.대한민국장)은 경남 동래 출신으로, 어린 나이에 고아가 되어 선교사 언더우드의 보호 아래 성장했다. 미국 프린스턴에서 석사학위를 받고 귀국하여 강사와 교회 일에 열중하던 중, 일제의 교회 탄압이 심해지자 1913년 중국으로 망명했다. 1918년 여운형 등과 함께 신한청년당을 조직, 1919년 파리강화회의에 한국 대표로 파견되어 임시정부 대표 명의의 탄원서를 제출했다. 1935년 의열단, 조선혁명당 등 5개 단체를 통합한 민족혁명당을 창당해 주석을 맡았다. 실질적 지도자는 김원봉이었으나, 대외적으로는 김규식이 대표했다.

1942년 10월 11일 중경방송국 강당에서 김구, 조소앙, 김원봉 등 한국 측 인사들과 손문의 아들 손과 등 중국 인사가 참가한 가운데 한중문화협회 성립식을 거행했다. 이 조직은 한중 간의 협력방안을 논의하고, 한국 독립운동에 대한 지원방안을 강구했다. 광복 후 신탁통치 반대 운동에 나섰으며, 여운형과 함께 좌우합작 운동에 앞장섰다. 1950년 한국전쟁 직후 납북되어 12월 10일 평북 만포진 부근에서 서거했다.

10월 12일 왕국에서 제국으로, 대한제국의 탄생

1897년 오늘 조선이 왕국에서 제국으로, 왕이 황제로 거듭났다.

자료: 대한제국 고종이 즉위식을 행했던 환구단

대한제국은 1897년 10월 12일 고종이 환구단에서 제를 올린 후 대한 제국을 선포하여 세워진 마지막 군주국이다. 고종을 황제로 선포하고 국호를 '대조선국'에서 '대한제국'으로 변경했다. 미국을 비롯한 수교국 들의 공식 승인을 받았으며 이전 조선국의 영문 국호이던 Korea를 따 국제적으로 Empire of Korea로 불렀다. 동북아 인근 나라들이 모두 '황제국'을 칭하는 상황에서 조선이 격을 맞추기 위해서는 제국 선포가 불가피했을 것이다.

그러나 일본은 러일전쟁에서 승리하자 1905년 11월 17일에 《을사늑약》을 체결하여 외교권을 강탈하고, 1907년 《정 미조약》으로 병권을 탈취했다. 1910년 8월 22일에 《한일병합조약》이 강제로 체결되고, 8월 29일에 공포됨으로써 대 한제국은 멸망했다. 제국의 선포부터 《을사늑약》까지 실질적 제국의 기간은 8년에 불과했다. 사진은 즉위식을 거행했 던 환구단. 지금은 좌측의 황궁우만 조선호텔 앞에 남아 있다.

10월 13일 노블레스 오블리주, 경주 부자 최준

1970년 오늘 임시정부의 자금줄 최준이 서거했다.

자료: 최준(독립기념관)

최준(1884-1970.애족장)은 경북 경주 출신으로, 경주 지방의 대지주로서 대한광복회와 관계하면서 자금을 제공했다. 특히 대한광복회 총사령인 박상진과는 사촌 처남의 관계로 대한광복회의 재무를 맡기도 했다. 3·1운동 이후 상해에 임시정부가 수립되자 백산상회의 안희제를 통해 거액의 자금을 지원했다. 임정 자금의 반 이상이 백산상회로부터 공급되었다고 한다. 광복 후 김구가 최준을 불러 그간의 자금 지원에 고맙다며 장부를 보여주었는데, 그 장부에 적힌 금액이 최준의 장부 금액과 정확히 일치했다. 최준이 안희제에게 준 독립자금이 단 한 푼도 빠짐없이 그대로 임시정부에 전달된 것이다.

그때까지 최준은 그 돈의 상당 부분을 안희제가 활동 자금으로 사용했을 것으로 생각하고 자금의 절반이라도 전달되면 다행이라 판단했지만, 사실 안희제는 그 어려운 형편에도 임정에 고스란히 전달한 것이다. 최준은 김구의 집무실 바깥에서 2년 전 순국한 안희제 묘소 방향으로 절을 하고 목 놓아 울었다고 한다. 1970년 10월 13일 서거했다.

10월 14일 민족의 혼을 깨운 격문, 백초월

1939년 오늘 백초월과 박수남이 용산역 군용 열차에 격문을 붙였다.

자료: 진관사 태극기(독립기념관)

백초월(1878-1944.애국장)은 경남 고성 출신의 승려로, 1919년 3·1 운동 이후 비밀결사 일심교를 결성했다. 1919년 4월 서울로 올라와서 한국민단본부를 설치하고, 불교계의 독립운동을 주도했다. 민족대표 33인 중 불교계를 대표한 한용운과 백용성이 수감된 상황에서도 불교계의 독립운동을 이끌었다. 1939년 10월 14일, 백초월은 박수남과 용산역에서 만주로 향하는 군용 열차에 "대한 독립 만세"라는 격문을 써 붙이는 사건을 주도했다.

이 사건으로 백초월은 박수남과 함께 체포되어 징역 2년 6개월을 선고받고 고초를 겪었다. 박수남(애족장)은 1944년 고문 후유증으로 옥중에서 순국했다. 백초월은 1943년 3월에 출소했지만, 이후 독립자금 조달 사건으로 다시 체포되어 옥고를 치르다 1944년 6월 29일 청주교도소에서 옥중 순국했다. 2009년 5월, 백초월이 거점으로 사용했던 서울 진관사 내 칠성각 복원 공사 중 태극기와 독립신문 등이 발견되었는데, 불탄 흔적과 손상을 보아 3·1만세운동에 사용했던 것으로 보인다. 일장기 위에 태극과 괘를 덧칠한 모습으로 '진관사 태극기'로 불린다.

10월 15일 상주 만세운동의 주역, 성필환

1969년 오늘 성필환이 서거했다.

자료: 성필환 공판 기사, 1919.5.3.(매일신보)

성필환(1896-1969.애족장)은 경북 상주 출신으로, 1919년 만세운동이 일어나자, 상주보통학교 동창생 강용석 등과 함께 3월 23일 상주 읍내시장의 장날을 만세운동 거사일로 정했다. 당시 읍내시장은 하루 거래액이 2,500원에 이를 정도로 규모가 크고 군중들로 가득 찼다. 3월 23일 오후 강용석, 조월연, 성해식과 함께 읍내시장에서 약 500명의 군중을 향해 독립만세를 선창하고, 100여 명의 학생이 이에 호응하여 만세를 부르면서 시위를 계속했다. 출동한 일제 경찰에 체포되어, 1919년 4월 24일 대구법원에서 보안법 위반으로 징역 6개월을 받고 옥고를 겪었다.

1920년 5월 4일에는 임시정부에서 파견된 김교순의 군자금 모집 활동을 지원하고자 상주면 복용리의 박인양에게 2만 원을 요청하다가 다시 일제 경찰에 붙잡혔다. 1920년 6월 9일 대구법원에서 징역 10개월을 받고 대구감옥에서 옥고를 치렀다. 1969년 10월 15일 서거했다.

10월 16일 독립운동가 아내의 가시밭길, 박자혜

1943년 오늘 신채호의 아내이자, 동지 박자혜가
셋방에서 쓸쓸히 순국했다.

자료: 박자혜 생활고 보도기사, 1928.12.12.(동아일보)

박자혜(1895-1943.애족장)는 경기도 양주 출신으로, 어린 시절 궁녀로 입궁했다가 일제강점으로 궁에서 나왔다. 숙명여학교와 조산부양성소에서 공부하고 총독부의원에서 간호부로 근무했다. 동료 간호부들과 함께 독립운동 단체 '간우회'를 조직, 간호사들의 만세운동과 동맹파업을 주도했다. 이로 인해 일제 경찰의 감시와 탄압을 받다가, 1919년 중국으로 떠났다. 1920년 이회영의 부인 이은숙의 중매로 북경에서 신채호와 결혼했다. 연경대학 의예과에 입학해 공부를 계속했으나, 경제적 궁핍으로 아들을 데리고 귀국했다.

서울에서 산파로 생계를 유지하며, 신채호의 독립운동을 뒷바라지하고 국내외 독립운동가를 지원했다. 1926년 나석주의 동양척식주식회사 폭탄 의거를 지원, 길 안내와 은신처 제공 등 도움을 주었다. 신채호가 체포되자 옥바라지하며 자녀를 키웠고, 1936년 2월 21일 신채호가 여순감옥에서 순국하자 2월 24일 유해를 모시고 왔다. 이후 장남 신수범을 해외로 보내고, 1942년 차남 신두범이 세상을 떠나자, 홀로 셋방에 살다가 1943년 10월 16일 병으로 순국했다.

10월 17일 독립투쟁 최전선의 삶, 문일민

1968년 오늘 미군정청 앞에서 할복을 시도했던 문일민이 서거했다.

자료: 문일민(국가보훈부)

문일민(1894-1968년.독립장)은 평남 강서군 출신으로, 1919년 7월 서간도로 망명해 신흥무관학교에서 군사훈련을 받았다. 1920년 광복군총영 소속으로 국내에 잠입, 평남도청, 평양경찰서 투탄 의거를 주도했다. 이후 상해로 탈출, 일제는 궐석재판에서 무기징역을 선고했다. 1925년 상해 임시정부 의정원의원으로 선임되었고, 1944년에는 중국 국민정부가 광복군에 부과한 '9개 준승' 의무의 무효를 주장해 광복군의 자주성 확보에 기여했다.

광복 후 1947년 10월 25일 중앙청 복도에서 친일파가 활개 치고 남북분단이 고착화될 위기에서, 자주독립을 방해하는 정세를 비판하는 유서를 남기고 할복자살을 기도하기도 했다. 1968년 10월 17일 서거했다. 부인 안혜순(건국포장) 역시 임시정부 한인애국부인회 간부로 활동했고, 아들 문정진(애족장)도 광복군으로 복무했다.

• 1928.10.17. 하와이에서 대조선독립단을 결성한 박용만(1881-1928.대통령장) 피살 순국

10월 18일 조선의 간디, 고당 조만식

1950년 오늘 조만식이 평양에서 서거했다.

자료: 경기도 파주 조만식 동상(현충시설정보서비스)

조만식(1883-1950.대한민국장)은 평남 강서군 출신으로, 23세에 평양 숭실중학에서 공부했고, 1912년 일본 메이지대학 법학부를 졸업한 후, 귀국하여 오산학교에서 민족교육에 힘썼다. 3·1운동이 일어나자 평남 사천의 만세운동을 주도했고, 체포되어 1년간 옥고를 치렀다. 1921년 평양기독교청년회 총무를 맡았고, 1922년 조선물산장려회를 창립했다. 1923년 김성수, 송진우 등과 민립대학 설립 운동을 벌였으나 일제의 탄압으로 좌절됐다. 1927년 신간회 평양지회장을 맡아 청년회, 강연회 등 다양한 활동을 주도했다.

광복 직후 평남 건국준비위원회 위원장에 선출, 행정과 치안을 맡으며 혼란기를 수습했다. 소련군과 김일성 일파의 압력에도 불구, 공산주의 체제 수립에 협조하지 않았다. 1950년 10월 18일 국군의 평양 탈환을 앞두고 북한군이 후퇴하는 과정에서 김일성의 지시로 처형됐다.

10월 19일 짧고 굵은 항일투쟁, 김상윤

1927년 오늘 의열단 초산 김상윤이 순국했다.

자료: 경남 밀양 김상윤 기념비(현충시설정보서비스)

김상윤(1897-1927.애족장)은 경남 밀양 출신으로, 1910년 밀양 동화학교에 입학했으나 일제에 의해 폐교되자, 서울중앙학교와 배재학교에서 수학했다. 1919년 3·1운동에 참여 후, 중국으로 망명해 신흥무관학교에서 군사훈련을 받았다. 1919년 11월 김원봉과 함께 13명이 의열단을 조직하고, 무장투쟁의 길에 들어섰다.

1920년 12월 폭탄 2개를 조립해 친구 최수봉에게 건네주었고, 12월 27일 최수봉이 밀양경찰서에 투탄 거사를 벌였다. 1922년 3월에는 이종암, 오성륜 등과 함께 일본 육군대장 다나카 기이치 암살의거에 참여했다. 그는 1925년 총독부 경무국에서 작성한 '재상해 불령선인 56인'의 명단 중, 일본 외무대신이 '시급히 체포해야 할 10명'으로 언급한 김구, 김원봉 등과 함께 주요 수괴로 이름이 올려져 있었다. 1925년 중국 복건성 지역으로 이동해 활동하다 1927년 10월 19일 복건성 천주에서 밀정에게 습격당해 31세의 나이로 순국했다.

• 1927.10.19. 정의부 소속 김치복(1898-1927.애국장) 일경과 교전 중 순국

10월 20일 연해주 마지막 간도관리사, 이범윤

1940년 오늘 간도와 연해주 무장투쟁의 상징 이범윤이 순국했다.

자료: 이범윤

이범윤(1856-1940.대통령장)은 서울 출신으로, 젊은 시절 관직에 진출해 1903년 간도관리사로 임명되어 간도 한인의 권익 보호에 힘썼다. 1905년 러일전쟁 당시, 이범윤은 러시아군과 연합해 충의대를 이끌며 함경북도에 침입한 일본군을 격퇴하는 등 군사적 역량을 발휘했고, 러시아로부터 '신성안나 3등훈장'을 받았다. 1906년 이후 연해주로 망명한 그는 한인 지도자 최재형과 협력해 의병부대를 조직했고, 안중근 등이 의병부대에 합류했다. 헤이그특사로 파견되었던 7촌 조카 이위종이 아버지 이범진의 명령을 받고 1만 루블의 자금을 휴대하고 와서 함께 동의회를 조직했고, 총장 최재형에 이어 부총장에 선출되었다. 동의회 의병은 1908년 7월 함경도 국경지대로 진출하여 일본군 수비대와 여러 차례 전투를 벌였다.

1919년 2월 만주에서 발표된 〈무오독립선언서〉의 39인 서명자 명단에도 이름을 올렸다. 이후 연해주와 북간도를 오가며 권업회 총재, 대한광복단 단장, 대한의군부 총재, 신민부 참의원장 등 다양한 독립군 단체의 수장으로 추대되었다. 1940년 10월 20일 84세에 노환으로 순국했다.

10월 21일 우리는 죽고 나라는 산다, 왕산 허위

1908년 오늘 의병장 허위가 교수형으로 순국했다.

자료: 구미의 왕산 허위기념관(현충시설정보서비스)

허위(1855-1908.대한민국장)는 경북 구미 출신으로, 형 허훈, 허겸 역시 의병활동에 참여했다.

1895년 을미사변을 계기로 이기찬, 이은찬과 함께 의병을 일으켜 금산·성주를 거점으로 활동했으나, 고종의 해산 명령으로 의진을 해산했다. 1905년 비서원승이 되었으나, 일본의 국정 간섭에 대한 격문을 살포해 체포되었다가 4개월 만에 석방되었다.

1908년 전국 각지 의병이 양주로 집결해 13도창의군이 편성되자, 이인영이 총대장, 허위가 군사장이 되었다. 연합부대는 1만 명에 달했고 허위는 정병 300명의 선두에 서서 동대문 밖 30리까지 진출했으나, 일본군의 반격으로 패퇴했다.

이후 임진강 의병부대를 편성, 유격전으로 일본군과 교전했다. 1908년 6월 11일, 헌병대에 의해 경기도 포천에서 체포됐다. 서울로 압송되어 1908년 10월 21일 서대문형무소에서 교수형으로 순국했다. 동대문구와 구미시에 그의 호를 딴 '왕산로'가 있다.

• 1920.10.21. 청산리전투 개시

10월 22일 친일의 앞잡이, 조선임전보국단

1941년 오늘 일제의 개들이 모여 조선임전보국단을 설립했다.

조선임전보국단은 일제의 태평양 전쟁을 지원하기 위해 친일단체가 통합되어 조직된 단체다. 1941년 10월 22일 부민관 대강당에서 정식 출범했다. 출범식은 일본 요인과 발기인 대표 등 600여 명이 참석했다. 단체의 설립 목표는 황도정신의 선양, 전시 국책 협력을 강령으로 삼았다. 그리고 2천4백만 반도민 모두 단결하여 성전완수를 맹세하는 선서문을 낭독했다. 임전보국단의 조직은 고문에 윤치호, 박중양, 상무이사에 김연수(김성수의 동생), 박흥식, 김동환, 이사에는 장덕수, 방응모(조선일보), 감사에는 김성수, 평의원에는 김활란, 황신덕, 모윤숙, 최정희 등으로 구성했다. 또 단장은 최린(3·1독립선언 후 변절)이, 부단장은 고원훈이 맡았다. 사업부원으로 주요한, 장면, 전시생활부장은 이광수가 맡았다.

보국단은 산하 조직으로 조선임전보국단 부인대를 구성했다. 부인대에는 지도위원에 김활란, 박인덕, 황신덕, 배상명 박순천, 임영신, 고황경, 박마리아, 간사에는 모윤숙, 노천명이 이름을 올렸다. 1942년 11월, 국민총력조선연맹에 흡수되어 해체됐다. 잊지 말아야 할 이름들이다. 출범식 시간에도 독립선열들은 옥중에서 사선을 넘나들고 있었다.

10월 23일 '신간회' 주역, 민세 안재홍

1942년 오늘 안재홍이 조선어학회 사건으로 체포됐다.

자료: 안재홍(독립기념관)

안재홍(1891-1965.대통령장)은 경기도 평택 출신으로, 일제강점기와 광복 후 민족운동과 통일운동을 이끈 인물이다. 1919년 3·1운동 당시 평택에서 학생 만세운동을 지도했으며, 이후 대한민국 청년외교단을 조직해 임시정부와 연락하며 항일운동을 전개하다가 체포되어 3년간 투옥당했다. 출옥 후 시대일보와 조선일보에서 주필·사장을 지내며 언론운동을 주도했고, 물산장려운동, 문맹퇴치운동에도 참여했다. 1927년 신간회가 결성되자 총무간사로 선출되어 좌우합작의 민족유일당운동을 이끌었다.

조선어학회 사건으로 1942년 10월 23일 체포되어 옥고를 치렀고, 총 9차례 7년 3개월의 옥고를 겪었다. 광복 후에는 건국준비위원회 부위원장, 남조선과도정부 민정장관, 국회의원 등으로 활동했다. 1950년 6·25전쟁 중 납북되었고, 이후 북한에서 평화통일운동에 참여하다 1965년 3월 1일 평양에서 서거했다.

10월 24일 한중 연대, 조선혁명군사정치학교

1932년 오늘 김원봉이 장개석의 지원으로 군사간부 양성학교를 설립했다. 자료: 남경 교외 학교 터(독립기념관)

조선혁명군사정치학교는 1932년 10월 의열단장 김원봉이 중국 국민정부 장개석의 지원을 받아 남경 교외 선사묘에 설립한 군사간부 양성기관이다. 정식 명칭은 '중국국민정부 군사위원회 간부훈련반 제6대'로, 중국 국민정부가 운영하던 간부훈련반 중 조선인 독립운동가를 위한 교육과정이었다. 학교는 1932년 개교하여 1935년 9월 폐교할 때까지 3년 동안 운영되었으며, 1기 26명, 2기 55명, 3기 44명 등 총 125명의 졸업생을 배출했다. 대표적 졸업생으로는 윤세주, 이육사 등이 있다.

졸업생들은 국내와 만주로 파견되어 요인 암살, 항일단체와의 제휴, 위조지폐 발행을 통한 만주국의 경제교란, 특무활동 등 다양한 항일투쟁 임무를 수행했다. 교육 내용은 폭파, 기습, 유격전 등 실전에 필요한 기술과 혁명 이론을 함께 습득했다. 이 학교는 의열단과 중국 국민정부 간의 한중연대의 상징이자, 전략적 결실이었다. 졸업생들은 이후 조선의용대, 조선민족혁명당 등에서 활동하며 항일전선의 핵심 인재로 성장했다.

10월 25일 의열투쟁의 심장, 한인애국단

1931년 오늘 김구가 '한 사람을 죽여 만 사람을 살린다'는 기치로
한인애국단을 결성했다.

자료: 김구와 단원들 – 윗줄 왼쪽부터 최흥식, 유상근, 미상, 아랫줄 김구(백범김구기념사업협회)

한인애국단은 1931년 10월 25일, 임시정부가 침체기를 극복하고 독립운동의 활로를 모색하기 위해 결성한 비밀조직이다. 임정 국무회의에서 권한을 위임받은 김구가 단장을 맡아, 임정의 산하 기구로서 암살, 파괴 등 직접적 투쟁을 전개했다. 구성원은 엄격하게 선발되어 소수의 정예 단원으로 이루어졌다. 최초의 단원은 이봉창으로, 1931년 12월 안공근의 집에서 공식 입단식을 치렀다. 이후 윤봉길, 유상근 등이 합류했다.

이봉창은 1932년 1월 도쿄에서 일본 천황에게 폭탄을 투척하는 의거를 감행했고, 윤봉길은 같은 해 4월 상해 홍구공원에서 일본군 고관을 처단하는 폭탄 투척 의거를 성공시켰다. 장개석은 이 소식을 듣고, "4억 중국인이 하지 못하는 일을 한 사람의 조선 청년이 해냈다."라며 극찬했다. 이 두 의거는 국내외에 큰 충격을 주며 임시정부의 위상을 높였고, 국제사회에 한국의 독립 의지를 각인시켰다.

• 1943.10.25. 홍범도(1868–1943.대한민국장) 카자흐스탄에서 75세로 순국

10월 26일 평화를 위해 제국주의 심장을 쏘다

1909년 오늘 도마 안중근이 이토 히로부미를 척살했다.

자료: 서울 중구 안중근기념관 동상(현충시설정보서비스)

안중근(1879-1910.대한민국장)은 황해도 해주 출신으로, 1897년 천주교에 입교하여 도마 (Thomas)란 천주교 영세명을 받았다. 1907년 정미조약 체결 이후, 연해주로 망명해 본격적인 의병활동에 나섰다. 블라디보스토크에서 의병을 조직해 대한의군 참모중장으로 임명되었고, 1908년에는 의병 100여 명을 이끌고 두만강을 건너 함경북도 경흥군의 일본군 수비대를 전멸시키는 등 국내 진공작전을 감행했다.

1909년 3월, 그는 동지 11명과 함께 단지동맹을 결성해 왼손 약지를 잘라 "대한독립" 혈서를 썼고, 같은 해 10월 26일 만주 하얼빈역에서 대한제국 침략의 원흉이자 초대 통감을 거쳐 추밀원 의장이던 이토 히로부미를 저격해 처단했다. 현장에서 체포되어 1910년 2월 14일 사형선고를 받고, 3월 26일 여순감옥에서 형 집행으로 순국했다.

• 1944.10.26. 고려공산청년회 이재유(1905-1944.독립장) 공주형무소에서 옥사 순국

10월 27일 의열투쟁에서 건군까지, 권준

1959년 오늘 의열단과 임정에서 활약하고
건군에 참여한 권준이 서거했다.

자료: 대구 서구 권준 흉상(현충시설정보서비스)

권준(1895-1959.독립장)은 경북 상주 출신으로, 1917년 경성공업전습소를 졸업하고, 비밀결사인 대한광복회에 참여했다. 1919년 3·1운동 이후 만주로 망명해 신흥무관학교를 졸업하고, 1919년 11월 김원봉과 함께 의열단을 창단했다. 권준은 의열단의 중앙집행위원으로서 군자금 조달, 폭탄 제조 등 실무를 맡아 부산경찰서, 밀양경찰서, 조선총독부 폭탄 투척, 동경 이중교 투탄 의거를 지원했다. 1924년 손문의 추천으로 황포군관학교에 입학해 군사학을 전공했으며, 졸업 후 중국 국민혁명군 장교로 임관해 북벌전에 참전했다.

이후 1932년 남경에서 중국 정부의 후원을 받아 한국인 군사학교를 설립하고 교관으로 활동하며 독립군 간부 양성에 힘썼다. 1944년 임시정부에 합류해 내무부 차장, 군무부 산하 군사학편찬위원으로 활약했다. 1946년 귀국해 건군에 참여했다. 1948년 정부수립 후 육군 대령으로 특채되어 초대 수도경비사령관, 50사단장 등을 역임하고 1956년 예편했다. 1959년 10월 27일 충남 유성에서 서거했다.

10월 28일 일하며 싸운다, 한국노병회

1922년 오늘 장기적 독립투쟁을 위해 한국노병회를 조직했다.

자료: 한국노병회 회헌(독립기념관)

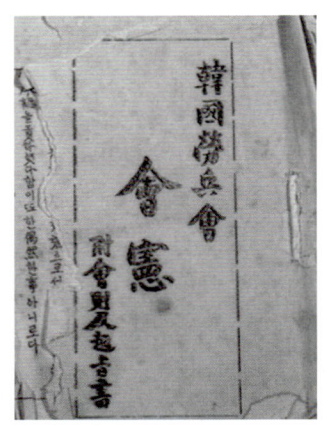

1922년 10월 28일, 중국 상해에서 김구, 여운형, 이유필, 손정도 등 임시정부의 요인들이 모여 한국노병회를 창설했다. 이 단체는 임시정부가 쇠약기에 접어든 시기, 장기적인 독립전쟁을 준비하기 위해 군사력과 자금을 확보한다는 목표로 설립되었다. 한국노병회는 10년 이내에 1만 명 이상의 노병을 양성하고, 100만 원의 전쟁 비용을 마련한다는 구체적인 계획을 세웠다.

여기서 '노병(勞兵)'이란 독립생계를 영위할 수 있는 노동력과 군사적 능력을 겸비한 병사를 의미한다. 한국노병회는 15세 이상 40세 이하의 건강한 청년들을 회원으로 선발해 6개월 이상의 군사교육과 1종 이상의 노동기술을 습득시켜, 독립군으로서의 자질을 갖추도록 했다. 초기에는 중국 각지의 무관학교에 청년들을 파견해 군사간부로 육성하는 등 일정한 성과를 거두었으나, 인적·물적 자원의 부족으로 목표 달성에는 한계가 있었다. 한국노병회는 1932년 해체되었으나, 이 시기 양성된 군사 인재들이 이후 임시정부 한국광복군 창설의 기틀이 되었다.

10월 29일 간도의 대통령, 김약연

1942년 오늘 간도 명동촌에서 독립의 기반을 다진 신앙인 김약연이 순국했다. 자료: 김약연(독립기념관)

김약연(1868-1942.독립장)은 함북 회령 출신으로, 간도에서 독립운동을 이끈 인물로 '간도의 대통령'으로 불리며, 시인 윤동주의 외숙부이기도 하다. 1899년 가족과 함께 네 가문 141명이 단체로 용정으로 이주한 김약연은 1901년 규암재를 설립해 교육사업을 시작했고, 이후 명동학교로 발전시켜 항일운동을 주도했다. 1919년 길림에서 무오독립선언에 참가했고, 용정에서 정재부 등과 함께 3·13만세운동을 주도했다. 김약연은 1919년 러시아 니콜리스크에서 열린 전로한족 중앙총회에 북간도 대표로 참석해 독립운동의 방향을 무장투쟁으로 제시했고, 실제로 명동촌에서는 무장투쟁 준비가 이루어졌다.

김약연은 일제로부터 '독립운동의 수령'으로 지목되었고, 1920년 연길에서 체포, 투옥되었다. 1922년 출옥 후 명동학교 교장을 거쳐 1930년 명동교회 목사로 부임하여 1937년까지 명동교회에서 항일 민족의식을 전파하였다. 1942년 10월 29일 용정 자택에서 순국했다.

10월 30일 의병연합, 호남창의회맹소

1907년 오늘 의병의 대표 조직 호남창의회맹소가 결성됐다.

자료: 전남 장성 기삼연 순국비(현충시설정보서비스)

호남창의회맹소는 1907년 10월 30일 전남 장성에서 기삼연(1851-1908.독립장) 의병장의 주도로 결성된 호남의 의병 연합조직이다. 고종 강제퇴위와 정미7조약 체결, 군대 해산 등 일제의 침탈이 극심해지던 시기, 지역 유림과 의병부대가 연합해 조직했다. 기삼연을 맹주로, 김용구를 통령으로 선임하고, 김엽중, 김봉수, 김익중, 서석구, 김준, 이철형, 이남규, 김태수, 백효인, 이영화, 김창복, 허경화, 김기순, 박도경, 유병순 등이 각종 직책을 맡았다.

호남창의회맹소는 1907년 11월부터 무장분파소, 우편취급소, 세무서 등 일제 기관을 습격했고, 납세 거부, 일진회원 처단, 군량미 확보 및 빈민구휼 활동을 했다. 특히 장성읍과 영광읍을 점거해 일제 기관을 파괴하고, 법성포에서 세곡을 탈취해 일부는 빈민에게 나누는 등 민생 안정에도 힘썼다. 의병 규모는 약 400-500명으로, 유격전을 통해 일제에 큰 타격을 주었다. 1908년 2월 일제의 반격으로 기삼연이 체포되어 재판도 없이 총살당했다. 기삼연의 순국이 기폭제가 되어 의병의 불씨를 더욱 키웠으며, 호남은 의병항쟁의 중심지로 부상했다.

10월 31일 일본 어업 자본에 넘어간 우리 바다

1908년 오늘 국토에 이어 바다마저도 일본에 넘어갔다.

자료: 일제강점기 방어진항(울산시 동구청)

일제 통감부는 1908년 10월 31일 《한일어업협정》을 발표했다. 이로써 한국의 어업은 허가제가 되었는데, 1909년 4월에서 11월까지 허가 건수는 한국인 5,436건, 일본인 2,861건이었다. 같은 해의 조업 상황을 보면, 한국은 일본에 비해 어선 수, 인원수에서 각각 3.3배, 4.8배였지만, 어획량은 비슷했고, 1인당 어획고는 한국이 일본의 4분의 1에 불과했다. 이어 일제는 한국 강점 이후 1911년 6월 조선어업령을 공포하여, 어업을 면허어업과 허가어업으로 나누었다.

어업에 대한 기득권을 부인하고 새로운 허가를 받도록 강제했다. 이것은 한국인 소유의 어장과 황실 소유 어장을 약탈하여 일본인에게 재분배하려는 의도였다. 또한 트롤어업, 저인망어업, 잠수기어업 등 근대적 기계어업은 일본인에게만 허가하고, 한국인에게는 오직 조어업만 허가함으로써, 한국인을 영세어민으로 전락케 했다. 또한 일제는 어업조합규칙을 만들어 어업조합을 설치하고, 실권을 장악한 3만 명의 일본인 어민이 20만 명의 한국 어민을 억압했다.

11월

11월 1일 민족혼의 수호자, 박은식

1925년 오늘 붓으로 국혼을 지킨 백암 박은식이 순국했다.

박은식(1859-1925.대통령장)은 황해도 황주 출신으로, 성리학자로 명성을 얻었으나 독립협회 가입 이후 개화사상가로 변신하며 계몽운동에 앞장섰다. 《황성신문》, 《대한매일신보》 주필로 활동하며 애국계몽운동을 전개했고, 서북협성학교·오성학교 교장을 맡아 신교육에도 힘썼다. 1907년 비밀결사 신민회에 참여하며 국권수호를 위한 다양한 노력을 이어갔다. 1910년 한일병합 이후 1911년 중국으로 망명하여, 《대동고대사론》, 《동명성왕실기》 등 여러 역사서를 집필하며 민족혼을 일깨웠다. 1912년 신규식 등과 함께 동제사를 조직하고, 동포들의 자녀 교육을 위해 박달학원을 설립하였다.

1915년 《한국통사》를 완성했고, 1919년 3·1운동 이후 블라디보스토크에서 '노인동맹회'를 조직해 강우규 의사의 사이토 마코토 총독 폭탄투척 의거를 지원했다. 1925년에 갑신정변부터 1920년 독립군 전투까지의 독립투쟁사를 서술한 《한국독립운동지혈사》를 저술했다. 1925년 임시정부 제2대 대통령으로 추대되었으나 분열된 세력을 화합하기 위해 국무령제를 도입하여 이상룡을 국무령으로 선출케 한 다음, 스스로 대통령직을 사임했다. 1925년 11월 1일 66세를 일기로 병사, 순국했다.

11월 2일 카이로선언 지지, 태극기 우표 발행

1944년 오늘 미국 우정국에서 태극기 우표를 발행했다.

자료: 당시 발행한 우표(미국 우정국)

1944년 11월 2일 미국 연방우정국은 일본 등 추축국에 점령당한 13개 나라들의 국기를 담은 'Overrun Countries'(피점령국) 기념우표를 발행했다. 우표 도안은 중앙에 태극기가 크게 그려져 있고, 왼쪽에는 불사조, 오른쪽에는 자유를 갈구하는 여인상이 배치되어 있다. 우표 하단에는 'KOREA'라고 명확히 표기되어 있다. 이 우표는 미국 정부가 한국의 독립을 지지하고, 세계에 일본의 만행을 알리며 연합국의 공동전선을 강화하려는 메시지를 담았다.

특히 1943년 카이로선언(한국 독립 보장)과 1945년 포츠담선언 사이에 발행되어, 미국이 변함없이 한국의 독립을 지지한다는 것을 보여준다. 우표 발행에는 주미 한인사회와 독립운동가들의 적극적 로비가 큰 역할을 했을 것으로 보인다. 실제로 미국 정부 내에 한국의 독립에 동정적이고 이해가 깊은 인사들이 존재했음을 짐작하게 한다. 이 우표는 세계 최초로 해외에서 발행된 태극기 우표다.

11월 3일 광주 학생의 함성, 광주학생독립운동

1929년 오늘 광주학생독립운동이 시작됐다.

자료: 광주 서구의 광주학생독립운동기념관(현충시설정보서비스)

광주학생독립운동은 1929년 11월 3일 전남 광주에서 시작되어, 전국적으로 확산된 대규모 항일 학생운동이다. 이 운동은 나주역에서 일본인 학생이 조선 여학생을 희롱한 사건으로 촉발되어, 곧 광주 지역 학생들의 집단적 저항으로 이어졌다. 초기에는 광주고보, 광주여고, 광주농업학교, 광주사범학교 학생들이 중심이 되어 광주역과 시내에서 격렬한 시위를 벌였고, 일본인 학생과의 충돌, 광주일보사 습격 등으로 확대되었다. 이후 목포, 나주 등 호남 지역을 넘어 서울, 부산, 평양 등 전국 각지로 빠르게 번졌으며, 1930년 3월까지 약 5개월간 지속되었다.

전국적으로 194개교 이상, 약 5만 4천 명의 학생이 참여했고, 1,600여 명이 구속되는 등 일제의 강경 진압이 이어졌다. 학생들은 "독립만세", "식민지 노예교육 철폐", "구속자 석방" 등을 외치며 민족적 자긍심과 독립의지를 드러냈다. 이 운동은 단순한 학생 시위를 넘어, 3·1운동 이후 국내 최대 규모의 대중적 항일운동으로 평가받는다.

11월 4일 소화제로 나라를 구한 민강

1931년 오늘 부채표 활명수를 팔아
독립운동 자금을 조달했던 민강이 순국했다.

자료: 활명수의 변천사(동화약품 홈페이지)

민강(1883-1931.독립장)은 충북 청주 출신으로, 동화약방의 창업주다. 선전관을 지낸 아버지 민병호와 함께 한방약 활명수를 개발하여 기업가로 성장했다. 1919년 3·1운동이 일어나자, 한성정부 수립을 위한 국민대회에 참여하여 동화약방을 자금 조달과 연락 거점으로 활용했다. 이로 인해 체포되어 옥고를 치렀으나, 출옥 후 조선민족대동단에 가입해 다시 독립운동에 나섰다. 그는 대동단이 준비한 만세시위에서 청년단체 동원을 맡았으나, 시위가 연기되면서 다시 체포되어 1년 6개월의 선고를 받았다.

출옥 후 상해로 망명해 상해대한교민단 학무위원으로 활동했고, 이후 귀국해 동화약방 경영을 계속하며 활명수 판매 수익을 독립운동 자금으로 전달했다. 민강은 동화약방을 임시정부와 국내를 잇는 서울연통부의 거점으로 활용했다. 1931년 11월 4일, 48세의 나이로 병사 순국했다.

• 1915.11.4. 황해도, 함남 의병장 채응언(1883-1915.독립장) 사형 순국

11월 5일 목숨으로 자존심을 지킨 선비, 이중언

1910년 오늘 선비이자 의병장 이중언이
경술국치를 통탄하며 단식, 순국했다.

자료: 안동 하계마을 독립운동 기념비(국가보훈부)

이중언(1850-1910.독립장)은 경북 안동 출신으로, 1879년 문과에 급제하여 관직에 올랐으며, 사헌부지평 등을 역임했다. 1895년 을미사변과 단발령이 내려지자, 김도현과 함께 안동·영양 일대에서 선성의병부대를 일으켜 전방장으로 활약하며 항일투쟁에 나섰다. 이후 1905년 을사조약이 체결되자, 이중언은 서울로 올라가 을사오적의 목을 베어야 한다는 상소를 올렸다. 1910년 한일병합으로 두문불출하던 무렵, 숙부인 이만도(1842-1910.독립장)가 10월 10일 단식 24일 만에 사망하였다는 소식이 들려오자, 그날부터 단식을 선언했다.

일제 순사가 찾아와 강제로 음식을 권하라고 요구하자, 정신이 혼미하던 가운데서도 "내가 당장 저놈들을 칼로 베어 죽이리라."라고 서릿발 같은 기개를 보였다. 단식을 시작한 지 25일 만인 1910년 11월 5일 의관을 정제한 뒤 단정히 앉아 순국했다. 안동 하계마을에서만 25명의 독립유공자가 배출됐다.

• 1920.11.5. 봉오동, 청산리전투의 보복으로 일제가 일으킨 경신참변(간도학살) 종료, 3,469명 학살

11월 6일 3대의 독립투쟁, 권인규

1899년 오늘 관동의병장 권인규가 순국했다.

자료: 강릉 항일기념공원 내 권인규 흉상(현충시설정보서비스)

권인규(1843-1899.독립장)는 강원도 강릉 출신으로, 유학자의 삶을 살았으나, 1895년 민용호 의병장이 강릉으로 진출하자, 관동의진을 규합해 관동창의소를 세웠다. 그는 관동창의소의 창의포고문을 작성, 배포하며 의병활동을 고무했다. 특히 "저 왜놈의 배를 쪼개고 간을 씹지 못할망정, 또 고개를 숙이고 머리를 깎으며 그놈들의 호령을 따르란 말이냐."라는 강렬한 어조의 창의포고문은 민족의 자존과 저항의식을 대변한다. 고종이 1896년 아관파천을 단행한 뒤 전국의 의병대에게 해산을 명령하자, 민용호 의병대는 자진 해산했고 권인규는 고향으로 돌아갔다.

이후 1899년 11월 6일에 순국했다. 권인규의 투쟁은 가족 대대로 이어졌다. 아들 권종해 (1869-1922.애국장)는 1907년 강릉에서 의병을 일으켜 이강년 의병과 함께 투쟁하다 옥사 순국했고, 손자 권기수(1894-1922.애족장)도 1919년 3·1운동에 참여해 옥중에서 순국했다.

• 1920.11.6. 의군단 산포대원 신재섭(1896-1920.애국장) 연길에서 총살 순국

11월 7일 러시아 10월 혁명과 독립운동

1917년 오늘 러시아혁명으로 소비에트 공화국이 탄생했다.

자료: 블라디미르 레닌

1917년 11월 7일 러시아의 10월 혁명(당시 러시아는 율리우스력 사용)은 전 세계적으로 민족해방운동과 사회주의 운동에 큰 영향을 주었으며, 대한민국 임시정부와 한국 독립운동에도 중요한 변화를 가져왔다. 러시아혁명 이후 사회주의 이념이 확산하면서, 한국 독립운동은 단순히 왕정복고나 공화제 수립을 넘어 민중의 해방과 사회적 평등을 지향하는 방향으로 확장됐다.

임시정부 초기, 소비에트 정부와 코민테른은 한인사회당과 고려공산당을 매개로 임시정부와의 연계를 시도했으며, 이동휘 등 사회주의 계열 독립운동가가 임시정부 국무총리로 참여하는 등 한때 친소비에트 노선이 강조되기도 했다. 이 시기 소비에트 정부는 임시정부를 '민족해방운동의 지도기관'으로 인정하며 지원을 약속하기도 했으나, 이후 임시정부 내 우파 민족주의 세력이 주도권을 잡으면서 양측의 연대는 약화했다. 러시아혁명은 임시정부 독립운동의 이념적 지평을 넓히고, 민중 중심의 해방운동으로 발전하는 계기를 마련했다.

11월 8일 청년을 전장으로 내몬 강제징병

1943년 오늘 일제는 한국 청년에게 징집영장 발부를 시작했다.

자료: 학도병으로 끌려갔다가 일본군을 탈영해 광복군에 합류한 노능서, 김준엽, 장준하(좌측부터)

일제는 태평양전쟁에서 전황이 악화되자 병력과 노동력 부족을 메우기 위해 조선의 학생, 청년들을 강제로 동원하기 시작했다. 1943년 11월 8일 일제는 대학, 전문학교, 고보 학생에게 징집영장을 발부하기 시작했다. 일제는 1938년부터 「국가총동원법」을 조선에 적용해 노동력 동원을 본격화했고, 1943년에는 각 공장, 광산마다 군대조직과 유사한 '사봉대'를 조직하여 군대식으로 노동자를 통제했다.

1944년 2월 '국민징용령'이 실시되기 전부터, 학도지원병제도와 징병제도를 통해 청년들을 전쟁터와 군수공장 등으로 강제로 동원했다. 일제는 이를 '황국신민'의 의무라며 강제로 동원했고, 징집을 거부하면 처벌의 대상이 되었다. 특히 1943년 이후에는 징집영장 발부가 빈번해지면서, 학교는 거의 폐교 상태에 이르기도 했다. 이는 일제가 전쟁 수행을 위해 조선의 인력을 철저히 착취했음을 보여주는 사례다. 1943년에만 무려 4,385명의 학생을 징병했다.

11월 9일 항일 무장투쟁의 주역, 김원봉

1919년 오늘 김원봉, 윤세주 등 밀양 출신이 중심이 되어 의열단을 결성했다. 자료: 김원봉(독립기념관)

의열단은 1919년 11월 9일 중국 길림시 파호문에서 김원봉을 중심으로 결성된 무장독립 단체다. 이 단체는 직접적 무력투쟁으로 독립을 쟁취하려는 의지에서 출발했다. 창립 단원은 김원봉을 비롯해 김대지, 황상규, 윤세주, 이성우, 곽경, 강세우, 이종암, 한봉근, 한봉인, 김상윤, 신철휴, 배동선, 서상락, 권준 13명이다. 의열단은 5개소의 적 기관(조선총독부, 매일신보, 경찰서, 동양척식주식회사 등) 파괴와 7악(총독부 고문, 군 수뇌, 대만 총독, 친일파 거물, 밀정, 등) 제거를 목표로 삼았다.

의열단은 1923년 신채호가 독립운동이념을 이론화해 천명한 '조선혁명선언'을 통해 혁명 단체로 자리매김했다. 창립 이후 1921년 조선총독부 투탄, 1922년 육군대장 다나카 저격, 1923년 종로경찰서 폭탄투척, 1926년 동양척식회사 폭탄투척 등이 대표적 사건이다. 약 70명의 의열단 결사단원이 활동했고, 의열투쟁이 300여 건에 달하며, 1927년까지 체포돼 처형당한 의열단원이 무려 700명에 달한다고 기록이 남아있다. 김원봉은 광복 후 1948년 월북하여 북한 정권의 내각에 참여했고, 1958년 숙청되었다.

11월 10일 1호 순직 기자, 장덕준

1920년 오늘 동아일보 기자 장덕준이 간도에서 취재 중 실종됐다.

자료: 장덕준 실종을 알린 상해 《독립신문》

장덕준(1892-1920.독립장)은 황해도 재령 출신으로, 동아일보 논설위원, 조사부장으로 활동했다. 1920년 일본군이 만주에서 조선인을 학살한 '경신참변(간도참변)' 현장을 취재하던 중 일본군에게 암살당한 한국 언론사상 첫 순직 기자다. 1920년 10월, 장덕준은 일본군이 봉오동·청산리 전투에서 독립군에 패한 보복으로 간도 지역 조선인을 무차별 학살한 사건의 진상을 취재하기 위해 현지로 떠났다. 당시 동아일보는 정간 상태였지만, 그는 "속간이 되면 반드시 보도해 국내외에 널리 알리겠다."라는 각오로 만주 훈춘과 용정 일대를 취재했다.

장덕준은 일본군사령부를 찾아가 진상을 추궁했으나, 일본군은 부인하며 함께 현장을 조사하자고 제안했다. 이후 일본군이 밤중에 찾아와 데리고 나간 뒤 행방불명이 되었다. 1920년 11월 10일 일본수비대장이 행방불명이라는 전보를 보냈고, 동아일보 연길 지국장이 행방을 찾았으나 실패했다. 임정 기관지 《독립신문》은 장덕준이 일본군에 의해 암살당한 것이 확실하다고 보도했다.

11월 11일 묘소도 후손도 없는 독립운동가, 박영철

1913년 오늘 박영철이 고문 후유증으로 순국했다.

자료: 서울 현충원의 무후선열제단(국가보훈부)

박영철(1855-1913.애족장)은 충남 공주 출신으로, 1910년 8월 29일 경술국치가 일어나자 일본 총리에게 '병합'에 반대하는 '견책서'를 보냈다. "속히 한국 황제의 지위를 복위시키고, 또한 한국 황제의 호를 복위시켜 명치(일왕)로 하여금 천지간에 죄인이 되는 것을 면하게 하라."라는 내용이었다. 또 박영철은 초대 조선 총독 데라우치에게도 '삼차서'를 보냈다. 삼차서는 세 번째 보내는 청원서라는 뜻으로, 이 항의서에서 그는 강제 '병합'의 부당성을 지적했다.

일제는 박영철을 체포하기 위해 집중적으로 수색했고, 결국 일본으로 끌려가서 모진 고문을 받고 돌아왔다. 귀국 후에도 일제를 향한 비판 활동을 계속하다가 주재소에 체포돼 악형을 받으면서 옥고를 치렀다. 그렇게 잡혀가고 풀려나기를 반복하던 중, 1913년 11월 11일 그는 끝내 고문 후유증으로 순국했다. 묘소 위치를 확인할 수 없고, 후손 또한 찾지 못하고 있는 수많은 독립운동가 중 한 명이다.

11월 12일 식민지 수탈의 도구, 조선징발령

1920년 오늘 일제는 '조선징발령'을 공포했다.

1920년 11월 12일, 조선총독부 제령 제25호로 공포된 '조선징발령'은 일제가 조선 내에서 군수물자와 노동력 등 필요한 자원을 강제로 징발할 수 있도록 한 법령이다. 조선징발령은 일제가 조선총독의 권한 아래, 조선 민중의 토지·가옥·식량·기타 재산, 그리고 인적 자원까지도 필요시 언제든지 강제로 징발할 수 있도록 규정했다. 이는 조선총독에게 막강한 위임입법권을 부여해, 일본 본국의 법률 절차 없이도 총독의 제령으로 조선 내에서 규정을 제정할 수 있었던 식민지배의 대표적 사례다.

이 법령의 시행 결과, 조선인들은 자신의 재산과 노동력을 일방적으로 징발당해 군수산업, 토목공사 등 다양한 분야에 강제 동원되었으며, 이 과정에서 많은 이들이 극심한 피해를 겪었다. 이 법령은 단순한 징발에 그치지 않고, 일제가 조선인에 대한 경제적 억압과 통제를 법적으로 정당화하는 도구로 작동했다. 이후 조선총독부는 이 법령을 근거로 다양한 형태의 강제 동원과 수탈을 자행했다.

11월 13일 푸른 눈의 독립운동가, 조지 루이스 쇼

1943년 오늘 단동에서 비밀 연락망을 운영한 조지 루이스 쇼가 순국했다. 자료: 조지 루이스 쇼(국가보훈부)

조지 루이스 쇼(1880-1943.독립장)는 영국인으로, 중국 단동에서 선박회사인 이륭양행을 운영하며 한국의 독립운동을 지원했다. 1919년 임시정부가 수립된 이후 쇼는 이륭양행 2층에 임시정부 단동교통사무국을 설치, 독립운동가들의 망명과 귀국, 무기 및 군자금 운반, 임시정부와 국내 조직 간의 소통창구 역할을 했다. 쇼의 선박은 김구 등 독립운동가들을 상해로 안전하게 운송해 주기도 했다. 일본 경비선의 추적을 뿌리치고 15명의 인원을 무사히 옮긴 일화는 백범일지에도 기록되어 있다. 의열단은 200개의 폭탄을 상해에서 한국으로 들여올 때, 이륭양행 소유의 기선을 이용해 운반했다.

일제는 쇼의 활동을 눈엣가시로 여겨 1920년 신의주에서 체포, 내란죄로 기소해 서대문형무소에 수감했다. 그러나 영국 정부와 국제 언론의 압박에 4개월 만에 석방됐고, 이후에도 독립운동 지원을 멈추지 않았다. 쇼는 "망국민을 동정하는 것은 당연하며, 소국의 독립은 세계의 대세"라며, 인류의 자유와 정의를 위해 한국 독립을 지원했다. 1943년 11월 13일 63세로 중국 복주에서 순국했다.

11월 14일 거창 만세운동의 주역, 김관묵

1967년 오늘 김관묵이 서거했다.

자료: 거창의 독립만세기념탑(현충시설정보서비스)

김관묵(1894-1967.애족장)은 경북 구미 출신으로, 어려서 거창으로 이주했다. 조선 총독이 해인사에 온다는 소식을 듣고 저격을 계획했다가 삼엄한 경비로 뜻을 이루지 못했다. 1919년 3월 20일 가조면 장기리 장날에 만세 시위를 일으킨 김병직, 어명준 등이 무차별 구타를 당하고 헌병대에 압송되는 사건이 일어났다. 이 소식에 김관묵은 3월 21일 김호, 신병희, 어명우, 어명철, 오문현, 이병홍 등 6인과 다음 날 거창 장날을 맞아 만세 시위를 모의하고, 가조면과 가북면 일대에 이 소식을 전했다.

3월 22일 시위대는 만세 시위를 시작하여 3,000여 명의 면민이 만세를 외쳤다. 시위대가 사포현에 이르렀을 때 거창 헌병대와 용산 헌병분견대가 합세하여 진로를 차단하고 무차별 발포하여, 현장에서 4명이 사망했고 여러 부상자가 발생하며 시위대는 해산됐다. 김관묵은 이후 체포당해 5월 31일 부산법원에서 1년 6개월 형을 선고받고 옥고를 겪었다. 1967년 11월 14일 서거했다.

11월 15일 신체발부 수신부모, 단발령

1895년 오늘 단발령을 공포했다.

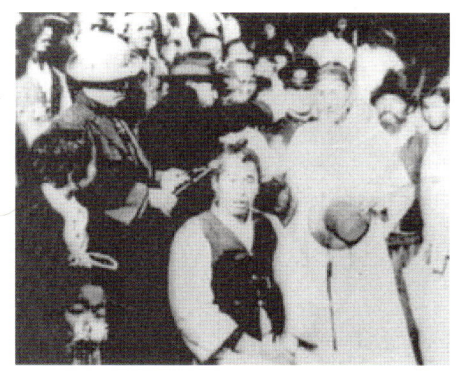

단발령은 1895년 11월 15일 김홍집 내각이 남성의 상투를 자르도록 공포한 명령이다. 이 명령은 위생에 이롭다는 명분을 내세웠지만, 실제로는 조선의 전통적 질서를 근본적으로 흔들며, 근대화와 개혁을 강제하려는 의도가 담겨 있었다. 조선에서 상투는 부모로부터 물려받은 신체를 훼손하지 않는다는 효 사상과 깊이 연결되어 있었으며, 머리를 자르는 것은 신체를 해치는 불효로 여겨졌다.

더욱이 단발령이 일본의 강압 아래 친일 내각에 의해 시행되자, 백성들은 '일제의 침략'과 '전통 파괴'로 인식하며 극심한 반발을 보였다. 이에 따라 전국적으로 항일의병운동이 확산됐다. 단발령은 1896년 초 고종의 아관파천으로 김홍집 내각이 실각하며 일시 중단되었으나, 1902년 8월 군부·경무청에 소속된 군인·경찰·관원 등 제한된 범위의 인물들에게 재차 강제 단발을 명했다. 그러나 1910년 국권피탈까지도 민간에 완전히 보편화되지는 못했다.

11월 16일 고종의 밀지, 의병장 정환직

1907년 오늘 의병장 정환직이 총살형으로 순국했다.

정환직(1844-1907.대통령장)은 경북 영천 출신으로, 임진왜란 때 영천성을 탈환한 의병장 정세아의 10세손이다. 1887년 태의원 전의와 중추원 의관 등 여러 관직을 역임했다. 1905년 을사늑약이 체결되자 고종이 내린 밀지를 받고, 아들 정용기와 함께 영남 지방에서 의병을 일으켜 관동 지방으로 진군할 것을 계획했다. 정환직 부자는 영천창의소를 설치하고 산남의진을 결성, 신돌석 의병부대와 연합작전을 펼치며 일본군과 여러 차례 격전을 벌였다.

1907년 9월 아들 정용기가 입암전투에서 전사하자 정환직은 산남의진 제2대 대장이 되어 흩어진 의병을 수습, 청하·흥해·신녕·영덕 등지에서 분파소를 습격하고 일본군과 일본 순사를 처단하는 등 치열한 항일투쟁을 전개했다. 그러나 1907년 11월 16일 청하에서 체포된 뒤, 대구로 호송 도중 회유에 굴하지 않자 영천 조양각 밑 둔치에서 총살형을 당해 순국했다. 정환직은 순국 전 "몸은 없어지나 마음은 변치 않는다, 의는 무거우나 죽음은 가볍다"라는 절명시를 남겼다.

11월 17일 국권 상실의 시작, 을사늑약

1905년 오늘 일제에 외교권을 빼앗기는
을사늑약이 체결됐다.

자료: 을사늑약에 협조한 을사오적(좌로부터 이지용, 박제순, 이근택, 이완용, 권중현)

을사늑약은 1905년 11월 17일 일본이 대한제국의 외교권을 박탈하기 위해 강제로 체결한 불평등조약으로, 외부대신 박제순과 일본 공사 하야시 곤스케가 서명했다. 일본은 러일전쟁에서 승리한 후, 미국(가쓰라-태프트 밀약)과 영국(제2차 영일동맹) 등 서방 열강의 묵인을 바탕으로 군대를 동원해 고종 황제와 정부 요인들을 위협하며 조약 체결을 강요했다. 이 조약의 핵심 내용은 대한제국의 외교권을 일본에 이관하고, 일본이 통감을 파견해 내정에 간섭하도록 하는 것이었다.

이로써 대한제국은 독자적 외교활동이 불가능해졌고, 주한 외국 공관이 모두 철수하여 국제사회에서의 주권을 완전히 상실했다. 일본은 통감부를 설치해 내정 지배권을 행사했고, 이는 1910년 한일병합으로 이어지는 결정적 계기가 되었다. 을사늑약 체결 과정에서 고종과 일부 관료가 강력히 반대했으나, 일본의 무력 앞에 좌절되었다. 이 조약은 국제법상 강압에 의한 조약은 무효임에도 불구하고 시행됐다. 을사늑약은 독립운동을 촉발하는 계기가 되었으며, 무장 투쟁의 기폭제가 되었다.

11월 18일 스티븐스 척살, 전명운과 장인환

1947년 오늘 스티븐스 저격 사건의 주역 전명운이 서거했다. 자료: 장인환 석방 축하회, 좌측이 전명운, 1924.6.24.(국가보훈부)

전명운(1884-1947.대통령장)은 서울 출신으로, 어린 시절 부모를 잃고 맏형 집에서 성장했다. 한성학교에 입학해 2년간 수학한 뒤, 1903년 하와이로 이주했다. 이민 생활 중 농장과 철도 공사장 등에서 막노동을 하며 학비와 생활비를 마련했다. 미국 본토로 이주한 전명운은 샌프란시스코에서 공립협회 등 항일단체에 가입해 활동했다. 특히 1908년 3월 23일, 샌프란시스코에서 장인환과 함께 친일 대한제국 외교고문인 스티븐스 저격 사건을 주도했다. 전명운은 직접 권총을 들고 스티븐스를 겨냥했으나 불발이 되자 총대를 들어 얼굴을 내리쳤고, 이어 장인환(1876-1930.대통령장)이 세 번 쏜 총에 스티븐스가 사망했다.

전명운은 증거불충분으로 풀려났고, 장인환은 25년 형을 받고 11년 수감 후 석방됐다. 의거 이후 전명운은 연해주 등에서 독립운동을 계속했다. 이후 미국으로 돌아와 로스앤젤레스 대한인국민회 회원으로 활약했다. 1942년에는 58세의 나이로 한인국방경위대 창설에 참여했다. 1947년 11월 18일 63세를 일기로 LA에서 서거했다.

11월 19일 노인들의 의열투쟁, 김치보

1941년 오늘 대한노인동맹단 단장 김치보가 순국했다.

김치보(1859-1941.독립장)는 평남 평양 출신으로, 1908년경 블라디보스토크로 이주한 뒤 독립운동의 길에 나섰다. 블라디보스토크에서 한약방 '덕창국'을 운영하며 독립운동가들의 사랑방 역할을 했다. 1909년 청년돈의회를 조직해 회장을 맡았으며, 1910년 일제의 강제병합을 규탄하는 성명회 선언서에 서명했다. 1919년, 3·1운동 소식이 전해지자, 연해주 만세시위를 주도했다. 같은 해 대한노인동맹단을 결성하여 단장으로 선출되었고, 홍범도, 유상돈 등 16명이 의원으로 선출되었다. 노인동맹단은 블라디보스토크 일본총영사관에 독립요구서를 제출하는 등 적극적으로 활동했다.

특히 1919년 9월 단원 강우규를 국내에 파견해 조선 총독 사이토에게 폭탄을 던지게 한 것은, 연해주 노인 독립운동의 상징적 사건으로 평가받는다. 1922년 4월에 블라디보스톡 천도교교구장 고문 자격으로 귀국하여 최시형의 아들 최동희를 만나 고려혁명위원회를 조직하였다. 1920년대 후반 이후의 행적은 확실하지 않고, 일부 기록에 따르면 1941년 11월 만주 훈춘에서 생을 마감한 것으로 전해진다.

11월 20일 국권 상실에 목놓아 울다, 시일야방성대곡

1905년 오늘 장지연이 황성신문 사설에서
을사늑약을 통렬하게 비판했다.

자료: 시일야방성대곡, 1905.11.20.(황성신문)

장지연의 〈시일야방성대곡(是日也放聲大哭)〉은 1905년 11월 20일 자《황성신문》에 실린 사설로, 1905년 11월 17일 체결한 을사늑약의 부당함을 통렬하게 고발한 대표적 명문이다. "오늘을 목 놓아 크게 통곡한다."라는 뜻으로, 고종의 승인 없이 강압으로 체결된 을사늑약의 불법성과 민족적 수치를 강렬히 표현했다. 이 논설은 이토 히로부미와 을사오적(이완용, 박제순, 이지용, 이근택, 권중현) 등 친일 매국노를 맹비난하며, 일본의 침략과 국권 침탈을 규탄했다. 특히 논설의 격렬한 어조와 감정은 당시 국민의 분노와 절망을 대변하는 것으로 평가받는다.

〈시일야방성대곡〉이 발표되자 일제는 신문사를 압수, 수색하고, 장지연을 체포했다. 신문사는 무기 정간당했고, 논설 내용은《대한매일신보》등 다른 언론을 통해 널리 퍼졌다. 장지연은 1962년 정부로부터 건국훈장을 받았으나, 1914년 총독부 어용 신문사인《매일신보》의 주필로 활동하면서 친일 한시와 사설 730여 편을 기고했던 내용의 친일 논란으로 인해, 2009년 '친일인명사전'에 수록됐고, 2010년 서훈이 취소됐다.

11월 21일 춘천의 의병장 일가, 유홍석

1913년 오늘 춘천 의병장 유홍석이 순국했다.

유홍석(1841-1913.애국장)은 강원도 춘천 출신으로, 1895년 을미사변과 단발령이 내려지자 유중락, 유봉석, 김경달 등과 함께 춘천에서 의병을 일으켰다. 이후 재종형 유인석이 제천에서 의병을 일으키고 의병대장으로 추대되자, 유홍석은 서무를 맡아 의진을 이끌며 여러 차례 관군과 일본군을 상대로 교전했다. 이후 1907년 민긍호, 이강년 등과 함께 의병을 재기하려 했으나 실패했고, 다시 춘천과 원주 등지에서 유영석, 유제곤, 박선명 등과 함께 600여 명의 의병을 모집해 가평에서 일본군과 교전 중 부상을 당했다.

1910년 한일병합이 이루어지자, 71세의 나이로 가족을 이끌고 만주 환인현으로 망명해 독립운동을 계속했다. 만주에서는 홍경현, 관전현 등지를 전전하며 독립의 꿈을 이어갔으나, 1913년 11월 21일 회인현에서 병으로 순국했다. 아들 유제원, 며느리 윤희순(애족장), 손자 유돈상(애족장), 민상, 교상 등 가족 모두가 독립운동에 투신했다.

11월 22일 최초의 이토 암살 시도, 원태근

1905년 오늘 원태근이 이토 히로부미에게 돌을 던졌다.

자료: 만안도서관 소재 원태우 의거비(현충시설정보서비스)

원태근(1882-1950.애족장, 본명은 원태우)은 경기도 안양 출신으로, 1905년 을사늑약 체결 직후 일제의 침략에 분노해 거사에 나섰다. 그는 1905년 11월 22일 일본 특파대사 이토 히로부미와 일본 공사 하야시 곤스케가 을사늑약 체결 자축 행사로 수원에서 수렵을 마치고 서울로 돌아가는 열차가 안양역을 출발할 때, 동지 이만여와 함께 열차를 향해 돌을 던져 이토의 얼굴과 눈에 부상을 입히는 의거를 감행했다.

이 사건으로 체포되어 경성 헌병사령부에서 태형 100대를 맞는 혹독한 처벌을 받고, 1906년 1월 24일에 풀려났다. 이때 인두로 지지는 고문과 성기 고문까지 당해 그 후유증으로 아이를 가질 수 없을 정도로 불구가 되었고, 그 후로도 일제의 엄중한 감시와 탄압으로 제대로 생계를 유지하기 어려웠다. 1951년 7월 22일 김포에서 서거했다.

11월 23일 27년간의 망명, 임시정부 환국

1945년 오늘 미국의 홀대 속에 임시정부가 쓸쓸히 환국했다. 자료: 귀국 중 경유지인 상해 비행장에서 촬영(우당기념관)

1945년 11월 23일, 임시정부 요인 1진이 중경을 떠나 고국 땅에 돌아오는 역사적 환국이 이루어졌다. 1945년 8월 국내진공작전을 준비하던 김구는 미국으로부터 일제의 항복 소식을 미리 전해 듣고, "하늘이 무너지고 땅이 갈라지는 느낌"이었다고 회고했다. 광복 후 임정의 영향력이 약화될 것을 우려한 것이다. 우려대로 미국은 임시정부를 공식 정부로 인정하지 않았고, 요인들은 정부가 아닌 개인 자격으로 귀국해야 했다.

11월 5일 중경에서 상해로 이동한 임시정부 요인들은 11월 23일, 김구 주석과 김규식 부주석 등 15명이 C-47 수송기를 타고 김포비행장에 도착했다. 미군정이 환국 사실을 알리지 않아 공식 환영식 없이 조용히 귀국했으나, 이후 국민들은 임시정부 개선 환영대회를 열며 그들을 뜨겁게 맞이했다. 반면 미국에 있던 이승만은 10월 16일 맥아더가 주선한 비행기를 타고 도쿄를 경유해 서울에 도착했다. 임시정부 환국으로 27년간의 망명과 투쟁을 마무리했다.

11월 24일 부부 독립운동가, 김학규와 오광심

1900년 오늘 광복군 3지대장 김학규가 출생했다.

자료: 김학규와 부인 오광심(독립기념관)

김학규(1900-1967.독립장)는 1900년 11월 24일 평남 평원에서 출생했다. 1919년 신흥무관학교를 졸업한 뒤, 서로군정서 한국의용대 소대장으로 활동했다. 1929년 12월 조선혁명당을 창당하고, 조선혁명군을 조직했다. 조선혁명군 총사령 양세봉 장군의 참모장으로 대일항전을 펼쳤다. 조선혁명군은 중국 의용군과 연합하여 여러 전투에서 승리를 거두었다. 1935년 민족혁명당 중앙집행위원을 맡았고, 이후 임시정부에 합류해 1939년 한국독립당 창당에 참여했다. 1940년 한국광복군 창설과 함께 제3지대장에 임명되어 미군 OSS와 협력해 국내진공작전을 준비했으나, 일본의 항복으로 실행하지는 못했다.

광복 후에는 상해 판사처장으로 교포 귀국을 지원했고, 1946년에도 교포 1만 2천 명을 국내로 귀국시켰다. 1949년 6월 김구 암살사건에 얽혀 억울한 옥살이를 하는 등 불운한 말년을 보내다 1967년 9월 20일 서거했다. 광복군사령부에서 활동한 오광심(1910-1976.독립장)이 그의 부인이다.

11월 25일 제주 조천 만세운동, 김시범

1948년 오늘 김시범이 같은 민족의 총탄에 총살당했다.

자료: 제주 조천의 제주항일기념관(현충시설정보서비스)

김시범(1890-1948.애족장)은 제주도 조천리 출신으로, 유학자 집안에서 성장한 그는 잡화상을 운영하며 지역사회에서 신망을 얻었다. 1919년 3월, 조카 김장환(휘문고보 학생)이 서울에서의 만세시위 소식을 전하자, 일족과 함께 제주에서도 만세운동을 벌이기로 결의했다. 거사일은 맏형이자 존경받던 유학자 김시우의 기일인 3월 21일로 정했다. 3월 21일 미밋동산에서 김시범은 독립선언서를 낭독하고, 주민과 서당생도 등 150여 명과 함께 만세를 외치며 행진을 이끌었다. 시위는 점점 확대되어 500-600명이 참여했고, 신촌리에서 일본 경찰과 충돌해 김시범, 김시은 등 13명이 체포됐다. 보안법 위반으로 김시은과 함께 징역 1년 형을 받아 서대문형무소에서 옥고를 치렀다.

광복 이후에는 1948년 제주 4·3사건 발발 이후 좌익으로 경찰의 지목을 받았고, 결국 토벌대의 검속으로 연행돼, 1948년 11월 25일 조천면 서우봉에서 총살당해 서거했다. 사후 2023년 재심에서 무죄 판결을 받았다.

11월 26일 일가족이 독립운동에 투신한 이광

1966년 오늘 임시정부의 외교에 힘쓴 성암 이광이 서거했다.

자료: 이광(국가보훈부)

이광(1879-1966.독립장)은 충북 청주 출신으로, 1894년 한성사범학교를 졸업하고, 1904년 와세다대학에서 공부하다 중퇴 후 귀국, 서울 공옥학교 교사로 교육에 힘썼다. 1907년 신민회에 가입해 주권수호에 앞장섰다. 1910년 한일병합 이후 만주로 망명해 이시영 등과 함께 경학사와 신흥학교를 설립, 독립운동기지 구축과 인재 양성에 기여했다. 1912년 상해로 건너가 신규식이 주도하는 동제사에 가입했고, 1918년 길림에서 발표된 '무오독립선언'의 대표 39명으로 서명했다. 1921년에는 임시정부 외무부 북경 주재 외무위원으로서 한중 외교 연락을 담당했다.

1932년 남경에서 한국광복진선 결성에 참여했으며, 1938년 임시정부 호남성 외교연락대표로 활동하며 외교 역량을 발휘했다. 광복 후에는 중국 동북지역의 교포 귀국을 주도했다. 귀국 후 충북도지사, 체신부장관 등 요직을 역임했고, 1966년 11월 26일 서거했다. 두 아들 윤장(애국장), 윤철(애족장)도 진선청년공작대에 가담, 항일 활동을 전개했고, 딸 이국영(애족장)과 사위 민영구(독립장) 또한 독립운동에 투신했다.

11월 27일 24일의 단식, 절의의 선비 장태수

1910년 오늘 선비 장태수가
경술국치의 불충을 탄식하며 단식, 순국했다.

자료: 장태수 생가, 남강정사(현충시설정보서비스)

장태수(1841-1910.독립장)는 전북 김제 출신으로, 1861년 21세의 나이로 문과에 급제하여 예조정랑, 사헌부지평 등의 관직을 역임했다. 1867년 양산군수로 부임하여 방어시설과 군대를 정비하고, 임진왜란 당시 순절한 조영규의 제단을 보수·제향하는 등 선정을 베풀었다. 이후 병조참의, 동부승지 등을 거쳐 1894년 고산현감에 부임했다. 1895년 단발령이 시행되자 사직하고 은거했으나, 1904년 2월 러일전쟁 직후 일제가 한국 침략을 본격화하자 다시 중추원의관, 시종원부경에 임명되어 관직에 복귀했다.

을사조약 체결 후에는 을사오적 처벌을 요구하는 상소를 올렸다. 1910년 경술국치로 국권이 상실되자 일제가 준 은사금을 거부하고, "나라를 빼앗긴 허물이 오적에게만 있지 않다."라며 자신의 불충을 죽음으로 씻겠다는 유언을 남기고 단식에 들어갔다. 24일 만인 1910년 11월 27일, 단식 끝에 순국했다.

11월 28일 의병항쟁에서 독립운동까지, 신태식

1922년 오늘 문경의 의병장이자 독립운동가
신태식이 체포됐다.

자료: 조선독립후원의용단 검거 보도, 1922. 12.30.(동아일보)

獨立後援義勇團

義兵首領
申泰植

거법통대사건과 련락한단체
경북경찰부에서십수명검거

신태식(1864-1932.독립장)은 경북 문경 출신으로, 1895년 을미의병 때 문경 농암 장터에서 밀정 처단을 시작으로 의병활동을 시작했다. 1907년 정미의병이 일어나자 단양에서 수백 명의 의병을 모아 도대장에 오르며 이강년, 신돌석 의병부대와 연합해 울진, 평해, 영양, 영월, 제천, 원주, 홍천 등지에서 일본군과 격렬한 전투를 벌였다. 1908년 양주 산안전투에서 일본 장교를 생포해 처단하는 전과를 올렸으나, 영평 이동전투에서 총상을 입고 체포되어 10년 형을 선고받았다.

1918년 출옥 후 3·1운동에 참여했고, 임시정부 수립 후에는 경상도 지방에서 조선독립후원의용단을 조직해 단장으로서 군자금 모집과 독립군 지원 활동을 이어갔다. 그러나 1922년 11월 28일 다시 체포되어 1년간 옥고를 치렀다. 출옥 후에도 항일투쟁을 멈추지 않았으며, 1932년 69세로 순국했다.

11월 29일 수원의 독립운동가, 임면수

1930년 오늘 필동 임면수가 순국했다.

자료: 수원 시청 앞 임면수 동상

임면수(1874-1930.애족장)는 경기도 수원 출신으로, 1905년 수원 화성학교를 졸업하고, 상동 청년학원에서 민족교육을 받았다. 1907년 대구에서 국채보상운동이 시작되자 임면수는 김제구, 이하영과 함께 수원의 국채보상운동을 이끌었다. 1909년에는 그가 설립한 삼일학교 교장을 역임하며 지역 인재 양성에 힘썼고, 학교 설립을 위해 토지를 기부하는 등 교육자로서도 큰 자취를 남겼다.

1910년 한일병합 후 독립운동 기지 건설을 위해 1912년 가족과 함께 서간도로 망명했다. 만주에서는 신흥무관학교 분교인 양성중학교 교장으로 활동하며 독립군을 양성했고, 한인 자치기구 부민단 결사대에도 소속돼 항일투쟁을 전개했다. 1920년 일제가 간도초토화를 위해 출병하자 해룡현으로 근거지를 옮겨 항일투쟁을 이어갔다. 1921년 길림 시내에 잠입해 활동하던 중 밀정의 고발로 체포됐고, 평양감옥에 압송돼 모진 고문을 당했다. 반신불수가 돼 수원으로 돌아왔지만, 거처할 방조차 없었다. 끝내 광복을 보지 못하고 1930년 11월 29일 56세로 순국했다.

11월 30일 죽음으로 외친 저항, 민영환

1905년 오늘 을사늑약에 항거해
충정공 민영환이 자결, 순국했다.

민영환(1861-1905.대한민국장)은 서울 출신으로, 조선 말기와 대한제국을 대표하는 관료다. 고종의 외척 가문 출신으로 내외 요직을 두루 거쳤다. 민영환은 17세의 나이로 과거에 급제하여 관직에 올랐고, 러시아 황제 대관식 특명전권공사와 유럽 6개국 특명전권공사로 활약하며 서양의 근대 문물을 직접 체험했다. 귀국 후에는 독립협회를 적극 후원하며 개혁과 자주독립을 주장했다. 내부대신 등 고위 관직을 맡으며 정부의 근대화와 개혁을 주도했으나, 일본의 내정 간섭이 심해지자 한직으로 좌천되기도 했다. 1905년 일제가 을사조약을 강제 체결하자, 민영환은 조약 파기와 친일파 처단을 요구하는 상소를 올렸다.

그러나 뜻을 이루지 못하자, 11월 30일 이완식의 집에서 2천만 동포와 각국 공사, 대한제국 황제에게 보내는 유서 3통을 남기고 단도로 목을 찔러 자결하였다. 그의 죽음은 전국에 충격을 주었고, 이를 계기로 전 좌의정 조병세, 전 대사헌 송병선, 전 이조참판 홍만식, 학부주사 이상철, 병사 김봉학 등도 연이어 자결하였다.

12월

12월 1일 무장투쟁 3대 맹장, 오동진

1944년 오늘 송암 오동진이 옥중에서 순국했다.

자료: 오동진(독립기념관)

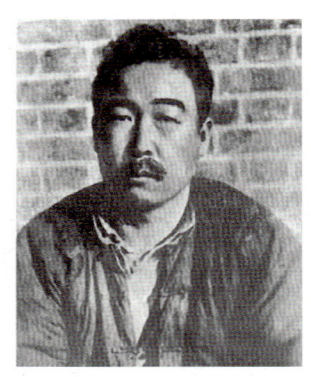

오동진(1889-1944.대한민국장)은 평북 의주 출신으로, 안창호가 평양에 설립한 대성학교를 졸업했다. 의주 3·1운동을 주도한 이후 일본의 탄압을 피해 만주로 망명, 항일투쟁에 나섰다. 1919년 윤하진, 장덕진과 함께 광제청년단을 조직하고, 같은 해 대한청년단연합회 결성에 참여해 의용대를 이끌며 적 기관 파괴, 친일파 처단 등 다양한 항일투쟁을 전개했다. 1920년에는 광복군총영의 총영장을 맡았고, 이후 만주 지역의 독립운동 단체 통합에 앞장서 정의부 사령장, 고려혁명당 군사위원장으로 활동했다. 오동진은 1920년대 중반까지 연인원 1만 명 이상의 독립군을 지휘하며 국내진공작전을 펼쳤고, 일제 관공서와 친일파에 대한 공격 등 치열한 투쟁을 이어갔다.

공식 통계에 따르면, 그는 관공서 143개소를 파괴하거나 불태웠으며, 일경·친일파 900여 명을 처단하는 등 김좌진, 김동삼과 함께 만주 항일무장투쟁의 3대 맹장으로 불렸다. 1927년 장춘에서 일제의 밀정 김종원의 밀고로 신의주경찰서 형사 김덕기에게 붙잡혔다. 이후 무기징역을 받고 1944년 12월 1일 공주형무소 옥중에서 순국했다.

12월 2일 조선혁명군 사령, 최윤구

1938년 오늘 동북항일연군 참모장 최윤구가 전사했다.

최윤구(1885-1938.독립장)는 경북 청도 출신으로, 1919년 중국으로 건너가 대한통의부에 참여한 이후, 항일 무장투쟁을 이끌었다. 대한통의부는 서간도 지역 독립운동 단체들이 연합해 결성한 조직으로, 최윤구는 이곳에서 소대장, 중대장 등으로 활동하며 무장투쟁의 최전선에 섰다. 1929년에는 국민부 산하 조선혁명군 결성에 참여하여 친일파 숙청, 일제 기관 파괴, 국내 진입 작전 등을 주요 임무로 삼았다. 1932년 신빈현에서 만주국 군경과 치열한 접전을 벌였고, 영릉가 점령과 흥경현성 전투에서 혁혁한 전과를 올렸다. 이후 조선혁명군 제1연대장, 사령으로 승진하며 항일투쟁을 주도했다.

1930년대 중반, 최윤구는 동북인민혁명군, 동북항일연군 등 중국 항일세력과 연합해 투쟁을 전개했다. 동북항일연군 제1로군 총참모장으로서, 양정우 사령관과 함께 일본군에 맞서 수많은 전투를 치렀다. 1938년 12월 2일 만주군과 전투 중 순국했다.

12월 3일 조선어연구회와 한글의 수호

1921년 오늘 주시경의 제자들이 조선어연구회를 조직했다.

자료: 주시경(국가보훈부)

조선어학회는 1921년 12월 3일 주시경의 제자들인 최두선, 장지영, 권덕규, 이병기 등이 중심이 되어 '조선어연구회'로 출발했다. 조선어연구회는 한글 철자법 연구와 한글 보급, 동인지《한글》발간 등으로 민족의식을 고취했으며, 1926년 훈민정음 반포일을 '가갸날'(현 한글날)로 정해 기념식을 개최하는 등 한글 운동의 중심 역할을 했다. 1931년, '조선어학회'로 명칭을 바꾸고, 1933년 '한글 맞춤법 통일안', 1936년 '조선어 표준말 모음', 1940년 '외래어 표기법 통일안' 등 우리말 표준화의 기초를 마련했다.

조선어학회는《조선말 큰사전》편찬을 목표로 전국에서 어휘를 수집하며 일제의 일본어 강요와 민족말살정책에 맞섰다. 그러나 일제는 1942년 조선어학회 회원들을 내란죄로 구속하고 학회를 강제 해산시켰다. 가혹한 고문으로 이윤재, 한징은 옥사했고, 이극로, 최현배 등은 실형을 선고받는 등 고초를 겪었다. 광복 후, 학회는 한글학회로 재출범해《조선말 큰사전》완간 등 민족문화 계승에 기여했다.

12월 4일 을사오적에게 칼을 겨눈 기산도

1928년 오늘 호남의병장 기삼연의 종손 기산도가 순국했다.

자료: 장성의 기산도 추모비(현충시설정보서비스)

기산도(1878-1928.독립장)는 전남 장성 출신으로, 호남의병장 기삼연의 종손이자 의병장 고광순의 사위로, 1905년 을사늑약이 체결되자 '을사오적' 처단을 목표로 결사대를 조직했다. 1906년 이범석, 이근철과 함께 등과 함께 이근택 암살을 시도하여 중상을 입힌 뒤, 체포되어 2년 6개월의 옥고를 치렀다. 1919년 3·1운동 이후 상해임시정부가 수립되자 호남 일대에서 군자금 모금 활동을 주도했다. 이 과정에서 김철 등과 함께 독립자금 모집을 위해 활동했으나, 1919년 10월 체포되어 징역 3년 형을 선고받았다. 옥중에서 가혹한 고문으로 왼쪽 다리를 절단당하는 고초를 겪었으나, 출옥 후에도 독립 의지를 굽히지 않았다. 반신불수의 몸으로 떠돌이 신세가 되었으나 끝까지 독립정신을 잃지 않았다. 1928년 12월 4일, 숨을 거두며 "유리개걸지사 기산도지묘(流離丐乞之士 奇山度之墓: 정처 없이 떠돈 거지 선비란 뜻)"란 비목 하나만 세워달라는 소박한 유언을 남겼다.

• 1941.12.4. 신사참배를 거부해 폐교당한 숭실학교 교장 조지 맥큔(1873-1941.독립장) 순국

12월 5일 일진회를 규탄, 국민 대연설회

1909년 오늘 일진회의 성명을 규탄하는
국민 대연설회를 개최했다.

자료: 1907년 다이쇼 왕세자의 방문을 환영하기 위해 일진회가 남대문에 세운 대형 아치

1909년 12월 4일, 친일단체 일진회(회장 이용구)는 한일합방성명서를 발표하고, 순종과 내각, 통감부에 한일합방상주문을 제출했다. 이 성명서는 일진회가 100만 회원 명의로 작성한 것으로, 한일병합이 조선의 생존과 동양평화에 필요하다는 논리를 내세웠다. 이에 맞서 국내외 지식인, 청년, 학생들은 격렬하게 반발했다. 1909년 12월 5일, 이중하, 민영소, 김종한 등이 국시유세단을 조직하여 서울 원각사에서 국민 대연설회를 개최했다. 이 연설회에는 원로와 청년, 학생 등 4,000여 명이 참석했으며, 일진회의 주장을 맹렬히 비판했다.

연설자들은 일진회의 성명서가 조선의 자주권과 민족의 자존을 짓밟는 행위임을 강조했고, 참석자들은 일진회의 해산과 친일세력 타도를 촉구했다. 이 규탄연설회는 서울을 넘어 평양, 선천, 철산, 해주 등 전국 각지로 확산했다.

12월 6일 전국 의병의 결집, 13도창의군

1907년 오늘 전국의 의병진이 모여 서울 진공을 도모했다.

자료: 망우리의 13도창의군 기념탑(현충시설정보서비스)

13도창의군은 1907년 12월 6일 경기도 양주에서 결성된 최대 규모의 의병 연합부대다. 이인영(1868-1909.대통령장)을 총대장으로 추대하고, 전국 의병장들이 모여 1만여 명의 병력을 집결시켰으며, 이 중에는 해산된 대한제국 군인 3,000명도 포함되어 있었다. 여기에는 진동창의대 권중희, 호서창의대 이강년, 관동창의대 민긍호, 이은찬, 교남창의대 박정빈, 호남창의대 문태수, 관서창의대 방인관, 관북창의대 정봉준이 참여했다. 13도창의군의 목적은 서울 진공으로 일제를 몰아내는 것이었다.

창의군은 1908년 1월 서울 주재 각국 대사관에 격문을 보내 의병을 합법적인 교전 단체로 여겨, 교전권을 인정해 줄 것도 요구했다. 군사장 허위는 선발대 300명을 이끌고 동대문 밖 30리 지점에 본부를 설치했으나, 일본군이 이를 사전에 탐지해 교전이 벌어졌다. 본대가 합류 전에 일본군의 공격을 받아 결국 서울 진격 작전은 실패로 돌아갔다. 이후 창의군은 서울에서 퇴각하여 예전처럼 독자적으로 활동했다. 만주와 연해주의 독립군 결성, 3·1운동, 임시정부 수립으로 이어지는 전환점이 되었다.

12월 7일 부자의 저항, 이학순과 이내수

1910년 오늘 선비 이학순이 자결 순국했다.

이학순(1843-1910.독립장)은 충남 공주 출신이다. '존화양이'에 철저한 유학자로 성리학 이외의 학문이나 사상에 대해서는 배타적이었다. 1910년 경술국치 후 일제가 은사금을 내렸으나 거부했다. 헌병대장이 직접 찾아와 수령을 거부하면 투옥하겠다고 겁박했으나 끝까지 수령을 거부하다 투옥되었다. 일제가 나이가 많고 병이 심한 것을 보고, 몸을 돌보라며 잠시 풀어주자, 절명시 2수를 남기고 1910년 12월 7일 음독 자결했다.

이학순의 아들 이내수(1860-1933.애국장)와 이내준(생몰년 미상)도 부친의 뜻을 이어 독립운동에 헌신했다. 이내수는 파리강화회의에 조선 독립을 청원한 '파리장서'에 137인의 유림 대표 중 1인으로 서명했고, 대동단에서 활동 중 일경에 붙잡혀 1923년 징역 2년 형을 선고받고 옥고를 치렀다.

- 1907.12.7. 호남창의 의병장 김율(1882-1908.독립장) 법성포주재소 습격 및 무기 탈취

12월 8일 독립운동 명문가, 신건식

1963년 오늘 신건식이 서거했다.

자료: 신건식 부부와 딸 신순호(국가보훈부)

신건식(1889-1963.독립장)은 충북 청주 출신으로, 육군무관학교와 한성외국어학교를 졸업한 뒤, 1911년 형 신규식과 함께 상해로 망명했다. 1912년 신규식·박은식과 함께 동제사에 가입해 독립운동을 시작했다. 그는 1939년 임시의정원 의원으로 선출됐고, 1943년 재무부차장을 역임하며 재정문제 해결에 기여했다. 특히 광복군의 자주성 회복을 위해 중국 정부에 광복군의 자율성을 제한하던 '9개 준승' 폐지를 여러 차례 요구했다. 1942년에는 임정의 국제사회 승인을 요청하는 의안도 발의했다. 광복 후 1963년 12월 8일 딸 신순호의 집에서 서거했다.

신건식의 부인 오건해는 이동녕, 박찬익 등 독립운동가의 뒷바라지와 김구 선생 간호에 힘썼으며, 1942년 한국독립당 활동에도 적극 참여했다. 딸 신순호와 사위 박영준, 형 신규식, 조카 신형호, 사돈 박찬익 등 가족 모두가 독립운동에 나섰다.

• 1943.12.8. 조선어학회 사건 이윤재(1888-1943.독립장) 고문으로 옥중 순국

12월 9일 중앙·보성·경신고보 연합시위

1929년 오늘 서울에서 학생들이 연합시위를 전개했다.

자료: 학교 정문을 지키고 있는 경찰. 1929.12.28.(동아일보)

1929년 12월 9일, 서울 경신학교, 중앙고보, 보성고보 학생들이 11월 광주학생운동의 연장선상에서 대규모 연합시위를 전개했다. 이날의 시위는 일본 경찰의 예비검속으로 주동자들이 체포되는 등 어려운 상황 속에서도 학생들의 자발적 참여로 이뤄졌고, 이후 전국으로 항일운동이 확산하는 중요한 계기가 되었다. 이날 경신학교 학생 300여 명, 보성고보 학생 400여 명, 중앙고보 학생 700여 명이 각 학교에서 집결해 시위를 벌였다.

이들은 광주에서 시작된 학생 시위의 구속자 석방, 일제의 식민지 정책 반대, 학생 인권보호 등을 요구하며 거리로 나갔다. 시위는 곧바로 휘문고보, 협성실업학교 등으로 확대됐고, 하루 만에 1,200여 명의 학생이 체포되는 등 격렬하게 전개됐다. 이 시위는 12월 13일까지 이어졌으며, 서울 지역에서만 1만 2천여 명의 학생이 참여한 대규모 항일운동으로 기록된다.

12월 10일 임시정부의 대일 선전포고

1941년 오늘 임시정부 외무부는 일본에 대해 선전포고를 발표했다. 자료: 임정의 대일선전성명서(국사편찬위원회)

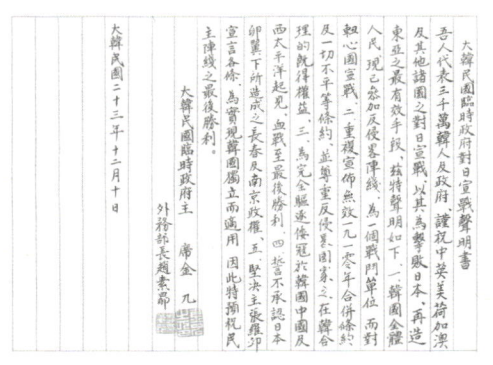

1941년 12월 7일 일본이 진주만을 기습 공격하면서 태평양전쟁이 발발하자, 임시정부는 12월 10일에 일본에 대해 선전포고를 발표했다. 이 성명서는 임시정부 주석 김구와 외무부장 조소앙의 명의로 발표한 것으로, 3천만 한국인과 정부를 대표해 연합국의 대일 선전포고를 환영하며, 한국 역시 반침략 전선에 참가하여 일본에 선전포고를 발표했다. 대일 선전포고의 주요 내용은 다음과 같다. 첫째, 1910년 한일병합조약 등 일체 불평등조약이 무효임을 재확인한다. 둘째, 일본군을 한반도, 중국, 서태평양에서 완전히 축출한다. 셋째, 일본이 비호한 만주국을 승인하지 않는다. 넷째, 루즈벨트-처칠 선언의 원칙이 한국 독립에 적용될 것을 주장한다.

이 선전포고는 임시정부가 연합국의 일원으로 전후 국제질서에 참여하고자 하는 전략적 조치였다. 임시정부 산하 광복군은 중국, 미얀마, 인도 등지에서 연합국과 연대하여 항일 무장투쟁을 전개하고 있었다.

12월 11일 태백산 호랑이, 신돌석 의병장

1908년 오늘 신돌석 의병장이 순국했다.

자료: 경북 영덕의 신돌석 기념관(현충시설정보서비스)

신돌석(1878-1908.대통령장)은 경북 영덕 출신으로, 평범한 농가에서 태어났다. 1906년 200여 명 병사를 집결시켜 영릉의병이라는 이름을 걸고 거병했다. 의병장이 평민 출신임에도 주요 간부진에 양반이나 중인도 포함되어 있었다. 한참봉이라 불린 한영육이나 군에서 주사를 지낸 백남수가 그들이다. 울진 장흥관에서 일본군의 배를 기습 파괴하고, 원주, 삼척, 강릉, 양양 등지의 일본군을 무찌르는 등 경상북도와 강원도 일대에서 신출귀몰한 유격전을 펼쳤다. 1907년 이인영을 중심으로 결성된 13도창의군에 경상도 의병을 대표해 참여했으나, 평민 출신이라는 이유로 완전히 인정받지는 못했다.

1907년 11월 이강년 의병부대와 연합하여 순흥을 공략한 기록도 있다. '태백산 호랑이'로 불리며, 일본군과 지방 관청에 큰 타격을 주었고, 군율이 엄격하고 민폐를 끼치지 않아 민중의 지지를 받았다. 1908년 12월 만주행을 준비하던 중, 12월 11일 현상금에 눈이 먼 외가 6촌 김상렬 형제에 의해 살해되었다.

12월 12일 군자금 모집 행동대장, 손양윤

1940년 오늘 18년간 옥살이를 한 손양윤이 순국했다.

자료: 손양윤 공판 기사, 1929.9.26.(동아일보)

손양윤(1878-1940.독립장)은 경북 대구 출신으로, 1916년 대한광복회에 가입하여 군자금 모집 활동 중 1917년 체포되어, 징역 10년 형이 확정되었다. 1924년 8년 형으로 감형되어 출옥 후, 길림으로 건너가 항일단체 신민부에 가입했다. 신현규, 이병묵과 국내에 파견되어 군자금 모집 활동을 했다. 1926년 6월경부터 경남지방에서 군자금을 모집하여 5천여 원의 군자금을 신민부에 전달했고, 일본인으로부터 현금 5백 원, 엽총 2정 등을 탈취했다. 동지들과 만주로 복귀하던 중 밀정의 밀고로 동지들이 모두 체포되었다. 그도 서울에서 1928년 7월 30일 체포되었다. 신현규, 신양춘 두 동지는 고문을 이기지 못하고 동년 8월에 재판도 받지 못하고 옥사했다. 그는 1929년 12월 경성법원에서 20년 형이 확정되어 옥고를 치렀다. 옥중에서 10여 년간 옥고를 치르다가 1940년 말에 중병으로 가석방되었으나 후유증으로 12월 12일 순국했다.

• 1902.12.12. 최초의 이민자 102명이 제물포에서 하와이로 출항(1905년까지 7,500명 하와이 이주)

12월 13일 은사금 거부와 충절, 김근배

1910년 오늘 매하 김근배가 나라를 잃고 자결 순국했다.

자료: 익산 소재 사당 매곡사

김근배(1847-1910.애국장)는 전북 익산 출신으로, 1866년 병인양요 때 토적의거격문을 작성해 상소하는 등 젊은 시절부터 민족의식을 드러냈다. 1906년 성균관 박사가 되었으나 단발령 소식에 "부모가 남겨주신 몸을 훼손하고 선왕의 법복을 바꾸어 오랑캐 풍속을 쫓는 것은 못하겠다."라고 하며 은둔했다. 1910년 경술국치로 조선이 일제에 병합되자, 일본 헌병주재소장이 김근배를 회유하기 위해 은사금을 보냈다.

김근배는 '강토를 이미 빼앗기고 임금의 위호 또한 없어져 버렸으니, 이것은 참으로 군신이 사직을 위해 함께 죽어야 할 때다. 또 은사금은 내 몸을 욕되게 하는 것이다. 만약 이 은사금을 받지 않으면 저들이 반드시 감옥에 가두고 머리를 깎을 것이다. 모욕을 받고 죽는 것보다, 모욕을 받지 않고 죽는 것이 낫다'라는 유서와 절명시를 남기고, 1910년 12월 13일 김근배는 몸에 돌을 묶고 집 우물에 투신하여 자결 순국했다.

12월 14일 독립과 통일의 꿈, 김구

1926년 오늘 백범 김구가 국무령으로 선임됐다.

김구(1876-1949.대한민국장)는 황해도 해주 출신으로, 신민회에 가담해 계몽운동을 주도했으며, 안악에 양산학교를 설립해 민족의식을 고취했다. 1919년 3·1운동 이후 상해로 망명해 임시정부에서 경무국장, 내무총장 등 주요 직책을 맡으며 중심인물로 활약했다. 임시정부는 1919년 4월 11일 상해에서 수립된 이래, 초대 국무총리 이승만을 비롯해, 박은식, 이상룡, 양기탁, 이동녕, 홍진, 김구, 송병조 등이 정부 수반을 맡았다. 특히 임시정부 내부의 노선 갈등과 연통제 와해 등으로 위기 국면을 맞았던 1920년대, 김구가 1926년 12월 14일 국무령에 선임됐다.

취임 후 1927년 3월 집단지도체제인 국무위원제로 개편해 통합과 안정을 도모했다. 이후 김구는 한인애국단을 조직해 이봉창, 윤봉길 의거를 지휘하며 항일투쟁을 주도했다. 1940년 중경에서 한국광복군을 창설해 대일 무장투쟁을 본격화했고, 1945년 해방까지 임시정부를 대표했다. 1949년 6월 26일 친일파 잔당들이 고용한 안두희 소위에게 암살당했다.

12월 15일 일제의 무단통치기(1910년-1919년)

1910년 오늘 범죄즉결령을 공포해 일제의 잔악한 무단통치기가 시작됐다. 자료: 제복에 칼을 찬 교사의 모습

1910년 12월 15일 일제가 공포한 범죄즉결령은 조선총독부가 조선에서 행정법규 위반에 대해 경찰서장이나 헌병대장이 재판 없이 즉시 처벌할 수 있도록 한 법령이다. 이 법령에 따라 3개월 이하의 징역, 100원 이하의 벌금, 구류, 태형에 해당하는 범죄를 경찰이나 헌병이 즉결로 처리할 수 있었다. 이에 따라, 사법권남용과 부당한 처벌이 빈번하게 발생했다. 피해 규모도 즉결처분 건수가 1911년 18,100여 건에서, 1918년 82,100여 건으로 급격히 증가했고, 조선인에 대한 탄압이 극심해졌다. 이는 조선인의 불온한 언동이나 항일  집회, 청원 등도 즉결 처분 대상이 되어 독립운동을 탄압하는 도구로 악용되었다. 또한 일제는 1912년 3월 조선형사령을 공포하여, 현행범이 아닌 경우라도 경찰과 헌병은 임의로 수사와 구속을 할 수 있는 권한을 행사했다.

이렇듯 일제는 1910년부터 1919년까지 무단통치(武斷統治)를 시행했다. 이어서 다소 유화적인 문화통치기(1920-1931), 중일전쟁 이후 조선을 병참 기지화하는 민족말살기(1932-1945)를 거치게 된다.

12월 16일 고창 만세운동의 주역, 김영완

1919년 오늘 23세의 김영완이 옥중에서 순국했다.

자료: 당시 공판 보도, 1919.5.22.(매일신보)

김영완(1896-1919.애국장)은 전북 고창 출신으로, 무장읍 만세운동을 주도했다. 1919년 2월 고종의 국장에 참여하기 위해 서울로 올라갔다가 3월 1일 서울의 만세시위에 참여 후, 고향으로 돌아와 무장읍 만세운동을 이끌었다. 김영완은 고창 무장의 유지 이용욱, 김용표, 김상수, 이준구, 김진호, 박흥선, 오태근, 박흥수 등과 함께 3월 15일 무장읍 장날을 기해 만세운동을 계획하였다. 미리 등사한 독립선언서와 태극기를 군중들에게 나누어주었고, 김영완은 직접 독립선언서를 낭독하며 "독립만세"를 외쳤다.

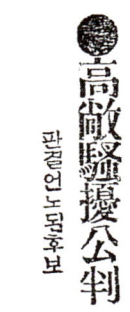

시위대는 주재소를 지나 수백 명의 군중과 함께 남문까지 진출하였으나, 일본 군경의 무력 진압으로 해산되고 김영완 등 주동자들이 체포되었다. 김영완은 1919년 5월 21일 광주법원 정읍지청에서 보안법 위반으로 징역 1년 6개월을 선고받고 서대문형무소에서 옥고를 치르던 중 같은 해 12월 16일, 23세의 나이로 옥중에서 순국했다.

12월 17일 신출귀몰 농민 의병장, 김수민

1909년 오늘 김수민 의병장이 사형 순국했다.

자료: 파주항일독립기념비(현충시설정보서비스)

김수민(1867-1909.독립장)은 경기도 장단 출신으로, 농민 출신이나 무예와 전술에 능했고, 화약 제조에도 능했다. 1907년 고종의 강제 퇴위를 계기로 본격적으로 의병활동에 나섰으며, 장단군에서 인근 산포수와 농민 300여 명을 모아 의병부대를 조직했다. 대흥산 창고에서 정부 소유의 대포를 탈취해 부대를 무장시키고, 체계적으로 의병부대를 운영했다. 보부상들을 활용해 일본군 동태를 정확히 파악했고, 복장을 위장하는 등 신출귀몰한 전술로 일본군을 농락했다.

1907년 10월 고랑포 헌병분파소, 11월 풍덕군 영비포 헌병분파소를 공격해 불태웠으며, 12월에는 13도창의군 연합의병에 참여해 서울진공작전에 나섰으나 좌절된 후 유격전을 전개했다. 이후 경기 동북부와 강화도 일대에서 연합의병을 이끌었다. 1909년 군자금 모집과 군수품 구입을 위해 서울에 잠입해 활동하다 8월 14일 체포되었다. 11월 22일 사형판결을 받아 12월 17일 서대문형무소에서 교수형으로 순국했다.

12월 18일 식민지 수탈, 동양척식주식회사

1908년 오늘 통감 이토 히로부미가
조선 수탈을 위해 동양척식을 설립했다.

자료: 서울 을지로에 있던 동척 건물

동양척식주식회사(약칭 동척)는 일본이 조선의 토지와 자원을 수탈하고 식민지 경영을 공고히 하기 위해 1908년 12월 18일 설립한 국책회사다. 일본 정부와 동양협회의 주도로 설립된 이 회사는 농업 경영, 일본인 이주 지원, 농장 관리, 금융 업무 등을 주요 목적으로 하여 전국 주요 도시에 지점을 두고 활동했다.

동척은 조선의 토지를 대규모로 매입해 일본인 지주와 이주민에게 배분했고, 조선 농민들을 소작농으로 전락시켜 높은 소작료와 이자를 물리며 경제적 수탈을 자행했다. 동척은 쌀 등 주요 농산물을 일본으로 대량 반출하는 역할도 담당했고, 금융을 통한 산업자본의 장악과 식민지 경제의 종속화에 핵심적인 역할을 했다.

동척은 조선인의 원성과 저항의 대상이었으며, 1926년 나석주 의사가 동척 경성지점에 폭탄을 투척하는 등 독립운동가들의 표적이 되었다.

12월 19일 가금리 항일의 총성, 의병장 이규홍

1907년 오늘 의병장 이규홍이
완주 전투에서 일본군 29명을 사살했다.

자료: 익산의 이규홍 기념비(현충시설정보서비스)

이규홍(1877-1928.애국장)은 전북 익산 출신으로, 어려서부터 한학을 수학했고 1901년 중추원 의관에 제수되었다. 1907년 군대 강제 해산 이후 전북 완주 지역에서 의병을 조직했다. 1907년 10월 의병을 일으켜 완주, 진안, 장수 등지에서 일본군과 교전하는 등 활발하게 활동했다. 12월 19일 가금리(완주군)에서 일본군 29명을 처단했다. 1908년 초까지 이규홍 의병대는 일본군 100여 명을 사살하는 등 큰 전과를 올렸고, 특히 용담 주자천에서 일본군 56명을 죽이는 등 활약했다. 그러자 일본군의 반격이 심해졌고, 의병부대의 전력도 약화되어 결국 1908년 4월 자진 해산했다.

1918년에 상해로 망명해 임시정부의 독립운동을 도왔다. 1920년에는 만주에서 김좌진에게 군관학교 운영자금으로 3,000원을 제공하기도 했다. 이후 국내로 잠입해 활동하다 1924년 2월 서울에서 경찰에게 붙잡혀 혹독한 고문을 받았으며, 그해 5월 말 보석으로 풀려났다. 1928년 6월 6일 순국했다.

12월 20일 불교 혁신, 조선불교유신회

1921년 오늘 불교계의 항일운동 불씨가 타올랐다.

자료: 불교유신회 관련 기사, 1922.2.25.(동아일보)

조선불교유신회는 조선불교청년회의 맥을 잇는 조직으로, 한용운, 김법광, 김상호, 박문성 등이 1921년 12월 20일 서울 불교청년회관에서 설립했다. 회원은 전국 각지에서 모인 청년 승려와 불교인으로, 1,000여 명에 달했다. 주요 활동으로는 일제의 사찰령 철폐 운동, 불교계 통일기관 설립 추진 등이 있었다. 특히 사찰령 철폐 운동은 일제가 사찰을 통제하고 불교계를 친일화하려는 정책에 맞서, 전국 승려와 불교 청년 2,284명의 동의를 받아 총독부에 진정서를 제출하는 등 적극적인 저항을 보였다.

이 운동은 불교계의 혁신을 촉진하는 계기가 되었으나, 일제의 탄압과 친일 주지들의 반발로 큰 성과를 거두지는 못했다. 조선불교유신회는 산중불교에서 벗어나 사회적 대중불교를 건설하고자 했으며, 일본불교의 침투와 한국불교의 일본화를 저지하는 데도 힘썼다.

• 1923.12.20. 신건원주재소 습격 문창학(1882-1923.독립장) 사형으로 순국

12월 21일 밀양, 의열단원 배출의 성지

1926년 오늘 의열단원 고인덕이 옥사 순국했다.

자료: 밀양 독립운동기념관(현충시설정보서비스)

고인덕(1887-1926.독립장)은 경남 밀양 출신으로, 밀양장로교회를 설립한 고삼종 목사의 둘째 아들이다. 대구 계성학교를 졸업한 후 1918년 11월 만주로 망명했다. 고인덕은 의열단 내에서 행동대원으로 활약했고, 1920년 이종암과 김상윤의 요청으로 폭탄 제조기 및 폭약을 이들에게 제공하여 폭탄 2개를 만들도록 해주었다. 그 폭탄으로 최수봉이 12월 27일 밀양경찰서 투탄 의거를 실행하였다. 1921년 2월 10일 밀양읍 교회의 강연회에서 한 항일 연설을 계기로, 다른 연사 백희원과 함께 경찰에 체포되어 3년 형을 선고받았다. 대구형무소에서 1년 6개월 만에 가출옥, 석방됐다.

1925년 7월, 국내에 잠입한 이종암과 폭탄거사 계획을 세우고 배중세, 한봉인 등과 함께 거사를 준비했다. 그러나 일본 경찰의 탐지로 이종암이 체포되고, 고인덕 역시 경북의열단사건에 연루되어 붙잡혔다. 대구법원에서 공판이 진행되는 동안 심한 고문을 당했고, 1926년 12월 21일 끝내 옥중에서 순국했다.

12월 22일 이천만이 나의 공범, 이재명 의거

1909년 오늘 이재명이 매국노 이완용 처단을 시도했다.

이재명(1887-1910.대통령장)은 평북 평양 출신으로, 일신학교를 졸업했다. 1904년 하와이로 노동이민을 떠났고, 이후 샌프란시스코로 이주해 안창호가 설립한 공립협회에 가입해 항일 민족운동에 뛰어들었다. 1907년 정미조약 이후 공립협회는 매국노 처단을 결의했고, 그 실행을 위해 10월 귀국했다. 동지들을 규합해 이완용, 이용구 등 친일 매국노 처단을 결의했다. 1909년 12월 22일 오전, 명동성당에서 열린 벨기에 레오폴트 2세 추도식에 참석한 총리대신 이완용이 성당을 나서자, 이재명은 칼을 들고 달려들어 이완용의 어깨와 등, 가슴을 여러 차례 찔렀다. 이완용은 중상을 입고 병원에서 수술 후 생명은 건졌다.

이재명은 체포되어 재판에 넘겨져 "나는 흉행이 아니고 의행을 행한 것이다. 공범이 있다면 2천만 우리 동포가 모두 나의 공범이다."라며 일제를 비판하고, 동지들을 보호하기 위해 단독행동임을 주장했다. 1910년 5월 18일, 사형이 선고됐고, 9월 30일 서대문형무소에서 23세의 나이로 순국했다.

12월 23일 선성의진의 선봉장, 김도현

1914년 오늘 김도현이 동해바다에 투신하여 순국했다. 자료: 영양군민회관 앞 3의사비, 남자현, 김도현, 엄순봉(현충시설정보서비스)

김도현(1852-1914.독립장)은 경북 영양 출신으로, 1895년 을미사변 직후 안동 지역에서 의병을 일으켰다. 일족과 함께 영양 검산성에 본거지를 두고, 사재를 털어 무기를 마련하며 의병을 모집했다. 이후 경북 동북부 일대에서 일본군과 맞서 싸웠다. 1896년 이만도가 이끄는 선성의진과 연합하여 중군장으로 활약하며 일본군에 맞섰다. 당시 대부분의 의병이 허산했음에도 불구하고, 그는 1896년 10월까지 의병장으로 활동하며 투쟁을 이어갔다. 1905년 을사조약 체결 소식을 듣고, 영남 유생들과 함께 조약 반대 상소를 올리고, 외국 공사관에 일제의 전횡을 알리는 글을 보내는 등 외교적 노력도 병행했다. 그러나 뜻을 이루지 못하자 1906년 다시 의병을 일으켰으나 일본군에 체포되어, 대구감옥에서 고초를 겪었다.

1914년 부친이 85세로 세상을 뜨자 자결을 결심, 1914년 12월 23일 영해 산수암에 올라 절명시를 지어 장손에게 주고, 일출에 맞추어 바다로 걸어 들어가 자결 순국했다.

12월 24일 군관 배출 기지, 낙양군관학교

1933년 오늘 중국 국민정부 군관학교 내에 한인특별반을 설치했다.

자료: 당시 학교 터

낙양군관학교 한인특별반은 1933년 12월 중국 하남성 낙양의 국민정부 군관학교 내에 설치된 한인 독립운동가 군사훈련반으로, 정식 명칭은 '중국중앙육군군관학교 낙양분교 육군군관훈련반 제17대'였다. 이 특별반은 1932년 윤봉길의 홍구공원 투탄의거 이후, 장개석 국민당 주석과 김구가 협의하여 설치했다. 특별반에는 각지에서 모집된 99명의 한국인 청년이 입학했고, 교육은 지청천, 이범석 등 한국인 교관이 직접 담당했다.

교과목은 조선 혁명, 특무공작, 정치학, 총기 조립법 등으로 구성됐다. 중국 정부는 학비와 생활비를 전액 지원하며, 한국인 교관 중심의 자율적 교육을 보장했다. 그러나 일본 영사관의 외교적 압력으로 인해, 1935년 1기생 65명을 배출한 뒤 해산되었고, 재학생들은 남경 중앙군관학교로 진학해 훈련을 계속했다. 졸업생들은 비밀결사 조직, 정보수집, 항일무장투쟁 등에 투입되어 이후 한국광복군 창설의 인적 토대가 되었다.

• 1919.12.24. 순천 만세운동의 주역 박항래(1861-1919.애국장) 고문으로 옥중에서 순국

12월 25일 독립운동가 산실, 오산학교

1907년 오늘 남강 이승훈이 오산학교를 설립했다.

자료: 오산학교(독립기념관)

오산학교는 1907년 12월 25일 평북 정주에서 남강 이승훈(1864-1930.대한민국장)이 설립한 교육기관이다. 개교 당시 학생은 7명, 교사는 2명으로 시작했고, 수신·역사·지리·수학·물리 등 다양한 과목과 군사훈련까지 병행하며 민족정신을 고취했다. 1919년 3·1운동 당시 이승훈은 민족대표 33인 중 한 명으로 참여했고, 오산학교 학생과 교직원도 만세운동에 적극 가담했다.

오산학교는 수많은 독립운동가와 민족 지도자를 배출했다. 대표적으로 설립자 이승훈, 교장 조만식, 교사이자 사상가 함석헌, 그리고 류영모, 박기선, 염상섭, 김억, 이윤재 등이 있다. 이들은 3·1운동과 신간회, 물산장려, 민립대학설립 등 각종 항일운동에 앞장섰으며, 오산학교 출신 학생과 교직원 다수도 독립운동에 적극적으로 참여했다. 또한, 오산학교는 화가 이중섭, 시인 백석 등 예술계 인재도 배출하며 문화 발전에도 기여했다.

- 1923.12.25. 33인 민족대표이자 대종교 2대 교주 김교헌(1868-1923.독립장) 순국

12월 26일 조선의 입과 귀를 막은 임시보안령

1941년 오늘 총독부는 조선임시보안령을 공포했다.

자료: 당시 경성법원

1941년 12월 26일, 조선총독부는 태평양전쟁 발발 직후인 전시상황에서 조선인에 대한 통제를 극도로 강화하기 위해 「조선임시보안령」을 공포했다. 이 법령은 일본에서 8일 전에 제정된 「언론출판집회결사 등 임시취체법」을 모델로 했으나, 조선인에 대한 단속과 처벌이 훨씬 엄격하게 규정되어 있었다. 법령의 핵심은 집회, 결사, 언론, 출판, 유언비어에 대한 통제와 처벌 강화였다.

결사와 집회의 허가제를 도입해 모든 집회와 결사는 행정관청의 허가를 받아야 했으며 이를 위반할 경우, 처벌도 일본보다 두세 배로 강화했다. 언론과 출판물의 수입, 발행도 엄격히 통제되었다. 가장 주목해야 할 조항은 유언비어 단속과 관련된 조항들이다. 시국과 관련해 사실이든 아니든, 전쟁 승리를 의심하거나 방해하는 내용이면 발언자와 전파자 모두 처벌 대상이 되었다. 해당 조항 때문에 1943년에 1,800여 명의 조선인이 구속 투옥됐다.

12월 27일 일제의 조작극, 105인 사건

1910년 오늘 안명근이 체포되면서 105인 사건이 시작됐다.

105인 사건(안악사건, 안명근 사건)은 1910년 한일병합 직후 일제가 조선의 항일운동을 뿌리 뽑고 신민회를 해체시키려고 벌인 대표적인 조작 사건이다. 이 사건은 1910년 12월 27일 안중근의 사촌 안명근이 만주에 독립군 기지를 설립하려고 자금을 모으던 중, 민병찬의 밀고로 체포된 데서 시작됐다. 일제는 이들을 데라우치 총독 암살 미수사건의 주모자로 몰아, 600명을 검거했고 128명을 기소했다. 1심에서 유죄 판결을 받은 사람이 총 105명이라 105인 사건으로 불린다.

신민회 간부인 양기탁, 이동휘, 유동열, 등이 포함되었으며, 김구도 체포됐다. 이 사건은 신민회를 궤멸시키고, 기독교 등 영향력 있는 세력을 억압하려는 목적이 있었다. 105인 사건은 신민회 해체와 민족운동에 큰 타격을 주었으나, 이후 신흥무관학교 설립으로 이어지는 등 해외 항일운동의 기폭제가 되었다.

• 1920.12.27. 최수봉(1894-1921.독립장) 밀양경찰서에 폭탄 투척

12월 28일 동양척식 투탄 의거, 나석주

1926년 오늘 나석주가 식산은행과 동양척식에 폭탄을 투척했다.

자료: 서울 명동 입구의 나석주 의사상(현충시설정보서비스)

나석주(1892-1926.대통령장)는 황해도 재령 출신으로, 1912년 김구가 설립한 양산학교에 입학해 공부하고, 김구와 사제 관계를 맺었다. 1913년 이동휘가 설립한 대전학교에서 8개월간 군사훈련을 받았다. 이후 황해도 일대에서 친일 밀정을 처단하며 의열투쟁을 이어갔다. 1920년대 초에는 만주와 상해에서 대한독립단, 임시정부와 연계해 군자금 모금과 조직 활동에 힘썼다. 1924년 임시정부 경무국장을 맡아 임시정부의 안전을 지키는 데도 앞장섰다.

그는 의열단, 다물단 등 의열투쟁 단체에서 직접적인 의열투쟁을 감행했다. 다물단과 연계해 국내에서 동양척식주식회사 등 일제의 식민지 착취기관을 폭파할 계획을 세우고, 1926년 12월 28일 조선식산은행과 동양척식주식회사에 폭탄을 투척하는 의거를 거행했다. 폭탄이 불발하고 일본 경찰과 총격전을 벌인 끝에, 그는 "나는 조국의 자유를 위해 투쟁했다. 2천만 민중아, 분투하여 쉬지 말라!"라는 유언을 남기고 자결 순국했다.

12월 29일 민족자본 통제, 일제의 회사령

1910년 오늘 총독부는 회사령을 공포하여
경제 수탈의 서막을 열었다.

1910년 12월 29일, 조선총독부는 한일병합 직후 제령 제13호로 「회사령」을 공포했다. 이 법령은 회사의 설립, 운영, 해산 등 회사 활동 전반을 규제하며, 모든 회사의 설립과 본점·지점 설치 역시 조선총독의 허가를 받도록 강제했다. 이 법령의 핵심은 조선총독부가 회사 설립과 운영에 절대적 권한을 가지게 하여, 민족자본의 성장을 막고 일본 자본의 진출을 유리하게 만드는 데 있었다. 즉, 조선에서 자본주의적 공업발전을 저지하고 식민지로서 식량, 원료의 공급지이자 상품시장으로 묶어두기 위한 방책이었다.

또한 조선인 기업가와 민족자본의 성장을 막으려는 의도가 반영되었다. 회사령에 따라 조선인 기업가들은 회사를 설립하거나 운영하는 데 큰 제약을 받았고, 이로써 민족자본은 산업자본이나 상업자본으로 발전하지 못했다. 그리고, 회사가 공공질서에 반하는 행위를 할 경우, 총독은 언제든 사업 정지, 회사 해산 등 강력한 처분을 내릴 수 있었다.

12월 30일 노블레스 오블리주, 우당 이회영

1932년 오늘 이회영 일가 60여 명이 만주로 망명했다.

자료: 이회영(우당기념관)

이회영(1867-1932.독립장)은 서울 출신으로, 아버지 이유승은 이조판서를 지냈다. 1910년 경술국치를 당하자, 12월 30일 이회영은 형제 6명(이건영, 이석영, 이철영, 이회영, 이시영, 이호영)과 가족, 권속 등 60여 명을 이끌고 만주로 망명했다. 이 과정에서 전 재산을 처분해 현재가치로 천억 원 가까운 독립운동 자금을 마련했다. 삼원보에 도착해 경학사와 신흥강습소를 설립해 독립군을 양성했다. 신흥강습소에서는 3,500명 이상의 학생이 수련했고, 이후 독립군으로 활약하며 청산리전투 등 주요 전투에서 승리했다. 함께 망명한 노비들도 면천시켜 독립군으로 편입시켰다.

1932년 11월 초 항일투쟁의 무대를 만주로 옮기기 위해 상해를 출발했으나, 밀정의 밀고로 대련에서 일제 경찰에 체포됐다. 65세 노인의 몸으로 혹독한 고문을 받다가 11월 17일 옥중 순국했다. 그의 6형제 모두가 독립운동에 참여하여 그중 5명이 옥사하거나 아사하였고, 광복 후 이시영만이 귀국했다.

12월 31일 한국광복군 기반, 특무대 독립군

1934년 오늘 김구와 안공근이 한국특무대독립군을 조직했다.

자료: 안공근(국가보훈부)

한국특무대독립군은 1934년 12월 31일, 김구와 안공근 등이 중국 남경에서 조직한 항일 무장단체다. 낙양의 중국육군군관학교 한인특별반에서 훈련받은 나태섭, 이재현, 이흥관 등 한인 청년들을 중심으로 결성했다. 이 조직은 '김구 구락부'로도 불렸으며, 군사적 조직체이자 김구의 정치적 기반이 되는 사조직적 성격도 띠었다. 이들은 중국 각지와 국내, 만주 등지로 파견되어 정보수집, 파괴, 암살 등 특무활동을 전개했다.

1935년 11월 한국국민당이 창당되면서, 특무대독립군의 인적 기반이 한국국민당 청년단으로 이어졌으며, 이후 임시정부의 정규군인 광복군 창설의 기초가 되었다. 임시정부는 재정 수입의 상당 부분을 특무대 활동에 지원했으며, 김구를 재무장 겸 특무대 책임자로 선임해 항일투쟁의 실질적 주도권을 맡겼다. 1935년 10월 3명의 대원이 일본 경찰에 체포되어 조직이 드러났고, 1936년 1월 해산됐다.

글을 맺으며

일력을 엮으면서 역사학자도, 전공자도 아닌 사람으로서 작업의 완성도에 대해 깊은 고민을 했습니다. 시중에 한국사 일력은 두 편이 있었지만, 독립운동사만을 조명하는 일력이 꼭 필요하다는 일념으로 원고를 완성했습니다. 매우 힘들고 고단한 작업이었지만, 금년이 광복 80주년이라는 엄중함이 탈고를 견인했습니다. 지사들의 이름을 하루하루의 날짜에 누군가는 반드시 담아야 한다는, 광복회원으로서의 책임감도 컸습니다.

만주벌판 추위 속에서 풍찬노숙을 견디며 광복을 염원했던 수많은 무명의 독립지사들을 기록할 수 없는 것은 큰 안타까움으로 남습니다. 그들의 희생은 기록되지 않았을 뿐, 우리는 반드시 기억할 것입니다. 이 일력은 그들을 조금이라도 기억하고자 하는 작은 노력이고 시도입니다. 독자가 하루하루 일력을 넘기면서 그날의 함성을 상상하고 공감한다면, 그 자체로 그들의 염원은 우리와 함께 살아 숨 쉴 것입니다.

이 책을 무명의 독립선열들께 바칩니다.